TEXTIL-
GESTALTUNG

MIT 240 BILDERN

VEB FACHBUCHVERLAG LEIPZIG

Einbandmotiv: »Fische«, farbige Nähspitze – Sigrid
Ressel, Blankenfelde
Foto: Ilse Bastubbe, Potsdam

Bohne-Fiegert, Ingeborg : Textilgestaltung / Ingeborg Bohne-Fiegert. – 1. Aufl. – Leipzig : Fachbuch-
verl., 1986. – 208 S. : mit 240 Bild.

ISBN 3-343-00095-7

© VEB Fachbuchverlag Leipzig 1986
1. Auflage
Lizenznummer 114-210 / 41 / 86
LSV 9109
Verlagslektor: Hannelore Schiepek
Einband und Typografie: Egon Hunger, Leipzig
Printed in GDR
Satz und Druck: Druckhaus Freiheit Halle
Redaktionsschluß: 30. 6. 1986
Bestellnummer: 547 147 1
02200

INHALTSVERZEICHNIS

VORWORT

Das vorliegende Buch ist für all diejenigen gedacht, denen Freizeit nicht einfach »Abschalten« bedeutet.

Es richtet sich an den »Konsumierenden«, der sich mit künstlerisch ästhetischer Tätigkeit rezeptiv befassen möchte, ebenso wie an denjenigen, der Freude am unmittelbar kreativen Schaffensprozeß hat. Der Rezipierende kann, angeregt von individuell gestalteten Dingen, sein ästhetisches Urteilsvermögen herausbilden und festigen. Damit wird er befähigt, einen Standpunkt zu Ausgestelltem zu beziehen, was wiederum Interesse weckt, Ausstellungen der bildenden und angewandten Kunst zu besuchen und in einschlägiger Literatur nachzulesen, um sein Wissen weitgehend allumfassend zu ergänzen. Er wird demzufolge auch befähigt, beim Zusammenstellen und Kombinieren der in Serienproduktion hergestellten Industrieerzeugnisse die richtige Auswahl zu treffen.

Vornehmlich aber wendet sich dieses Buch an den künstlerisch Schaffenden, dem an der schöpferischen Tätigkeit liegt, am Unikat, das auf die persönliche Umweltgestaltung abgestimmt ist.

Besonderer Wert wird auf das Kennenlernen der traditionellen, besser gesagt, der klassischen textilen Techniken und ihre historische Entwicklung gelegt, sowie auf Möglichkeiten zeitgemäßer, kreativer Neuschöpfungen, die auf klassische Herstellungsweisen und Materialien aufbauen und ohne diese Kenntnisse fast undenkbar sind. So erhält der Schaffensprozeß und das dadurch entstandene Werk einen größeren inhaltlichen Wert. Darüber hinaus entstehen durch die individuelle Eigenart Varianten oder sogar Experimente, die den ganzen Reichtum menschlichen Denkens und Fühlens zum Ausdruck bringen. Das Buch ist besonders für die Arbeit im künstlerischen Volksschaffen gedacht, für den einzeln Schaffenden und für Kollektive sowie für den künstlerischen Leiter, bei dem ein umfassendes Wissen Voraussetzung für die pädagogisch-methodisch anleitende Tätigkeit ist. Für alle jedoch gilt der Grundsatz, daß eine gute schöpferische Gestaltung nur entstehen kann, wenn sie durch unzählige gestalterische Entwürfe fundiert ist.

An dieser Stelle möchte ich *M. Kagan* zitieren: »Das künstlerische Schaffen ist kein Geschenk der Götter und kein Geschenk der Natur, sondern ein Ergebnis der Arbeit. Die gesellschaftliche Arbeit ermöglichte die künstlerische Aneignung der Welt durch den Menschen, und sie machte die Kunst zu einer für die soziale Entwicklung notwendige Form der menschlichen Tätigkeit.«

Das vorliegende Buch ist gleichzeitig eine Widerspiegelung meiner eigenen, jahrzehntelangen, anleitenden Tätigkeit auf dem Gebiet des künstlerischen Volksschaffens.

Ich widme das Buch dem Zirkel für künstlerische Textilgestaltung Potsdam, dem Zirkel für künstlerische Textilgestaltung 1 Stahnsdorf, dem Textilzirkel des Dorfklubs Neufahrland sowie den Teilnehmern meiner Förderklasse »Künstlerische Textilgestaltung« am Bezirkskabinett für Kulturarbeit Potsdam und allen, die ich in Aus- und Weiterbildungs-Lehrgängen des Bezirkskabinettes und der Bezirkskulturakademie irgendwann einmal unterrichten durfte, denen die Arbeit im textilen Schaffen in ihrer Freizeit zur Freude und zum Bedürfnis geworden ist.

Gleichzeitig möchte ich mich bei allen bedanken, die beim Zustandekommen dieses Werkes mitgeholfen haben, die ihre Arbeiten zur Verfügung stellten, um Erfahrungen großen Kreisen zur Anregung zugänglich zu machen, um neue, schöpferische Impulse zu wecken, um zum Nach- und Weiterdenken Anstoß zu geben, Assoziationen zu bewirken.

Ich bedanke mich auch bei meinen Freunden im sozialistischen Ausland, die ich auf meinen Exkursionen kennenlernte und die mit ihrer Arbeit, ihrem Wissen und ihren Dokumentationen zur Förderung und Bereicherung meiner Arbeit beigetragen haben.

Die Autorin

7

1.

Voraussetzungen für schöpferisches textiles Gestalten

1.1. Textilgestaltung

Textilkunst (lat. Textiles – gewebt, gewirkt) ist »durch Verschlingung oder Verknüpfen von Fäden entstandene Erzeugnisse für Kleidung, Wand- oder Fußbodenschmuck(-belag). Unter textilen Arbeiten im weiteren Sinne versteht man alle Techniken, die Faserstoffe verarbeiten, d. h. Tierhaare jederlei Art, aus dem Pflanzenreich Baumwolle, Flachs, Hanf, Bambus, Jute, das Gespinst des Seidenwurms usw. Nachdem diese Stoffe gereinigt, gebrochen (Flachs), gekrempelt (Wolle) oder kardiert (Baumwolle) sind, werden die Fasern zu Fäden (Garn) versponnen. Nach einem Prozeß des Bleichens und Schlichtens wird das Material verarbeitet. Spinnerei und Weberei, die Wirkerei und Strickerei (Knüpf- und Schlingtechniken), die Kunst der Spitzen und der Stickerei, die Herstellung von Teppichen, Möbel- und Kleiderstoffen, von Bändern, Kordeln, Litzen und Posamenten, die Textilveredlung durch Färberei, Druckerei, Appretur und Merzerisation sind als Produktionsstufen zu unterscheiden. In neuerer Zeit sind dazu noch in großem Umfange die Kunstseide und weitere Chemiefasern gekommen ...« [3]

Unter dem Begriff Textilkunst ist seit etwa den 60er Jahren nicht mehr die ausschließliche Produktion textiler Gegenstände gemeint, auch nicht die Erzeugnisse des textilen Handwerks, sondern vorwiegend schöpferische Werke mit einer ästhetischen Aussage. Der Schaffensprozeß liegt hierbei in einer Hand, die zeichnet, malt, konzipiert und mit textilem und nicht nur textilem Material künstlerisch umzugehen vermag.

Internationale Ausstellungen beweisen deutlich eine Annäherung an die Ausdrucksformen der bildenden Kunst. Viele Exponate zeigen fließende Übergänge zur Plastik, aber auch zur Malerei und ebenso zur Grafik. Mittel dazu sind Maschinensteppereien, ungewöhnliche Anordnungen von farbigen Stoffen und Zierstichen oder auch eindimensionale Fadenspielereien und Knüpfereien bis hin zum Einsatz von dicken Schnüren und Seilen, die insgesamt grafische, malerische und plastische Wirkungen hervorrufen können. Impulse dafür gab auch besonders die Ausstellung von *Friedensreich Hundertwasser*, die 1981 im Alten Museum in Berlin zu sehen war und zugleich zeigt, daß Textilkunst an eine sehr hohe gestalterische Qualität gebunden ist.

Die Textilkunst heute hat drei Aufgaben. Eine Aufgabe des Designers ist die Gestaltung von Gegenständen dienender Funktion mit überlieferten oder modernen Techniken, die, industriell hergestellt, sich dann als Ensemble-Produkt dem anspruchsvollen Käufer vorstellen. Die zweite Aufgabe macht traditionelles Motivgut und rapportiertes Mustergefüge für die heutige Zeit nutzbar. Deutlich aber nimmt eine solche dekorative Gestaltungsweise zu, die sich als eine Übereinstimmung zwischen künstlerischem Konzept, Materialwahl und Farbkultur versteht und sich als Unikat behauptet. Dieses dekorative Gestalten baut auf Erfahrungen im bildhaften Gestalten und damit verbunden der textiltechnischen Möglichkeiten sowie auf Kenntnisse der ästhetischen Wirkungen der Textilkunst auf.

Die herkömmliche Arbeitsweise vom Entwurf bis zur konkreten Umsetzung ins Textile zieht sich durch alle historischen Stilepochen. Höhepunkte gab es in der Renaissance und im Barock, wo große Künstler sich mit textilen Entwürfen befaßten. In der Weiterentwicklung kommt es auch in der Textilgestaltung zu dekorativen Aspekten, die in der Beziehung zur Umwelt eine Voraussetzung haben. Mitunter ergeben sich Denkanstöße, die als geistige Auseinandersetzungen mit dem Alltag zu neuen künstlerischen Fragestellungen führen. Dabei muß das Thema nicht unbedingt vom Exponat ablesbar sein, es kann auch vermittelnd oder metaphorisch wirken. Das führt auch zur Entwicklung neuer Sehgewohnheiten. Wenn ein Werk beim Betrachter Empfindungen und eigene Vorstellungen in bezug auf Wirkliches hervorruft, dann genießt er den kreativen Gehalt der textilen Arbeit.

Das Interesse gegenüber dieser Haltung im Textilschaffen ist im Kreise der Selbsttätigen und im Kreise ihrer Bewunderer und Nutznießer gewachsen. Textiles wird heute in einem vorher nicht gekannten Ausmaß in die individuelle Wohnkultur, in die individuelle Bekleidungskultur sowie in die gesellschaftlich genutzten Räume, sogar zuweilen schon baugebunden in die Architektur, mit einbezogen. Das mag psychologisch begründet sein, da Textiles Wärme und Geborgenheit bietet, das liegt auch an den gewachsenen Ansprüchen an die persönliche Wohnsphäre, an die Bekleidung und an die eigene Umwelt überhaupt, wie auch an dem Wunsch, mit natürlichen Materialien Kontraste zu industriellen Gütern zu setzen.

Textilgestaltung ist mit dem heute öfter verwendeten Begriff Textilkunst identisch.

Der Begriff Textilgestaltung ist im künstlerischen Volksschaffen üblich, viele Zirkelkollektive nennen sich so, und mit diesem Begriff ist auch ihre Arbeit benannt, der sie in der Freizeit nachgehen. Auch hier ist das Interesse am eigenschöpferischen Umgang mit textilem Material in den letzten Jahren enorm gewachsen. Die Vielzahl gerade der Zirkel dieses Genres in den Betrieben, Kulturhäusern und Dorfklubs beweisen es. Selbst die Kurse an den Volkshochschulen reichen mitunter kaum aus, um alle Interessenten aufnehmen zu können. So ist auch die Zahl der Einzelschaffenden beträchtlich gestiegen. Und es ist ganz verständlich, daß die Popularität der neuen Textilkunst auch auf die Zirkeltätigkeit, vor allem die Zirkel, die Lust und Mut für experimentelle, textile Wagnisse haben, und das Tätigsein vieler Einzelschaffender im künstlerischen Volksschaffen Einfluß nahm und auch da den Bereich der angewandten Kunst mehr und mehr verlassend, zu einer neuen ästhetisch-schöpferischen Qualität und zu neuen Darstellungsmöglichkeiten mit textilen und artverwandten Materialien strebt. Wichtig aber bleibt, die grundlegenden, textilen Techniken zu kennen und zu können – was auch das Hauptanliegen dieses Buches ist, um die Gestaltungsmerkmale

zu wissen, um so gelegentlich, beispielsweise im Umgang mit natürlichen und außergewöhnlichen Materialien zu einer neuen ästhetischen Qualität zu kommen, bei der die traditionellen Techniken des Webens oder Schlingens, des Färbens oder Stickens dem künstlerischen Konzept in großzügiger, gekonnter Art eine spontane Umsetzung der Idee ermöglichen.

Dabei werden informatorisch bereits so gestaltete Ergebnisse aufgezeigt, die, diesen Weg beschreitend, entstanden sind, nicht absolut wegweisend, sondern allmählich zu einer individuellen künstlerischen Aussage hinführend.

1.2. Material, materialgerechtes Gestalten und ästhetisches Urteilsvermögen

Textile Arbeiten zeichnen sich heute mehr denn je durch die *Schönheit* und *Schlichtheit* und vor allem die *Aussagekraft* des verwendeten Materials, seine Farbigkeit, seine glatte Oberfläche oder seine Oberflächenstruktur aus.

Gottfried Semper, der große Architekt des 19. Jahrhunderts, sah in der *Eignung* der verwendeten Materialien, also ihren Eigenschaften, wie biegsam, zäh, dem Zerreißen in hohem Grade widerstehend usw., das Wesentliche für textile Arbeiten. Sicher ging er dabei vor allem davon aus, welchem Verwendungszweck sie obliegt. Solche Eigenschaften wie die vorgenannten weisen auf die Funktionstüchtigkeit der zu schaffenden Textilie hin.

Natürliche Materialien, wie tierische und pflanzliche Faserstoffe, schaffen Wärme. Auch eine modern ausgestattete Wohnung mit Möbeln und Geräten der industriellen Serienproduktion bedarf optisch und haptisch der Wärme mit Textilem aus natürlichem Material. Noch bezeichnen wir den textilkünstlerischen Einsatz von Materialien für außergewöhnlich, die wir bis vor 25 Jahren nicht unbedingt gewohnt waren zu nehmen, wie Federn, Bast, Leder, trockene Pflanzen usw. Diese Naturmaterialien werden jetzt in der modernen Textilkunst häufig eingesetzt.

Ebenso interessant jedoch ist es, *synthetische* Gewebe, Fasern, Gewirke, Folien und anderes mehr gestalterisch zu erproben. *Moissej Kagan*, der Leningrader Dozent für Ästhetik, schreibt u. a. über die traditionelle Volkskunst und ihre

Schönheit, die einer *gekonnten Bearbeitung* des einfachen Materials, wie Stroh, Holz, Ton, Papier usw., zu verdanken ist.

Material finden, verformen, einsetzen, ob gedreht, gerade oder im teilbearbeiteten Zustand, gefärbt, gesteift oder anderweitig vorbereitet, ist bereits ein schöpferischer Prozeß, und es ist die Ausdruckskraft des Materials, die Einfluß auf die Aussage des textilkünstlerischen Werkes hat. Es ist der Materialreiz, der spontane Ideen entstehen läßt, die konzipiert im künstlerischen Umgang mit den Materialien zur neuen ästhetischen Wertbarkeit der Textilkunst führen.

Im Bereich des künstlerischen Volksschaffens, in der Zirkelarbeit sollte man sich zunächst mit Grundlegendem befassen und zu textilem Material eine Position beziehen. Sicher wagt sich noch nicht jeder Volkskunstschaffende an experimentelle Arbeiten und bevorzugt es, Dinge mit Funktionswert zu schaffen. In diesem Fall stellt das Ergebnis, das geschaffen werden soll, konkrete Forderungen an das Material, das gleichzeitig auch den praktischen Anforderungen entsprechen muß. So bestimmt hier der Wunsch nach dem Ergebnis das Material, wobei auch gebrauchte, alte Materialien ihren Reiz haben.

Das Erleben unserer Umwelt, der Natur und der Kunst bilden das ästhetische Urteilsvermögen – es ist ein dialektischer Prozeß. Dieser Zusammenhang ist für die Gestaltung der Umwelt und für die Bewußtseinsbildung von großer Bedeutung.

Die Empfindung geht in Wahrnehmung über und ist mehr als bloßes Sehen. Wahrnehmung ist eine Stufe der Erkenntnis, welche Sinn, Zweck und Inhalt des Gegenstandes mit einschließen. Die Erkenntnis ist die Gesamtheit von Ratio und Emotion.

Ein Ordnen und Konzentrieren des Informationsstromes ist wesentlich zur Erkenntnis der Umwelt, die bewußt von dem erfaßt werden muß, der sie nach seinen eigenen Vorstellungen formen will, um sich selbst darin wiederzufinden.

Vorstellungsbilder sind lebendige Erinnerungsbilder an vorangegangene Wahrnehmungen. Die Wahrnehmung umfaßt die Vielheit des sinnlichen, auch sinnhaften Denkens und baut auf eigene sowie Erfahrungen anderer Menschen auf, was in der Weiterentwicklung auch zum richtigen Sehen führt. Zum Beispiel sind Kreise Abstraktionen aus der Natur, Vereinfachungen und zugleich Verdichtungen.

Die Wahrnehmung als eine Stufe der Erkenntnis ist historisch von konkreten Erscheinungen und Situationen abhängig. Die Umwelt, wie sie ist und sich verändert, wirkt auf uns stimulierend. So müssen die Dinge, die geschaffen werden, auf die Umwelt einwirken, und so kommt es auch zur Gestaltung neuer Objekte und zu neuen Gestaltungsformen.

Ein Material kann jedoch von einem solchen ästhetischen Eigenwert sein, der des zusätzlichen Schmückens nicht bedarf. Hier sollte man verzichten, um die Schönheit des Materials voll zur Geltung zu bringen.

Als Beispiel sei hier auf die kleinen Raumtextilien hingewiesen, wie Gedecke, Tischdecken, Kissen usw., die sich mit der Einfarbigkeit, die nur durch die Flächenstruktur belebt wird, besser in die Vielschichtigkeit eines Wohnraumes einfügen und so auch beruhigend wirken. Sie lassen eine Übereinstimmung zwischen Funktion, Form, Farbe und Material herstellen. Schlechtes Material und nicht eingehaltene Gesetzmäßigkeiten führen zu unharmonischen Erscheinungen. Materialwidrige Verarbeitung ist ein Beispiel dafür, daß Gesetzmäßigkeiten nicht erkannt wurden.

Der Einsatz von Maschinennähten und -stikkereien ist in unserem technisierten Zeitalter gegeben, er sollte aber nicht nur als rationeller Zeitaufwand gesehen werden, sondern als eine zusätzliche Möglichkeit des Verbindens und Gestaltens von textilem Material. Beim Einsatz textiler Techniken ist man im allgemeinen wesentlich toleranter geworden. Man mischt textile Techniken miteinander, man mischt Maschinenstickerei mit Handstickerei, man mischt auch Materialien unterschiedlicher Herkunft, und man setzt zuweilen auch Klebemittel ein.

»Fadenwerke werden mit Fäden verbunden, und Strukturen werden nicht mit pastöser Farbe zugesetzt, ein Versteifen des Gewebes muß durch Appretur gelingen und nicht durch verdeckte Hilfsmittel«, so schrieb die Autorin bisher in ihren Publikationen, was für sie und all diejenigen, die im Laufe jahrzehntelanger anleitender Tätigkeit von ihr unterrichtet wurden, noch Gültigkeit hat.

1.3. Dekoratives Gestalten

Ornamente und Dekors sind mit dem textilen Schaffen eng verbunden. Die Textilgestaltung resultiert aus der Dekorgestaltung, denn mit textiltechnischen Möglichkeiten wird die künstlerische, bewußt gestaltete Arbeit des Ornamentfindens zum textilen Produkt, das, vornehmlich in der Bekleidung und Innenarchitektur plaziert, Bestandteil unserer gegenständlichen Umwelt ist. Das künstlerisch-schöpferische Erfinden und Gestalten zweckentsprechender Dekors stehen deshalb im Mittelpunkt der Textilgestaltung als ein ästhetisch bereicherndes Element des textilen Ergebnisses.

Zunächst Klärung der Fachbegriffe:

Ornament (lat. ornare: schmücken)
Schmuckform, einzelnes Schmuckmotiv, Ergebnis einer bewußten bildnerischen Gestaltung, die den Ordnungsprinzipien entspricht, schmückende bildnerische Form, geschaffen zur Verwendung im Rahmen einer Dekorgestaltung.

Wir unterscheiden:

1. Einzelornament (Bilder 1/1, 1/2 und 1/3)
2. Reihenornament (Bilder 1/4, 1/5 und 1/6)
3. Flächenornament (Bilder 1/7 und 1/8)

Bild 1/1. Einzelornament aus nur geometrischem Motivgut mit Schwerpunkt, der je nach Verwendungszweck nach unten oder oben verlagert werden kann. – *Heidrun Raßmann*, Gransee (Spezialschulergebnis)

Bild 1/2. Anordnung von geometrischen Formen an zwei Symmetrieachsen (Spezialschulergebnis)

12

Bild 1/3. Anordnung von geometrischen Formen an zwei Symmetrieachsen, Relief-Applikation – *Liselotte Poloska*, Rathenow (Spezialschulergebnis)

Dekor (lat. *decorare*: schmücken)
Schmuckwerk ist die Gesamtheit des ornamentalen Schmucks an einem Gegenstand der materiellen Umwelt, der Zusammenklang aller geschmückten Teile eines Gegenstandes einschließlich ihrer Bezogenheit zueinander und zum Dekorträger

Dekoration
wird gelegentlich im gleichen Sinn gebraucht wie Gesamtschmuck einer Fläche, eines Körpers, eines Raumes. Meist meint man mit diesem Begriff Dekorationen vorübergehenden Charakters, wie Bühnendekorationen, Dekorationen zu festlichen Anlässen

Bild 1/4. »Herbstaster«, Reihenfaltschnitt (Spezialschulergebnis)

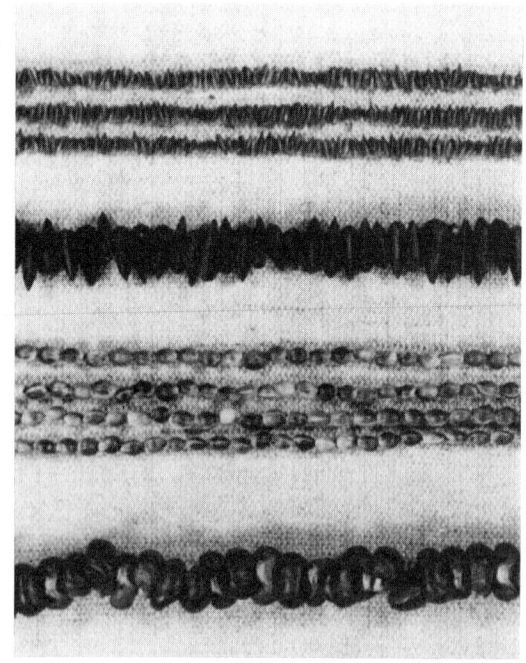

Bild 1/5. Einfache Reihungen aus unterschiedlich
geformtem Naturmaterial (Lehrgangsergebnis)

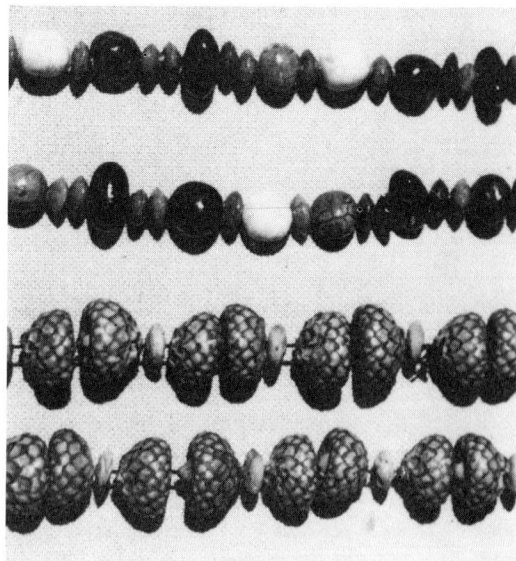

Bild 1/6. Rhythmische Reihungen aus unterschiedlichen Naturmaterialien

Bild 1/7. »Frühlingsblume«, Flächenrapport auf Lücke versetzt – *Sabine Braune*, Potsdam

Muster

ist mehr ein Wort der Umgangssprache und wird als Synonym für Dekor gebraucht – eine schmückende bildnerische Form, oft sehr reizvoll, spielt mit Zufälligem und ist weniger bewußt gestaltet als ein Ornament, weniger bedeutungsvoll

Musterung

ist die belebende Struktur einer Fläche – Oberflächenstruktur, die bewußt zu gestalterischen Absichten genutzt wird – die wiederholten Muster einer Fläche

Dessin

ist die Bezeichnung für textile Flächendekors – Webmuster, vor allem gebräuchlich bei Druckmustern, auch Zeichnung und Musterentwurf – Dessinateur: Musterzeichner, Entwerfer von Stoffmustern

Textur

ist die Oberflächenstruktur von Stoffen, bestimmt durch die Eigenart der Materialien und ihrem Herstellungsverfahren.

Dekorative Gestaltung – besondere Darstellungsweise bzw. eine besondere bildnerische Formulierungsweise mit strengen, leicht erfaßbaren Formgebungen, mit einer geordneten Anordnung. Die Dekorgestaltung fordert die dekorative Darstellungsweise, zuweilen findet man sie auch bei Bildern.

Ornament: künstlerisches Hilfsmittel

»Die gesamte Kunstgeschichte beweist, daß das Ornament niemals eine selbständige Kunstgattung war, sondern stets *künstlerisches Hilfsmittel der Architektur und der angewandten Künste.*« [5]

Die Textilie selbst ist bereits ein Ornament. Denken wir an die schlichte Schönheit eines groben Leinengewebes, so können wir bereits die dekorative Wirkung der einfachen Textur feststellen, indem wir die gebundene Ordnung des Flecht-Web-Ornamentes erkennen. Ist dieses dekorativ gestaltet, beispielsweise webtechnisch zu einem Webmuster, so erkennen wir eine *bewußt gestaltete dekorative Ordnung* (Bild 1/9). Die dekorative Gestaltung einer anspruchsvollen Darstellung mit textilen Mitteln macht ein bewußtes Nutzen von Musterungen

Bild 1 / 8. Spitzenmuster aus dem 16. Jahrhundert

Bild 1/9. Unterschiedliche Webbindungen in einer Gestaltung – *Marita Gundmann*, Potsdam (Spezialschulergebnis)

sichtbar, was bei ungegenständlichen geometrischen Dekors, wie auch bei gegenständlichen angewendet werden kann, bis hin zur textilen Darstellung eines Sujets. Sie ist gleichzeitig das werterhöhende Element des textilen Ergebnisses, das auch auf dem geistigen Gehalt und seiner emotionellen Ausstrahlung beruht. Der Inhalt, den ein Dekor durch seine spezifischen gesetzmäßigen Mittel ausdrückt, verbunden mit dem Gegenstand, den es schmückt, dient nicht nur der Befriedigung der Ansprüche und Bedürfnisse des einzelnen, er ist Ausdruck des geistig-kulturellen Niveaus der Gesellschaft.

Das Ornament ist keine selbständige Kunstgattung, sondern es ist künstlerisches Hilfsmittel. Es darf nicht ohne Bezug auf den Gegenstand und seine Funktion sein, Inhalt und Form müssen übereinstimmen, denn die praktische und die ästhetische Form bedingen einander. Danach wird seine Qualität und ästhetische Erscheinung bewertet (Bilder 1/10 und 1/11).

Dabei ist eine geistige Durchdringung notwendig, um, in der Naturform Spezifisches erkennend, diese so zu vereinfachen, zu stilisieren, zu abstrahieren, daß eine Verdichtung der Aussage entsteht, die dem Dekorträger gemäß ist (Bilder 1/12, 1/13 und 1/14).

Bild 1/10. Pflanze als Vorbild für eine Dekorgestaltung

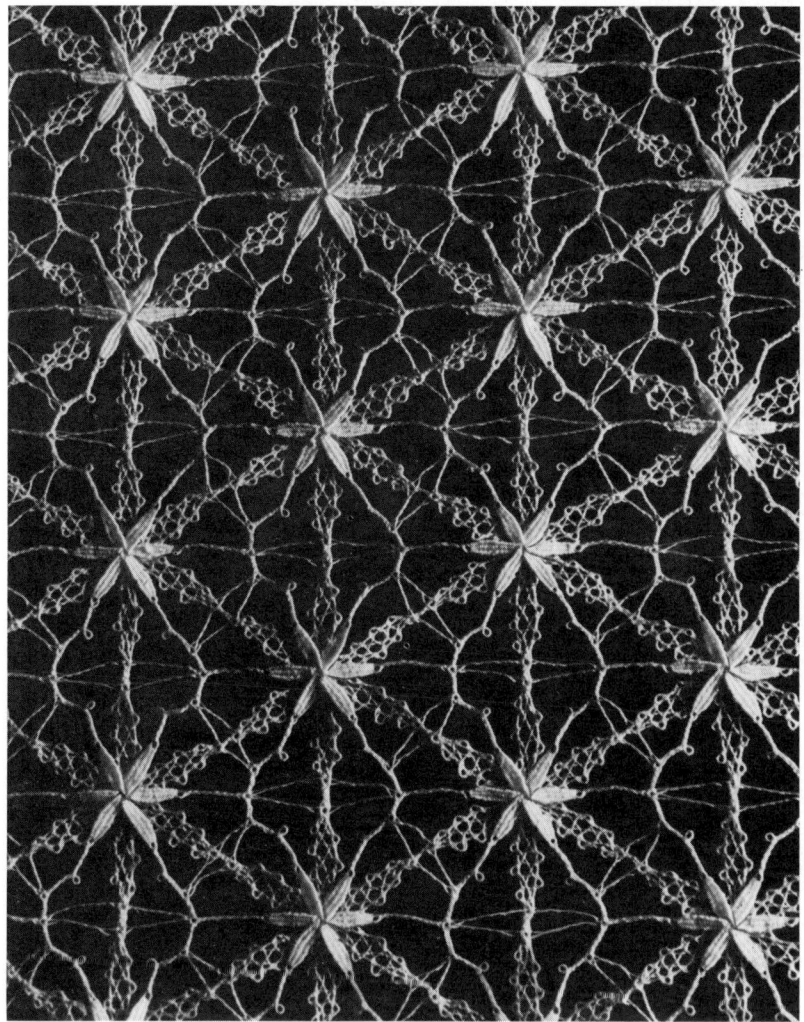

Bild 1 / 11. Spitzenstoff, gestaltet nach dem Vorbild der Doldenpflanze, handgeklöppelte Spitze: Entwurf und Ausführung *Elisabeth Mehnert-Pfabe*

Ordnen wir zunächst Textiles entsprechend dem Verwendungszweck

Textiles läßt sich entsprechend dem Verwendungszweck ordnen in
- Gegenstände von rein praktischer Funktion, bei denen die Formen technisch bedingt sind, wie Transporthüllen usw.; sie sind schmucklos.

- Gegenstände, die über den praktischen Zweck hinaus ästhetische Bedürfnisse befriedigen und das Angebot aus der industriellen Serienproduktion mit dekorativ schmückender Gestaltungsabsicht komplettieren. Sie stellen eine individuelle Bereicherung des Industrieangebots dar. Auf dem Gebiet der Modegestaltung gehören Schmuck, Taschen, Schals und anderes mehr dazu. Auf dem Gebiet der Raumgestaltung sind es Tischdekken, Vorhänge, Wandbehänge und dergleichen.

Bei der Gestaltung textiler Gebrauchsgegenstände geht es darum, die praktische Funktion zu nutzen und sie dekorativ so zu gestalten, daß eine Einheit zwischen der praktischen und der ästhetischen Form besteht, daß sie entsprechend aussehen und es Freude macht, sie zu gebrauchen.

Dabei spielt die Einordnung des Gegenstandes in den Raum oder das Zuordnen zu einem modischen Ensemble eine wichtige Rolle, wobei die proportionalen Verhältnisse des Gegenstandes selbst und die zwischen Gegenstand, Mensch und Umgebung bedacht werden müssen, wie auch das Verhältnis von Form zu Farbe und die Zweckbestimmung. Sie sind von

nachhaltiger Wirkung auf die Lebenseinstellung des Menschen.

Diese Gestaltungsprobleme, die der einzelne Gebrauchsgegenstand mit sich bringt, sind weiterzuführen und auf die Gesamtheit der Umgebung zu übertragen, so daß durch die Komplexgestaltung eine harmonisch gut geformte Umwelt entsteht, die wiederum zur Formung des Menschen beiträgt.

Gegenstände, die ausdrücklich und ausschließlich zur konzentrierten ästhetischen Wahrnehmung geschaffen werden, wie Bildteppiche und Behänge, die über das Dekorative hinaus mit einer gesellschaftlich widergespiegelten Aussage auftreten, müssen einen reicheren geistigen Gehalt aufweisen. Sie zählen zu den künstlerischen Abbildern.

Ornamente und Dekors sind also mit dem

Bild 1/12. Erkennen der organischen Proportionen. Aufgabe: Der Schachtelhalm – Umsetzen der Naturformen in ornamentale Strenge mittels Falt- bzw. Klappschnitts

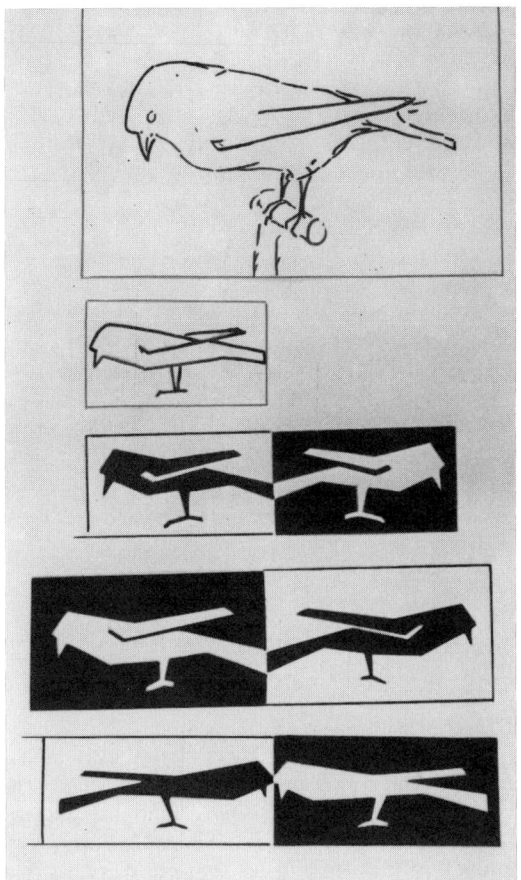

Bild 1/13. Erkennen der organischen Proportionen.
Aufgabe: Der Vogel – Umsetzen der Naturformen in
ornamentale Strenge mittels Klappschnitts

Bild 1/14. Einschnitte in einen schwarzen Punkt führen zu floralen Knospenformen – *Renate Schulze,
Sybille Kühn*

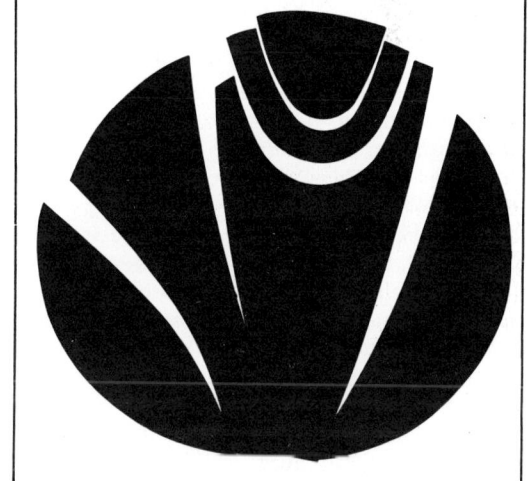

textilen Schaffen eng verbunden. Das schöpferische Erfinden und Gestalten zweckentsprechender Dekors ist von besonderer Wichtigkeit
für die Textilgestaltung, da es dem textilen Ergebnis als ästhetisch bereicherndes Element
dient.

Gestaltungsprinzipien

Die Ästhetik sieht in den Dekors eine künstlerische Widerspiegelung vom Menschen er-
kannter und zweckdienlich angewandter Ord-
nungsnetze. Bereits sehr früh hat der Mensch

in seinem materiellen Leben die arbeitserleichternde Bedeutung von Rhythmus und Symmetrie und bestimmten Proportionen erkannt. Der Formenreichtum der Dekors resultiert aus der Wiederholung. *Das elementare Bildungsprinzip der Dekorgestaltung tritt vornehmlich in drei Formen in Erscheinung:*

1. als rhythmische Wiederholung einer oder mehrerer Formen
2. als symmetrische Wiederholung in axialer, diagonaler oder radialer Form
3. als proportionale Wiederholung im Sinne einer gesetzmäßig abgestuften Wiederkehr von einander ähnlichen Gebilden.

Diesen Ordnungsprinzipien begegnen wir überall in der Natur und im gesellschaftlichen Leben. Wir finden die rhythmische Wiederholung beim Atmen, bei der Wiederkehr von Tag und Nacht, als Wechsel von Saat und Ernte oder als Hin und Her beim Weben. Der Ausdrucksgehalt eines Ordnungsprinzips ist von der Art der Formenelemente abhängig, mit denen es verwirklicht wird. Ornamente sind einzelne Schmuckmotive, die aus ungegenständlichen geometrischen Formen und aus Gegenstandsformen entwickelt werden. Vielfach bilden natürliche, d. h. pflanzliche oder tierische Vorbilder die Motive für das Ornament. Sie können auch aus unserer modernen Umwelt genommen werden, wie man sie beispielsweise in Flächen bewegter Flüssigkeit (siehe Farbbild 7) und in sich bewegenden Wellen sieht, die nur technisch wahrnehmbar sind, und zum Bestandteil einer Ornamentkomposition werden, die auf jede individuelle Konkretheit des betreffenden Gegenstandes verzichtet. Nur das vereinfachte, reduzierte Motiv kann unzählige Male wiederholt zur Ornamentbildung führen, sei es für einen Dekorationsstoff oder für die Oberfläche eines dekorativ zu gestaltenden Gegenstandes.

Zu den ungegenständlichen Formen zählen die geometrischen Ornamente der islamischen Kunst, der Mäander, die Spiral-, Bogen- und Wellenbandornamente und die altrussischen Flechtbandornamente, Sterne sowie Rosetten. Bekannte Pflanzenornamente sind Lotos- und Palmettenmotive, Papyrus als heilige Wasserpflanze, das Akanthusblatt, das Granatapfelmotiv, Baumdarstellungen und die Lilie, um nur einige zu nennen. Bei historischen Ornamentdarstellungen findet man auch viele Tiermotive, wie Wildpferde, Antilopen, Schlangen, Fi-

Bild 1/15. »Herbstaster«, Zentralfaltschnitt (Spezialschulergebnis)

sche usw., denen fast ausschließlich Symbolcharakter obliegt.

Ein praxisbezogenes Hilfsmittel bei der Gestaltung von Ornamenten ist in den Papierschnitt-Techniken zu sehen. Der Faltschnitt läßt durch die Faltung die klare Ordnung der Spiegelsymmetrie sichtbar werden, der Zentralfaltschnitt mit der Radialsymmetrie ordnet die Formenelemente der runden Ornamentfläche (Bild 1/15). Diese Möglichkeiten lassen sich auch steigern, beispielsweise durch das Einbeziehen von zwei unterschiedlichen Symmetrieachsen usw. Eine Symmetrie muß nicht unbedingt spiegelgleich sein. Man spricht von einer optischen Symmetrie, bei der die gegenüberliegenden Flächen an der Symmetrieachse sich nur optisch gleichen, es gibt auch eine wissenschaftliche symmetrische Ordnung.

Wesentlich bleibt die Übersichtlichkeit und Ablesbarkeit der gesamten Schmuckform, die in der Ordnung der Dekorelemente besteht, in ihrer inneren Ordnung und der Anordnung der Elemente zueinander. Denn nur was geordnet ist, kann erkannt und bewertet werden. *Jedoch wirken simple und monotone Element-Anordnungen ebenso unharmonisch wie vielgliedrige, unübersichtliche.* Ein ineinander verflochtenes Gefüge von Haupt- und Nebenformen aber führt zu einer interessanten Anordnung bzw. Ordnung.

Bild 1/16. »Ruhe«, Maschinenapplikation thematisch unterstützt durch Maschinennähte – *Ingeborg Bohne-Fiegert*

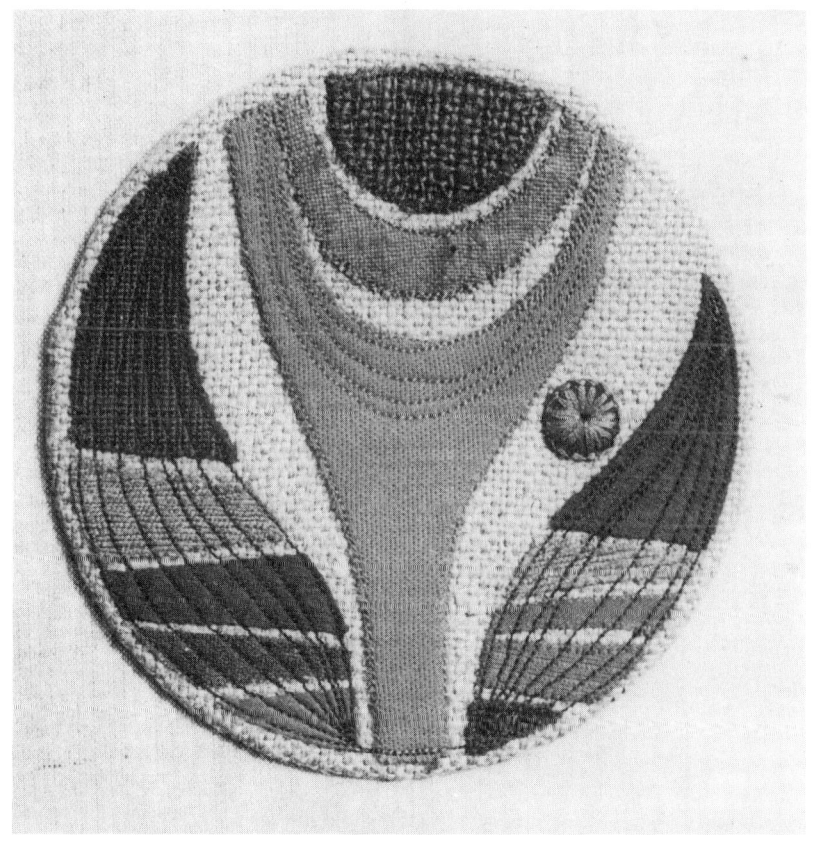

Bild 1/17 Ein Ergebnis, zurückgeführt zum Punkt, in Hand- und Maschinenapplikation – *Ingeborg Bohne-Fiegert*

23

Ein wichtiges Mittel zur Realisierung der Ordnungs- und Gestaltungsprinzipien ist der Einsatz von Kontrasten, damit Spannungen entstehen. Wesentlich sind die wirksam werdenden *Dimensionen* oder *Formkontraste*, die *Material-* und *Strukturkontraste* sowie die *Farbkontraste*. Das bewußte Auswählen und Einsetzen von Kontrasten erhöht die künstlerische Qualität der Gestaltung. Durch die Kombination der Gestaltungsmittel und deren unterschiedlichen ·Einsatz kann eine Vielzahl von Abwandlungen und Wirkungen erreicht werden.

Formen und ihre Anordnung auf der Fläche oder im Raum berühren auch die Psyche des Menschen, so bewirken

waagerechte Formen: Ruhe, Passivität (Bild 1/16)

Quadrat und Kugel sind neutral. Eine neutrale Fläche wirkt ausgeglichen (Bild 1/17).

senkrechte Formen: Aktivität, Erregung (Bild 1/18)

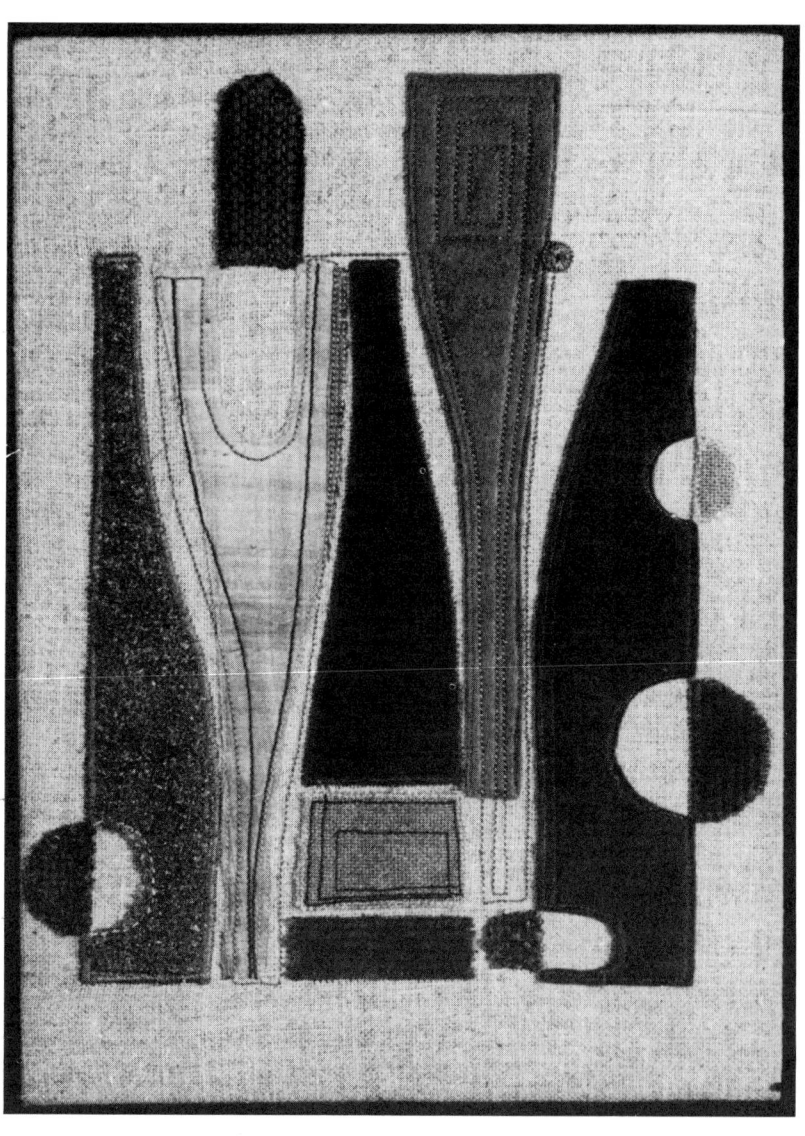

Bild 1/18. »Aktivität«, Applikationsstudie mit zwei Nähmaschinen und der Hand gearbeitet – *Ingeborg Bohne-Fiegert*

Besondere Bedeutung kommt dem *Gestalten mit Farbe* zu. Die Farbe übt eine sinnlich-psychische Wirkung aus und wird unter diesem Aspekt als bildnerisches Mittel angewendet. Die Farbigkeit ist wesentlich für die Aussagekraft sowie für die Idee. Dabei geht es nicht um die Einzelfarbe, sondern um die farbige Gesamtwirkung, um das Verhältnis der einzelnen Farben zu den anderen und ihre Bezogenheit. Ihr Darstellungswert liegt im Ausdruck von Eigenschaften. Dabei fordert die dekorative Form die Einheit von Farbe und Linie, von Form und Farbe.

Der *Goethe*sche Farbkreis besteht aus den 3 Grundfarben:
Gelb, Blau, Rot.
Die 3 Mischfarben, die sich durch das Mischen der 3 Grundfarben ergeben, sind:
Orange (Rot und Gelb), Violett (Rot und Blau), Grün (Blau und Gelb). Es sind die Sekundärfarben.
Bei dem *Goethe*schen sechsteiligen Farbkreis liegen sich jeweils eine Grund- und eine Mischfarbe gegenüber:
Rot – Grün, Gelb – Violett, Blau – Orange: Komplementärfarben (Bild 1/19). Es gibt noch andere wissenschaftliche, schematische Anordnungen namhafter Persönlichkeiten, die sich mit dem Problem Farbe befaßten, wie *Itten, Ostwald* usw.

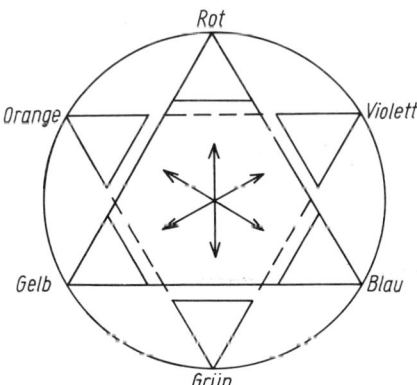

Bild 1 / 19. Farbkreis

Gelb wirkt strahlend, sonnig, klar, beglückend, erwärmend
Rot ist aktiv, drängt sich vor, Farbe der Freude
Blau ist passiv, weicht zurück, ist kühl
Grün wirkt beruhigend, heilend, ausgleichend
Orange ist energisch, aktiv auffallend
Violett wirkt sanft und feierlich
Türkis ist frisch, sehr kühl.

Diese Wirkungen sind von einem neutralen Untergrund abhängig. Man kann solche Eigenschaften auch steigern, wenn beispielsweise bei einer Anzahl von blauen Tönen Türkis als Nachbarfarbe auftritt. Weiße Zwischenräume oder schwarze Trennlinien, die die Farbflächen isolieren, können die Gesamtwirkung erhöhen. Dabei spielt eine wesentliche Rolle, in welcher Quantität die einzelnen Farben zueinander geordnet werden.

Bei der Dekorgestaltung sind die Farbkontraste ein wichtiges Gestaltungsmittel.
Die *Farbkontraste* sind u. a.:
der *Farbe-an-sich-Kontrast*, der die reinen Farben Gelb, Rot, Blau zusammenstellt
der *Komplementärkontrast*, der die komplementären gegenüberstellt und bei der Anordnung in unterschiedlicher Quantität höchste Intensität erzielt
der *Kalt-Warm-Kontrast*, der auch in der unterschiedlichen Quantität der warmen oder der kälteren Töne entsprechend dem Mischungsverhältnis zur Wirkung kommt, welche noch gesteigert wird, wenn ein Rotorange einem Blaugrün gegenübersteht
der *Hell Dunkel-Kontrast* entsteht durch das Gegenüberstellen von unterschiedlichen hellen und dunklen Tonwerten
der *Qualitätskontrast* unterscheidet leuchtende von stumpfen Farben, d. h. reine und gebrochene Farben
der *Quantitätskontrast* gestaltet mit unterschiedlich groß angeordneten Farbmengen.

Da Farbkontraste meist in Kombinationen auftreten, wie aus der Aufstellung bereits ablesbar ist, ist der dominierende Kontrast zu unterstützen, der bis zur Akzentuierung führen kann. Akzente markieren die Blickbahn des Betrachters.

Wiederholungen, Gleichklänge von Punkten, Linien, Flächen, Farben, Kontrasten, Proportionen, Strukturen, Texturen und Formkomplexen sind Formrhythmen. Sie können regelmäßig und unregelmäßig sein und sind von formempfindlichen Menschen überall wahrnehmbar. Sie bilden die Grundlage für das Ornament. Der Gesetzmäßigkeit des rhythmisch-metrischen Ordnens muß sich die Verwirklichung der Grundsätze des farbigen Gestaltens unterordnen. Die Farbe als bildnerisches Mittel steht ganz im Dienste des dekorativen Gestaltens.

1.4. Ornamente aus der modernen Umwelt

Unsere moderne Umwelt bietet in ihren vielfältigen Bereichen des Lebens, der Arbeit, des Forschens und Entdeckens neue, andersgeartete Möglichkeiten der Ornamentfindung. Dabei ist es vornehmlich die Fotografie, die zu solchen neuen Ergebnissen verhilft. Ob man dabei entdeckte schlichte Formen lediglich rapportiert oder anderen durch das Anlegen der Symmetrieachse ornamentale Strenge verleiht oder ob solche durch Verdichtung des Typischen in der Gestaltung weiterentwickelt werden, es ist hierbei nicht dieser schöpferische Prozeß allein, der das Ergebnis bewirkt. Mit dem künstlerisch-gestalterischen Wirken wird in diesem Fall in hohem Maße auch Gedankenreichtum des Gestalters gefordert. Das Hineinvertiefen in fremde Wissensgebiete, das Bekanntwerden mit technischen Profilen oder Schemen und das optische Erkennen materialgebundener Eigenschaften oder dergleichen läßt neue ornamentale Rhythmen entstehen, die Ausdruck unserer modernen Zeit sein können. Sie tragen dazu bei, neue ästhetische Werte in der Ornamentgestaltung zu schaffen.

Folgende Beispiele aus dem Laienschaffen werden demonstriert

Bild 1/20 ist eine metallographische Aufnahme, die Ätzgrübchen von ALNICO erkennen läßt.
Bild 1/21 ist das Ergebnis, das aus dieser Anregung erwachsen ist. Hierbei ist nichts verändert worden. Die vorgegebene Anordnung konnte gleich als Rapport verwendet werden,

Bild 1/20. Metallografische Aufnahme: Ätzgrübchen von ALNICO (Aluminium, Nickel, Kobalt)

Bild 1/21. Dekorationsstoff für den modernen Wohnraum, Filmhanddruck – *Traute Thiele*, Brandenburg

Bild 1/22. Metrisch geordnete Gleichrichter für eine Flächenfüllung oder einen Flächenrapport – *Gyp-Barbara Meinshausen*, Kleinmachnow

Bild 1/23. Gleichrichter in anderer Anordnung. Durch Einsetzen von 2 Tonwerten entsteht ein statisch beeindruckendes Flächenmuster – *Gyp-Barbara Meinshausen*, Kleinmachnow (Spezialschulergebnis)

und es ist fraglich, ob eine andere Anordnung ebenso schön wäre. Vermutlich entstand mit der besonderen Form des Ätzgrübchens gleichzeitig die Zuordnung der anderen.

Bild 1/22 zeigt die lineardekorative, metrische Anordnung von Gleichrichtern und Bild 1/23 eine weitere Anordnung dieser Gleichrichter. Durch das Einsetzen von 2 Tonwerten entsteht ein statisch beeindruckendes Flächenmuster, das gut als Webmuster genutzt werden könnte.

Bild 1/24 zeigt die grafische Darstellung eines Autos. Durch Spiegel-Spielerei, angelegt an der eingezeichneten Linie durch die Heckleuchte des Autos, entstand die dekorative Rosenform (Bild 1/25).

Solche Spiegelspielereien lassen sich auch gut bei Schriftzeilen anwenden, allerdings darf das gefundene Ornament dann nicht »lesbar« sein (Bild 1/26).

1.5. Teilbereiche der Umweltgestaltung und ihre wesentlichen Kriterien

Das textile Schaffen ist aufs engste mit den Teilbereichen der Umweltgestaltung, der Mode- und der Raumgestaltung verbunden, denn in diesen Bereichen liegen seine wesentlichen Anwendungsmöglichkeiten.

Dabei bezieht sich die Bekleidungstextilie auf die Erscheinung des Menschen, bestimmt

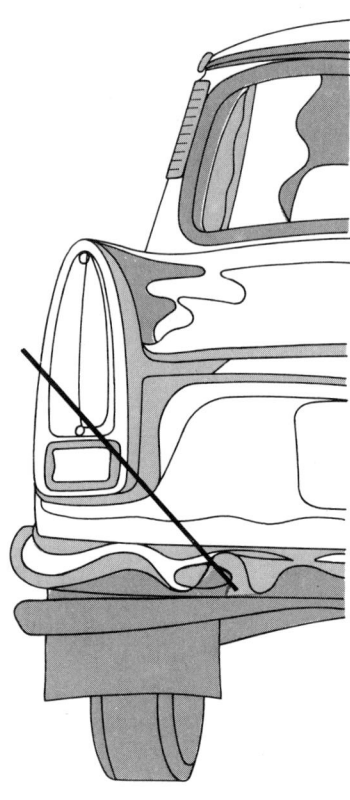

Bild 1/24. Grafische Darstellung eines Autos

Bild 1/25. Durch an der eingezeichneten Linie angesetzte Spiegelsymmetrie entstand Rosenform – *Renate Kaatz*, Potsdam (Spezialschulergebnis)

ihr Bild und gibt dem persönlichen Geschmack Ausdruck, während die Raumtextilie zu den Gegenständen zählt, womit der Mensch sich umgibt, die seine Wohnkultur oder überhaupt seine Umweltkultur bereichern.

1.5.1. Bekleidungstextilien

Mode (modus) ist gleichbedeutend mit Brauch, Sitte, Zeitgeschmack. Unserer heutigen Mode obliegt die Aufgabe, den Bedürfnissen unserer Menschen nach einer zweckmäßigen Bekleidung zu entsprechen. Sie muß dem Wohlbefinden des Körpers entsprechen, bequem, formbeständig und pflegeleicht sein. Die Bekleidung muß den vielseitigen Anforderungen

genügen, die ihren Funktionswert bestimmen. Sie ergeben sich aus unserer Lebensweise, die spezielle Forderungen an eine ansprechende, zweckmäßige Tages-, Arbeits-, Freizeit-, Sport- und Festkleidung stellt. Dabei kommt der Arbeitskleidung in Hinsicht auf das ästhetische Erscheinungsbild besonderes Interesse zu, da die Arbeit den größten Teil des menschlichen Lebens ausfüllt.

Das Kleid prägt das Erscheinungsbild, das in der Einheit Mensch und Gewand besteht. Dabei soll die Kleidung Ausdruck der allseitigen Bildung und des entwickelten Geschmacks unserer Menschen sein. Mit zurückhaltenden Mitteln und sparsamer Akzentuierung ist es ihr möglich, die Persönlichkeit zur Wirkung zu bringen.

Unsere Mode baut auf Grundsilhouetten auf, die in ihrer Grundform das Typische des Zeitgeschmacks, der Jahresmodelinie zeigen, beeinflußt durch das Zweckdienliche der täglichen Anforderungen und den individuellen Geschmack. Sie können durch Verwendung von Materialien unterschiedlicher Eigenschaften, durch unterschiedliche Bekleidungselemente, wie Kragen, Taschen, Gürtel usw., bzw. durch unterschiedliches Beiwerk so vielfältig variiert werden, daß sie voll den differenzierten, individuellen Ansprüchen genügen. Bei der Gestaltung der Bekleidung müssen vornehmlich die individuellen Besonderheiten der Persönlichkeit berücksichtigt werden, wozu das günstige Beeinflussen der äußeren Erschei-

nung, das Berücksichtigen der proportionalen Verhältnisse des Körpers, der Eigenfarben und des Alters gehören. Dazu gehört auch die Kombinationsfähigkeit der Tagesbekleidung, die die Voraussetzung für einen reduzierten Umfang des Garderobenbestandes ist. Dabei kommt es auf die zweckmäßige Auswahl der Einzelteile des Ensembles an, die in der Form wie in der Farbigkeit aufeinander abgestimmt sein müssen.

Aber auch die Merkmale der Mode für Kinder und junge Menschen mit den spezifischen Aspekten des kindlichen Bewegungsdranges, der jugendgemäßen Bekleidung und der Gestaltung des modischen Beiwerks sind zu bedenken.

Bild 1/26. Kyrillische Buchstaben in Lederapplikation auf Leinen, bereichert mit Stickerei – Taschenblatt einer Couverttasche – *Dr. Helga Clemens*, Neuruppin (Spezialschulergebnis)

Bild 1 / 27. Kleine Boutique-Taschen aus unterschiedlichem Material und nach einem Schnitt unterschiedlich gestaltet

So ist eines der Gestaltungsprobleme die Komplettierung des Konfektionsangebotes mit modischen, selbstgestalteten Accessoires in textilen und artverwandten Techniken.

Das Buch will viele Anregungen bieten. Beispiele sind die liebenswerten, kleinen Boutique-Taschen, deren Bügel man selbst anfertigen kann (Bild 1 / 27), oder die Schals und großen sowie kleinen bemalten oder gebatikten Tücher, die durch die eigenschöpferische Arbeit zum individuellen Accessoir werden (Bild 1 / 28).

Die Demonstration der Möglichkeiten für eine weitestgehend kombinierfähige Tagesbekleidung erreicht man durch das Zusammenstellen von Materialcollagen und erhält Anregungen (Bild 1 / 29). Es ist eine schöpferische Aufgabe in der kollektiven Zirkelarbeit. Die sich daraus ergebenden zusätzlichen Kombinationsmöglichkeiten mit Westen, Boleros, Chanelljäckchen, Chassubles usw., in der Technik des Webens, des Applizierens oder des Druckens ausgeführt, könncn zu einem dekorativ schmückenden Zubehör werden, den einfarbi-

Bild 1/28. Linien und Flächen, grafische Stoffmalerei auf reiner Seide – *Elke Heinrich*, Neufahrland

gen Hosenanzug oder das einfarbige Kleid gelegentlich ergänzend. In den Modeabteilungen großer Warenhäuser besteht entsprechend vorgegebenen Schnittmusterwünschen die Möglichkeit des Zuschneidens von Kleidern nach der Figur, die genutzt werden kann, um diese dann schnittbetont in Details zu bedrucken, zu bemalen, zu besticken und dergleichen, so daß daraus ein individuelles Einzelstück für besondere Anlässe entsteht.

1.5.2. Raumtextilien

Die Wohnbedürfnisse sind Lebensbedürfnisse. Bei der sich herausbildenden sozialistischen Wohnkultur ist die individuell betonte Wohnung Bestandteil eines größeren komplexen Umweltbereiches mit vielfältigen gesellschaftlichen Einrichtungen, die der Mensch in seiner gesellschaftlichen Beziehung benutzt. Die kulturellen Wohnbedürfnisse haben sich durch kollektive Lebensformen wesentlich verändert (Bild 1/30). Es ist, bedingt durch gesellschaftliche und individuelle Faktoren, familiäre Verhältnisse, Beruf, Studium usw., heute notwendig, kombinierfähige Wohnfunktionen: Essen–Wohnen, Essen–Arbeiten, Essen–Kochen, Wohnen–Schlafen, Wohnen–Arbeiten, Wohnen–Arbeiten–Schlafen, Bilden–Unterhalten, Körperpflege zu gestalten.

Bei der Einrichtung einer Wohnung sollte die Arbeit des Architekten, der die Befriedigung unserer individuellen Wohnbedürfnisse anstrebte, fortgesetzt werden. Die Wohngestaltung ist in erster Linie ein Ordnen der Dinge im Raum. Typensätze komplettierfähiger Einzelmöbel haben zunächst die großen Behältnismöbel verdrängt, und ganze Regalschrankwände, bis zur Decke hoch aufgestellt, schaffen eine ruhige Fläche, einen größeren Bewegungsraum, die Harmonie einer sichtbar gemachten Ordnung, die, inhaltlich durchdacht, Hauptsächliches von Nebensächlichem trennt, ohne die Beziehungen der Dinge untereinander und zum Menschen zu zerstören. Es ist jedoch Mode geworden, alte Möbelstücke den modern ausgestalteten Wohnräumen als exquisites Einzelstück zuzuordnen.

Im Mittelpunkt der Wohngestaltung steht der Mensch, der sich diese Wohnumwelt schafft, die ihm dient und deren ästhetische Gestaltung Ausdruck seiner Bedürfnisse, Anschauungen und Einstellungen ist und somit als Spiegelbild und Selbstdarstellung der Persönlichkeit angesehen werden kann.

Zur ästhetischen Gestaltung der individuellen Wohnumwelt gehört das optische Beeinflussen der Raumform durch Farbe, Dekor und Stofflichkeit, die Gliederung der Raumform und der inhaltlichen Rangordnung durch die Ausstattungsmittel gemäß den Funktionszusammenhängen, der ästhetisch wirksame und zweckdienliche Einsatz des Lichts, auch das Einbeziehen alter Möbel und Einrichtungsgegenstände sowie der sinnvolle Einsatz von dekorativen Elementen und Akzenten (Bild 1/31).

Die Raumtextilie ist ein notwendiger Bestandteil der Wohnumwelt, und ihre Gestaltung muß ästhetisch ausgewogen auf die Funk-

Bild 1 / 29. Mode-Collage – *Ingrid Mittelstraß*, Ahrens-
hoop (Spezialschulergebnis)

tion bezogen sein, d. h., sie muß bei ästhetischer Einordnung in konkrete Räume praktischen und ästhetischen Anforderungen genügen.

Bei der Gardine ist zu bedenken, daß sie nicht als glatte Fläche, sondern nur in ihrer plastisch reliefhaften Verformung wirkt, was auch von Einfluß auf die Musterung ist. Gewebte Dekorationsstoffe sind meist dezent in der Farbgebung und Musterung und geben dem Raum Ruhe.

Möbelbezugsstoffe bilden die Oberfläche eines körperlichen Gebildes und dienen rein praktischen Anforderungen, so daß dafür kleingemusterte oder ungemusterte Stoffe zu bevorzugen sind.

Bodenteppiche haben sowohl eine Schmuck- als auch eine Schutzfunktion. Die schmückende Wirkung ist von der Überschaubarkeit abhängig, denn auf ihnen stehende Mö-bel zerstören die Ganzheit beispielsweise eines Medaillonteppichmusters. In solchem Fall ist es ratsamer, auf Musterungen zu verzichten und den Eindruck von Farbe und Oberflächenstruktur eines einfarbigen Teppichs zu nutzen.

Auch bei Tischdecken sind die schlichten, materialgerecht gestalteten Decken den reich verzierten und farbenfrohen vorzuziehen, wobei ein Tischläufer als kleinere Fläche sich Bewegtheit in der Gestaltung erlauben darf, wenn er sich den anderen Ausstattungsmitteln harmonisch zuordnet.

Kissenbezüge aus einem gewebten einfarbigen Material ordnen sich ein, wobei zu prüfen bleibt, inwieweit Kissen heute noch notwendig sind. Auf alle Fälle sind Kissenhüllen mit bildhaften Darstellungen, mit Sprüchen oder aufgesetzten Häkelrosetten abzulehnen. Dem Kissen obliegt eine rein dienende Funktion.

Bild 1/30. Umbautes Leben in Potsdam »Wilhelm-
Külz-Straße« – Collage mit Fotos der Neubauten
und der rekonstruierten Altbauten (Detail)

Bild 1/31. Wohnraum
Collage – *Monika Le-
schik*, Potsdam (Spezial-
schulergebnis)

Eine Raumtextilie mit hauptsächlich dekorativ schmückender Gestaltungsabsicht ist der Behang. Er beansprucht eine Gestaltung, die gesetzmäßig, wie andere Raumtextilien auch, eine praktische Funktion hat und zudem über künstlerische Qualitäten verfügen muß.

Das Problem der Behanggestaltung wird gesondert behandelt.

1.5.3. Arbeitsumwelt

Die wachsenden Ansprüche an die Umwelt stellen auch an den Arbeitsplatz Forderungen, da er außer der Wohnung der für unser Leben wichtigste Umweltbereich ist. Mit ihm ist eine komplexe Aufgabe verbunden, die von der Gestaltung einzelner Werkzeuge bis hin zur ästhetischen Gestaltung der Werkhalle oder des Großraumbüros reicht, mit dem Ziel, ein Arbeitsmilieu zu schaffen, das kulturvoll und würdig ist und den werktätigen Menschen als Schöpfer kultureller Werte achtet und bestätigt. Produktionskultur kann nur durch kollektives Lösen ökonomischer, soziologischer, psychologischer und künstlerischer Aufgaben erreicht werden. Neue Gebäude bieten progressive Möglichkeiten, doch muß vorläufig noch vieles Alte genutzt und so gut wie möglich verbessert werden, um eine ästhetische Qualität in der Arbeitsumwelt zu schaffen, die die neuen Produktionsverhältnisse widerspiegelt und in der Wechselwirkung zwischen Arbeit und Produkt zugleich eine sozialistische Einstellung fördert. Ein geordneter Arbeitsplatz mit Grünpflanzen im optischen Blickfeld ist zwar lobenswert, bedeutet aber noch keine sozialistische Umweltgestaltung des Arbeitsmilieus [1].

Es ist aber möglich, an gesellschaftlich bedeutsamen Innenräumen von Betrieben und deren sozialen Einrichtungen mitzugestalten im Rahmen des Auftragswesens in Zusammenarbeit mit den örtlichen staatlichen Organen und der Betriebsleitung, ein Aufgabengebiet für sehr gute Zirkelkollektive (siehe Bild 4 / 4).

2.

*Textiltechnische
Möglichkeiten
der künstlerischen
Gestaltung*

2.1. Webtechniken

Das Weben dient der Herstellung von textilen Flächengebilden. Es sind Gewebe und Teppiche, die auf von Hand, Fuß oder maschinell bis vollautomatisch betriebenen Webstühlen hergestellt werden. Die parallel zueinander liegenden Längsfäden (Kettfäden) werden gruppenweise gehoben und gesenkt. Durch das dadurch gebildete Fach wird das Weberschiffchen mit dem Querfaden (Schußfaden) hindurchgeworfen. So entsteht die Verkreuzung von Fäden, in der Fachsprache Bindung genannt.

Man unterscheidet 3 Hauptbindungen, nach denen auch die Gewebe genannt werden: *Leinen, Köper* und *Atlas* (Bild 2 / 1).

2.1.1. Wissenswertes über die historische Entwicklung

Die Kunst des Webens ist uralt, ihre Anfänge reichen bis in die prähistorische Zeit zurück. Die ägyptischen Mumien sind bereits in Leinentücher, also in Gewebe, gewickelt worden, wobei bei den Ägyptern die Herstellung von Wollfilzen (Walkware) noch vorausging, die sie bereits 5 000 v. u. Z. ausübten.

Es ist anzunehmen, daß das Verflechten von Ästen und Zweigen mit Reisig und Schilf, das in frühen Zeiten der Flurbegrenzung diente, zur Webtechnik überleitete. Bevor man begann, die verschiedensten Tierhaare zu verspinnen, u. a. auch Schafwolle, ist in der jüngeren Steinzeit feines Leinen mit eingelesenen Mustern gewebt worden. Aus frühchristlich-byzantinischen Sammlungen kennt man auf Leinen gearbeitete Wollwirkereien. Das trockenheiße Wüstenklima Ägyptens hat uns textile Kostbarkeiten des sonst so vergänglichen Materials erhalten, wozu die bekannten koptischen Gewebe zählen, die in der Zeit vom 3. bis 7. Jahrhundert entstanden. Aus der gleichen Zeit stammen ebenso Funde von Sprangarbeiten, eine Technik, die man auch *Ägyptisch Flechten* nennt.

In China kannte man bereits 4 000 v. u. Z. das Geheimnis der Seidengewinnung, und es ist anzunehmen, daß man damals dort schon Seidenstoffe webte. Auf den alten Karawanenwegen, die z. B. durch Chiwa führten, genannt »Seidenstraßen«, wurde die chinesische Seide ins Römische Reich gebracht.

Aus vorgeschichtlicher Zeit sind nur Webereigeräte erhalten geblieben, aus denen man sich die älteste Form des Webstuhls rekon-

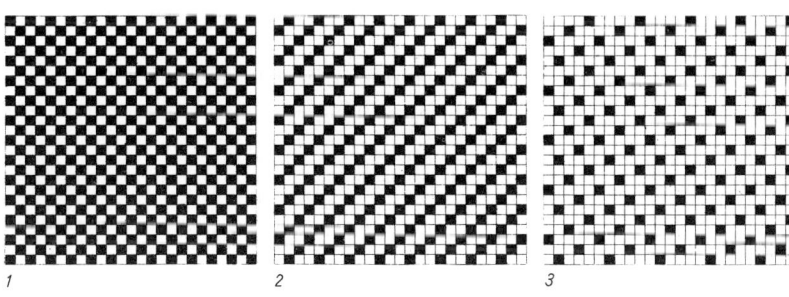

Bild 2 / 1. Die drei Grundbindungen: 1 Leinwand, 2 Köper, 3 Atlas

struieren kann. Zwei senkrecht in die Erde gesteckte Holzpfähle wurden oben durch eine Querleiste verbunden. An dieser Querleiste befestigte man die Kettfäden, die, damit sie gespannt blieben, unten mit Steinen, Tonkügelchen und dergleichen beschwert wurden.

In der weiteren Entwicklung wurde dieser Webstuhl dann noch mit einem Kett- und Warenbaum versehen, was eine Verbesserung dieses ursprünglichen Hochwebstuhles bedeutete. In dieser Form blieb er lange erhalten und wird so noch heute zur Herstellung von Bildteppichen und Knüpfteppichen verwendet. Im Mittelalter, etwa um 1300, entwickelte sich daraus im europäischen Raum der Flachwebstuhl, wie er sich im Grundprinzip bis heute erhalten hat.

Das Weben zählte hauptsächlich zur bäuerlichen Winterarbeit. Auf dem vierschäftigen Bauernwebstuhl webte man um 1800 vor allem Köperbindungen in unterschiedlichsten Mustern, wobei für Handtücher das Gerstenkornmuster sehr beliebt war.

Damast, Beiderwand sowie Bildgewebe entstanden auf dem Zampelwebstuhl. Als Anfang des 19. Jahrhunderts die mechanischen Webstühle aufkamen, begann für die Handweber der Konkurrenzkampf mit der Maschine. Heute übernehmen Webautomaten in vollautomatischen Taktstraßen die Arbeit des Menschen, woraus eine erhebliche Produktionssteigerung resultiert.

Das Gewebe ist die Voraussetzung für alle textil-künstlerischen Gestaltungen, gleich in welcher Technik sie ausgeführt werden sollen.

Da wir in unserer Freizeit nicht Dinge schaffen wollen, die die Industrie besser und preiswerter herstellt, soll in diesem Kapitel das Weben von Stoffen, Decken, Kissenhüllen und dergleichen, d. h. die rein manuelle Arbeitsweise, nur grundlegend erläutert werden.

Breiter Raum dagegen ist den handwerklich-schöpferischen Möglichkeiten gewidmet, die ihrem Charakter nach zwischen dem Flechten und Weben stehen und für die vornehmlich natürliche Materialien wie Jute, Hanf, Flachs usw., Verwendung finden.

2.1.2. Webgeräte

Die Anschaffung eines Handwebstuhls ist aus den vorgenannten Gründen nicht erforderlich.

Mit Hilfe eines Handwerkers kann man

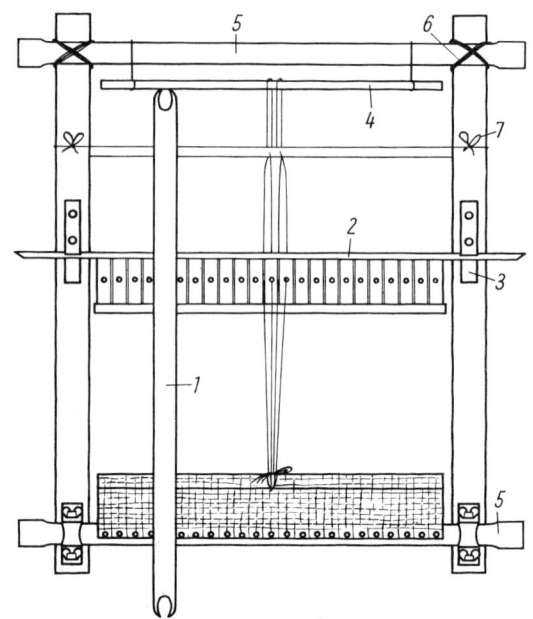

Bild 2/2. Webgerät – 1 Webnadel, 2 Webkamm, 3 Holzklötzchen, 4 Nutstab, 5 Vierkantholz, 6 Schnurumwindung, 7 abgebundenes Fadenkreuz

einen einfachen Handwebrahmen selbst herstellen (Bild 2/2).

Grundsätzlich besteht ein Webrahmen aus 2 Walzen, oben dem Kett- und unten dem Warenbaum, deren Längenmaße der meist gewünschten Webbreite entsprechen müssen. Für unseren Eigenbau können wir entweder 2 Besenstiele oder 2 Vierkanthölzer, deren scharfe Kanten aber in der Mitte, bis auf etwa 8 cm rechts und links außen abgerundet, d. h. gebrochen werden müssen, verwenden. Dann werden sie auf die beiden seitlichen Rahmenleisten, etwa 35 mm × 20 mm und 60 cm lang, mit vier zurechtgebogenen Bandeisen, in die die Vierkanthölzer hineinpassen, so befestigt, daß Kett- und Warenbaum herausnehmbar und wieder hineinschiebbar sind. Rahmenleiste und Vierkantholz kann man auch an allen vier Auflagestellen mit Schnurumwindungen befestigen. Mit dieser Möglichkeit ist unser Kett- und Warenbaum verstellbar, für etwas längere Gewebe, wie beispielsweise einen Schal, wobei zuerst die Kette auf den Kettbaum und dann das Gewebe auf den Warenbaum aufgewickelt werden kann. Dann benötigt man noch 2 Winkeleisen und 2 Holzklötzchen, worauf der

Kammhalter befestigt wird, einen Kamm und ein bis zwei Webnadeln.

Die Webnadel dient zum Durchziehen des Schußfadens. Sie muß so lang sein, wie der Webrahmen breit ist. An ihren Enden sind offene Ösen zum Aufwickeln des Schußfadens in der Länge der Nadel. Man sägt sie aus einer Hartholzleiste von 4 mm Dicke aus und glättet sie dann sorgfältig mit Sandpapier.

Der Webkamm ermöglicht die Bildung des Webfaches durch Heben oder Senken desselben, so daß vor jedem neuen Schuß die entsprechende Kettlage oben ist. Ansonsten ruht er auf den Holzklötzchen. Er zeigt eine Loch- und Schlitzaufteilung. Man nimmt am besten schmale, in der Mitte durchbohrte Holzleisten, die oben und unten auf eine naturfarbene Tapetenleiste in 1 bis 2 mm Abständen aufgeleimt werden. Eine ebensolche Tapetenleiste leimt man dagegen und festigt sie oben und unten mit Schnurumwindungen. Bei einem 20er Kamm sind 20 Kettfäden auf 10 cm verteilt, 10 laufen durch die Löcher und 10 durch die Schlitze. Bei einem 40er Kamm sind es 40 Kettfäden, die sich auf 10 cm verteilen. Je feiner die Kammeinteilung ist, um so feiner muß auch das verwendete Fadenmaterial sein und um so feiner wird das Gewebe. An dem Kettbaum wird noch ein Nutstab, ein Rundholz von etwa 1,5 cm Durchmesser, mittels zweier gleichlanger Fäden angebunden. An den Warenbaum nagelt man ein Stück Sackleinwand mit festen Gewebesäumen.

Anstelle eines Kammes können auch Fadenschlingen geknüpft und über Litzenstäbe gehängt werden. Mit solch einem Litzenstab ist das Wechseln des Webfaches ebenfalls möglich. Allerdings muß man nun zum Festschlagen des Gewebes einen anderen, sehr groben Kamm oder die Webnadel nehmen.

2.1.3. Einrichten des Webrahmens

Hierzu zählen alle Arbeiten am Gerät, die erforderlich sind, um es webfähig zu machen.

Zunächst ist die Länge der Kettfäden zu berechnen. Sie richtet sich nach der Länge des zu webenden Gegenstandes. Hinzu kommen noch 10 % für das Einweben und etwa 40 cm für den übrigbleibenden Kettrest. Die Anzahl der Kettfäden wird von der Dichte des Webkammes bestimmt, d. h. davon, wieviel Fäden auf

10 cm kommen. Für das normale Einweben in der Breite werden 6 % hinzugerechnet. Soll beispielsweise die Breite des Gewebes 40 cm betragen und wird ein 30er Kamm verwendet, so benötigt man $4 \times 30 = 120$ Fäden. Hinzu kommen je 2 Randfäden und 6 Fäden für das Einweben, also insgesamt 130 Fäden.

Auf jeder Seite des Gewebes werden die Randfäden doppelt eingezogen, um eine feste Webkante zu erhalten. Knoten in der Kette sind möglichst zu vermeiden.

Während man die Kettfäden alle auf die gleiche Länge bringt, wird das sogenannte Fadenkreuz gebildet, in der Fachsprache Schären genannt. Das Fadenkreuz ordnet die Fäden, damit sie nicht durcheinander kommen. Das Kettmaterial muß also vorher aufgewickelt sein, bevor die Kette geschärt wird.

Zum Schären benötigt man drei Schraubzwingen oder zwei umgekehrte Stühle. Diese sollten gerade Beine haben und so auf einem Tisch befestigt sein, daß sie nicht verrutschen können. Die Kettfädenlänge ist, dem Fadenlauf folgend, von Stuhlbein zu Stuhlbein nachzumessen. Mit einer Schlinge wird dazu der Faden an dem äußeren Stuhlbein befestigt und dann wie abgemessen zum anderen Stuhl herübergespannt, wo der Faden zwischen den beiden letzten Stuhlbeinen gekreuzt und wieder zum Ausgangspunkt zurückgeführt wird. Dieser Arbeitsvorgang ergibt jeweils zwei Kettfäden. Er muß so lange wiederholt werden, bis die errechnete Fadenanzahl erreicht ist (Bild 2/3) und endet wieder mit einer Schlaufe. Dann wird das Fadenkreuz mit einem langen andersfarbigen Faden abgebunden, nachdem dieser links und rechts vom Fadenkreuz durchgezogen wurde, und verknotet. Jetzt beginnt das Aufbringen der Kette mit dem Aufbäumen. Bevor man die Kette in den Kamm einzieht, wird noch der Kamm am Kammhalter festgebunden. Der Nutstab wird

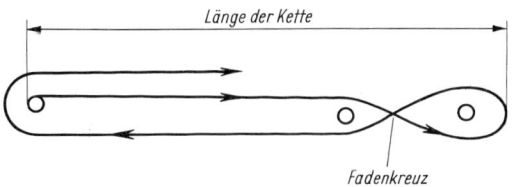

Bild 2/3. Schematische Darstellung des Schärvorganges

37

in die Kette geschoben und der andersfarbige Faden vom Fadenkreuz links und rechts am Rahmen in der Nähe des Kettbaumes festgebunden. Hat man Sackleinwand am Kettbaum befestigt, zieht man immer 2 bis 4 Schlingen zusammen durch diese durch und verknotet sie. Dann wird die Kette vorn aufgeschnitten und von hinten nach vorn durch den Webkamm gezogen, abwechselnd durch Schlitz und Loch. Bei einer langen Kette wickelt man das Material zuvor auf den Kettbaum, so daß sich die Kettenenden bequem in den Kamm einziehen lassen. Wird nicht die ganze Webbreite des Kammes benutzt, nimmt man die Kette genau in die Mitte, so daß an beiden Seiten gleichviel Schlitze übrigbleiben. An den beiden äußeren Webkanten werden, wie schon erwähnt, die letzten beiden Fäden doppelt genommen. Wenn alle Fäden durch den Kamm gezogen sind, wird der Kettbaum noch einmal abgewickelt, und die Fäden werden parallel zum Webkamm geordnet. Bei einem Kettbaum mit eingesägten Schlitzen werden dieselben mit einem Papierstreifen abgedeckt. Während vorn eine zweite Person die Kettfäden gleichmäßig straff gespannt hält, wird der Kettbaum langsam aufgewickelt. Es ist wichtig, daß sich die Fäden dabei fest und gleichmäßig um den Kettbaum winden. Ist abschließend der Kettbaum festgestellt worden, werden nun die Fäden vorn am Warenbaum befestigt und dabei gleichmäßig straff gespannt. Das geschieht, indem man von außen nach innen immer vier Fäden in einer Schleife verknotet. Feste Webkanten erreicht man, wenn der gleiche Arbeitsvorgang des Befestigens der Fäden am Warenbaum noch einmal, aber nun von innen nach außen, vorgenommen wird und man dabei noch einmal nachzieht.

Dann wird der Schußfaden auf die Webnadel gewickelt, der Kamm von dem Holzklötzchen aus Winkeleisen losgebunden, und mit dem Weben kann begonnen werden. Der Webrahmen wird auf den Schoß genommen und liegt hinten auf der Tischkante auf. Mit dem Kamm wird durch Herunterdrücken oder Auflegen auf den Halter das Fach gebildet und mit der Webnadel jeweils von links oder von rechts der Schußfaden durchgezogen, und jedesmal wird mit dem Kamm der eingeschossene Faden fest angeschlagen. Es ist darauf zu achten, daß man beim Weben nicht »einwebt«, daß sich keine »Taille« bildet. Deshalb wird der Schuß-

Bild 2 / 4. Weberknoten

faden in weitem Bogen eingelegt und darf nicht mit der Webnadel straff nachgezogen werden. Er benötigt die Fadenlänge, weil er doch im ständigen Auf und Nieder durch die Kette läuft. Andererseits dürfen sich aber auch keine Schlaufen an den Rändern bilden, der Schußfaden muß sich glatt um den äußeren Kettfaden herumlegen. Man kann auch einen Breithalter benutzen, das ist ein in der Länge verstellbarer Stab mit einem feinen Kamm, jeweils außen entlang der Höhe der Leiste, der die Aufgabe hat, das Gewebe in gleicher Breite zu halten. Beim Anlegen eines Schußfadens werden Anfang und Ende der Fäden etwa 4 cm übereinandergelegt und so doppelt verwebt. Sollte ein Kettfaden reißen, so ist dieser am besten mit einem Weberknoten (Bild 2 / 4) wieder anzuknoten. Das neue Stück Kettfaden muß erneut durch den Kamm gezogen und mit einer Stecknadel vorn am Gewebe befestigt werden. Nachdem es einige Zentimeter eingewebt ist, entfernt man die Nadel.

Wenn man so viel gewebt hat, daß sich das Fach nicht mehr weit genug öffnet, lockert man den Kettbaum und wickelt das fertige Gewebe auf den Warenbaum auf. Es ist ratsam, dabei wieder einen Streifen Papier oder Zellstoff mit einzuwickeln, damit sich das Gewebe weich um den Warenbaum legt und nicht leidet. Danach wird die Kette wieder gespannt, und es kann weitergearbeitet werden.

2.1.4. Verweben von Wollen und Garnen

Zum Weben sind alle Garnarten geeignet. Für die Kette muß wegen der starken Beanspruchung immer ein festes, gedrehtes Material genommen werden. Garne, die sich leicht aufrauhen, sind dafür ungeeignet.

Als Schußfaden können wir fast alles Material verwenden, wie Noppen- und Schlingenwolle, Baumwollgarn, Dochtwolle, Mooswolle, Seidenfäden, auch Metallfäden und schmale Wollstreifen. Sehr gut sieht auch verwebte

Rohwolle aus, die meistens bereits im gebleichten Zustand, in Form von Wollkammzug, wie er in Wollspinnereien hergestellt wird, Verwendung findet. Für einen Schal nimmt man in Kette und Schuß das gleiche Material, meist eine feine, reine Wolle. Auch die im Handel erhältliche Strickmischwolle ist ein gut geeignetes Material.

2.1.5. Mustereinlesen mit farbigem Material

Viele schöne Ergebnisse kann man durch die Technik des Mustereinlesens am einfachen Handwebrahmen erzielen. Die Grundlage für solche Gewebe bilden die Leinwand- oder Ripsbindung. Um von Anfang an schöne Musterstreifen bzw. Borten zu weben, sollten wir die Muster zuvor zeichnerisch entwickeln. Zu solch einer Musterzeichnung verwendet man Patronenpapier (Bild 2/5), das allerdings nur in Geschäften für Künstlerbedarf erhältlich ist. Zirkelleiter können es direkt bei der Fa. *Schäfers Feinpapiere*, Plauen, in größeren Mengen bestellen. Man kann aber auch einfaches, kariertes Schreibpapier dazu nehmen. Zum Zeichnen eignen sich am besten Faserschreibstifte in mehreren Farben. Eingezeichnet wird das Muster, das durch das Einlesen des Schußfadens sich ergeben soll, d.h. die Schußfadensprünge. Den leinenbindigen Zwischenschuß läßt man bei der Entwurfszeichnung weg. Ein Kett- oder Schußfadensprung über mehrere Kreuzungspunkte hinweg wird mit *Flottung* bezeichnet. Die Schußfadensprünge beim eingelesenen Muster sollten 2 cm nicht überschreiten, wenn die Webarbeit auch praktisch genutzt werden soll.

Den Arbeitsvorgang führt man mit mehreren Webnadeln durch, wobei auf einer Webnadel sich das Material für den Grundschuß befindet, auf der anderen das für den Musterschuß. Das Material für den Grundschuß ist meist das gleiche wie für die Kette. Für den Musterschuß ist dickeres oder doppelt aufgewickeltes Material zu empfehlen, damit die Musterung genügend zur Geltung kommt. Dabei spielt der Einsatz der Farben eine bedeutende Rolle.

Zum Einlesen der Fäden für den Musterschuß benutzt man gern den Lesestab, der in seiner Länge der Gewebebreite entsprechen sollte. Er gleicht einem glatten Lineal mit breiter Spitze und dient zum *Auflesen* der Kettfäden entsprechend dem Entwurf. Hat er alle Kettfäden aufgesammelt, stellt man ihn hochkant, wodurch sich das besondere, mustergemäße Webfach bildet, durch das der Musterschuß auf der Webnadel durchgegeben werden kann. Darauf folgt der leinenbindige Zwischenschuß mit dem Grundmaterial, der sich jeder Musterreihe anschließt. Die einzelnen eingelesenen Musterstreifen werden durch schmale oder breitere Leinwand- oder Rispartien abgeschlossen.

Durch einfachen Farbwechsel lassen sich ebenfalls schöne, strenge Musterkanten erzielen. Dazu verwendet man gleichstarkes Material und gibt beispielsweise ohne Schußfadensprünge immer von rechts den Musterschuß und von links den mit dem Grundmaterial durch (Bild 2/6, 1. Streifen von unten).

Eingelesene Muster mit verschiedenfarbigen Wollfäden können sehr dekorativ sein. Sie eignen sich als Raumschmuck ebenso wie als modisches Beiwerk, z. B. Beutel, Stolen, Ponchos und dergleichen.

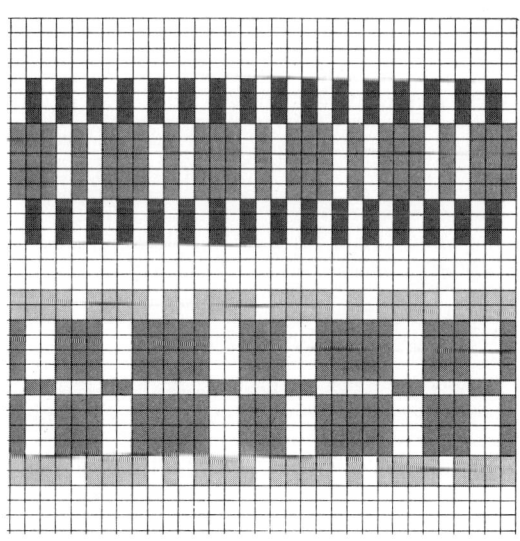

Bild 2/5. Musterzeichnung auf Patronenpapier

Bild 2/6. Eingelesenes Muster in Ripsbindung auf einem Handwebrahmen mit 30er Blatt eingezogen – *Heide Geißler*, Gransee (Spezialschulergebnis)

2.1.6. Drehergewebe

Im Gegensatz zur vorgenannten Technik, bei der mit dem Schußfaden gemustert wird, erzielt man beim Drehergewebe die Musterung durch das gegenseitige Umschlingen von zwei und mehr Kettfäden. Dieses »Miteinanderdrehen« der Kettfäden geschieht mit der Hand, wobei der Lesestab zu Hilfe genommen wird. Die Drehungen der Kettfäden werden durch einen Schußfaden gehalten. Sie lassen keine Schußdichte zu, so daß dadurch ein lockeres Gewebe von fast grafischer Schönheit entsteht.

Bild 2/7. Tischläufer aus naturfarbenem, handgesponnenem Flachs, Drehergewebe – *Christamaria Meyer*, Püggen

Ein Beispiel für Drehergewebe zeigt Bild 2/7, das eine Seite eines Tischläufers darstellt, der aus naturfarbenem, handgesponnenem Flachs gewebt wurde.

Auch das Kombinieren von Dreherstreifen mit solchen eingelesener einfarbiger Muster kann zu reizvollen Geweben führen. Da die eingelesenen Muster eine besondere Verdichtung des Gewebes hervorrufen, bilden sie einen Kontrast zu dem lockeren Gewebe der Dreherstreifen, beispielsweise bei Stolen aus feiner Maschinenstrickwolle.

Dreher eignen sich ausgezeichnet für Raumteiler und andere Raumschmuckgewebe, sie bieten auch Platz für das Einfädeln von Perlen auf dem Schußfaden.

2.1.7. Einweben von Perlen

Bevor man sich eine größere Arbeit in dieser Technik vornimmt, ist es notwendig, erst eine Probe zu weben. Die gleichmäßige Leinenbindung mit dem gleichen Material für Kette und Schuß, z.B. Maschinenstrickwolle, ist dafür das gegebene. Vorbereitend fädelt man unzählige der kleinen Kreideperlen oder auch der nächst größeren Sorte, genannt Indianerperlen, auf

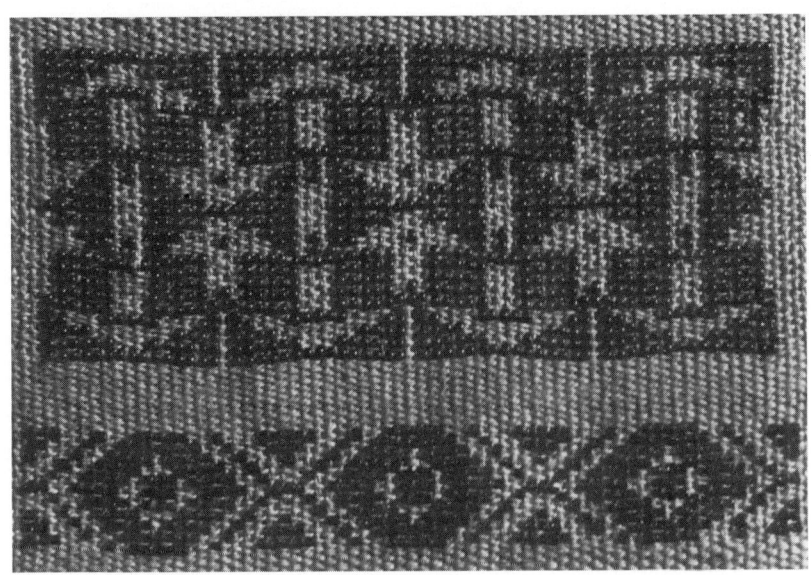

Bild 2 / 8. Musterstreifen mit eingewebten Perlen –
Ursula Jäkel, Brandenburg

die Wolle für den Musterschuß auf. Wenn man
dazu das Wollfadenende mit feuchter Seife
steift, lassen sich auch die feinsten Perlen gut
aufbringen.

Zur Vorbereitung gehört ein kleiner Entwurf für die Musterkante auf Patronenpapier.
Sie sollte schlicht sein und beispielsweise aus
aneinandergereihten geometrischen Formen
bestehen. Bevor der Mustersatz beginnt, webt
man ein Stück an, legt dann den Schußfaden
mit den Perlen einfach in das Webfach ein, wobei diese, dem Muster entsprechend, zwischen
die jeweiligen Kettfäden geschoben werden.
Durch den Fachwechsel nach jedem Schußfaden verbleiben die Perlen auch an dieser Stelle.
Es ist eine Technik, die etwas Mühe beansprucht. Sie eignet sich für modische Details
an festlichen Kleidern (Bild 2 / 8).

2.1.8. Wissenswertes über andere Webbin-
dungen bzw. Webtechniken

Köperbindung erkennt man an den schräg laufenden Bindungspunkten. Zur Herstellung
werden mindestens drei Schäfte benötigt. Die
Kreuzungsstellen von Kette und Schuß sind in
einem solchen Gewebe geringer als im Leinengewebe. Aus der Köperbindung gehen viele
Abarten hervor, wie der Köper mit Spitzeinzug, mit versetztem Einzug usw.

Atlasbindung muß mit einem Webstuhl gewebt werden, und es sind mindestens fünf
Schäfte dazu erforderlich. Durch diese Bindungen erhalten die Gewebe eine glänzende Wa-
renoberseite, wobei man Schußatlas und Kett-
atlas unterscheidet.

Schwedenborten heißt ein strenges, blockarti-
ges Muster, bei dem sich meist zwei Musterungen rhythmisch wiederholen. Jeder Musterschuß wird von einem nachfolgenden Schuß in
Leinenbindung gefestigt. Für diese Technik ist
ein Spitzeinzug am vierschäftigen Webstuhl
notwendig. Schwedenborten sind bei Decken
und Bekleidung vielseitig anwendbar.

Doppelgewebe sind zwei übereinanderliegende, festverbundene Gewebe für besonders
feste Stoffe. Für diese nicht leichte Technik
braucht man mindestens zwei Kett- und zwei
Schußfadensysteme, meist in zwei Farben oder
zwei Farbenkolorits, die der Musterung nach
miteinander verbunden werden, d. h., eine
Farbe wird der Musterung entsprechend nach
oben oder unten geholt. Auf der anderen Seite

entsteht das gegengleiche Muster. Diese Gewebe dienen doppelseitiger Verwendung und werden für Vorhänge, Portieren und Raumteiler gewebt.

Jacquard ist die Bezeichnung für großgemusterte Gewebe, zu deren Herstellung der Jacquardwebstuhl erforderlich ist. Er ist nach seinem Erfinder benannt, der im Jahre 1805 die Vorrichtung schuf, mittels gelochter Karten mechanisch großgemusterte Gewebe herstellen zu können.

Für all diese Webbindungen ist die Zeichnung einer Patrone notwendig. Sie ist die *Weberschrift*, die klar ablesbar die Bindung des Gewebes zeigt. Man kann auf einer Patronenzeichnung den jeweiligen Einzug des Kettfadens wie auch die Schußreihenfolge und die Schäfte erkennen, die gehoben werden müssen.

Es ist aber auch möglich, diese unterschiedlichen Bindungen einzulesen, vor allem, wenn nur eine kleine Fläche damit entstehen soll. Bild 2 / 9 zeigt eine solche Arbeit.

Bild 2 / 9. Unterschiedliche Webbindungen in einer Gestaltung – *Heide Geißler*, Gransee (Spezialschulergebnis)

2.1.9. Kelim- bzw. Ornamentweberei

Das Kelimgewebe ist methodisch als Vorläufer für die Bildweberei zu betrachten. Es ist ein florloses Teppichgewebe, besser gesagt, ein Wirkteppich, dessen Ober- und Unterseite einander völlig gleichen. Vermutlich diente das Kelimgewebe in den weiträumigen Palästen der altorientalischen Herrscher als bewegliche Trennwand und war so beiderseits anzuschauen. Man kennt aber auch Kelims, bei denen die Fadenenden nicht säuberlich mit eingewebt sind, sondern auf der Rückseite belassen wurden, um das Rutschen bei der Verwendung als Fußteppich zu vermeiden. Typisch für Kelimgewebe sind die Schlitze, die durch das Zurückführen des Schußfadens beim musterbedingten Farbwechsel entstehen (Bild 2 / 10).

Der heute oft anzutreffende gestickte Kelim ist eine minderwertige Abart dieser schönen uralten Webtechnik. Die Stichart ist an die Herstellungsweise eines *Soumakh*-Teppichs angelehnt, jedoch ist wiederum ein gewebter Soumakh mit einem gestickten Kelim nicht zu vergleichen (Bild 2 / 11).

Grundsätzlich wird ein Kelim so gewebt, daß der Schußfaden so weit durch die Kettfä-

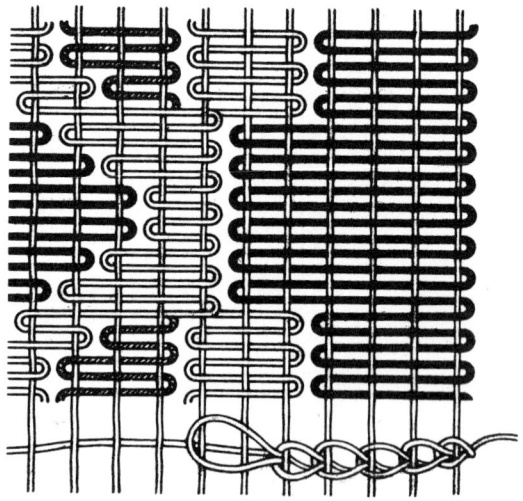

Bild 2 / 10. Schematische Darstellung eines Gobelingewebes, respektive einer Bildwirkerei mit schematischer Darstellung der Grossierung. Sie sind der Anschaulichkeit halber undicht gezeichnet worden

Bild 2/11. Wandteppich, hergestellt in *Soumakh*-Technik mit *Ghiordes*knoten

den geflochten wird, bis die jeweilige Farbe musterbedingt an eine andere Farbe angrenzt. Dabei arbeitet man in gleicher Höhe mit so vielen Schußfäden, wie das Muster Farben zeigt.

Am Treffpunkt zweier Farbpartien werden die Schußfäden beiderseits zurückgeführt, wobei man darauf achten muß, daß die Schlingen des Fadens nicht zu straff gezogen werden, wodurch nicht Schlitze, sondern Löcher entstehen. Andererseits bilden sich bei zu lockeren Schleifen Stauchungen zwischen den Farbpartien. Die Schußfäden werden leinenbindig durch die Kette geflochten und mit einem Webkamm so eng aneinandergeschlagen, daß das für den Kelim typische Relief, der sogenannte Längsrips, zu erkennen ist. Eine zweite Webart, bei der das Muster schematisch aufgebaut wird, ist einfacher. Dabei werden die Muster nicht zeilenweise, sondern flächenweise aufgebaut, wobei man die nach oben schmaler werdenden Musterformen zuerst webt und die anderen Musterflächen entsprechend nachholt. Da Schlitze von größerer Länge die Festigkeit des Gewebes beeinträchtigen, vermeidet man schon beim Entwurf längere senkrechte Farbbegrenzungen. Beim Kelimgewebe wird nicht mit der Webnadel gewebt, sondern mit Puscheln, wie man in der Fachsprache die kleinen Schußknäuel nennt. Diese werden zwischen Daumen und dem kleinen Finger in Achterschlingen gewickelt und dann in der Mitte mit dem Fadenende umwunden. So läßt sich der Fadenanfang fließend herausziehen und zum Verweben nutzen.

Nachdem man das Spezifische dieser Webtechnik kennt, gilt es hierfür einen Entwurf herzustellen. Muster mit einer Spiegelsymmetrie, d. h., die mittels Faltschnitts entstehen, sind hierfür besonders geeignet. Beim Umsetzen des Vorentwurfs für das Gewebe gilt ein Kästchen für einen Kettfaden waagerecht betrachtet und senkrecht für ein oder zwei Schußpaare, was von der Dicke des Schußmaterials abhängig ist. Die Schußpaare werden nach den Schlingen beim Farbwechsel gezählt. Es ist also ratsam, zunächst die Kette für den Kelim in der gewünschten Breite zu spannen, dann einen Faltschnitt in Originalgröße dafür zu schneiden und diesen entsprechend der Kettfadenanzahl auf das Patronenpapier zu übertragen, wodurch eine maßstäbliche Verkleinerung des Musters entsteht. Diese kann man dann mit Faserschreibstiften farbig anlegen. Nach so einem präzise aufgezeichneten Entwurf ist es leicht, das Kelimgewebe auszuführen (Bild 2 / 12).

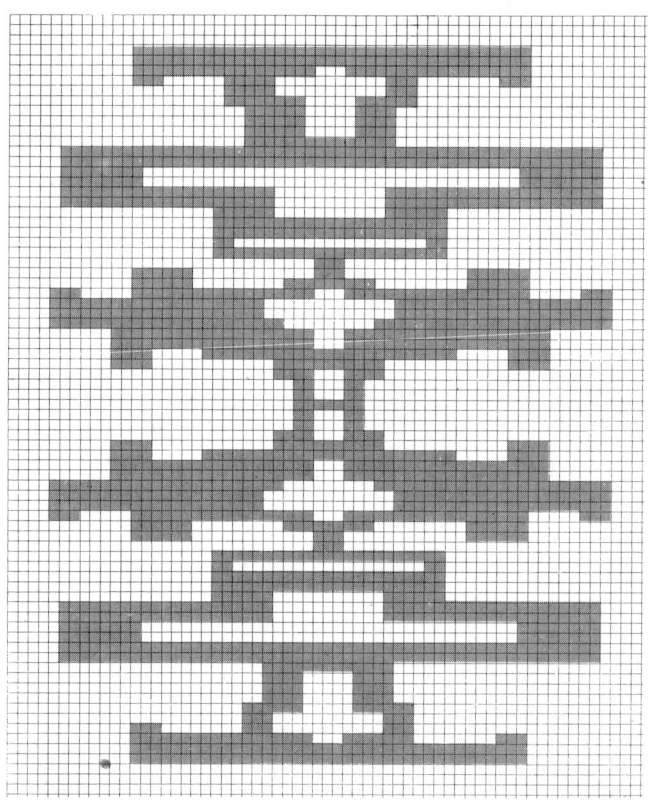

Bild 2 / 12. Entwurf für ein Kelim- oder Ornamentgewebe nach einem zur Seite und nach unten geklappten Faltschnitt (Entwurf mit zwei Symmetrieachsen) auf Patronenpapier übertragen

Bild 2/13. Kelim aus Wolle nach einem Motiv aus einem Verné-Teppich gestaltet – *Christa Karras*, Wittstock

Bild 2/13 zeigt einen kleinen Kelim aus Wolle, über besonders dicke Kettfäden gewebt. Die Musterung wurde nach einem Motiv aus einem Verné-Teppich gestaltet, wie sie in der Landschaft Karabagh in der jetzigen ASSR (Aserbaidshan) entstehen. Es ist sinnvoll, sich vor einer solchen Arbeit auch mit Ornamenten aus dem Ursprungsland der Teppichkunst zu befassen und über ihre Bedeutung zu wissen.

2.1.10. Bildweberei

Die Bildweberei, auch Gobelinweberei genannt, ist unmittelbar verwandt mit der Kelimtechnik bzw. geht aus ihr hervor. Das Wort *Gobelin* ist französisch, es ist der Name einer Färberfamilie, in deren Pariser Haus 1662 *Colbert* eine Manufaktur gründete.

Man spricht von *echten Gobelins* und meint damit Bildteppiche und Wandbehänge, bei de-

45

nen in Handarbeit farbig abgestufte, kurze Schußfadenstücke aus Wolle in die waagerecht gespannte Baumwoll- oder Leinenzwirnkette, unter der sich die Bildvorlage mit den Musterkonturen befindet, eingearbeitet werden. In dieser gleichen Art wirkt man auch heute noch in der Gobelin-Werkstatt in *Jindrichuv Hradec* in der ČSSR.

Die Bildweberei oder Wirkerei, es ist dies die treffendere Bezeichnung, wie man das aus den vorangegangenen Darlegungen entnehmen kann, erfolgt aber meist auf Hochwebstühlen. Hinter der senkrecht gespannten Kette ist zum ständigen Vergleich die Bildvorlage mit den Farbkonturen in Originalgröße

angebracht. Wir können unsere ersten Versuche auch auf dem Handwebrahmen oder dem Flechtwebrahmen weben.

Bei der Bildweberei kann der Farbwechsel an jedem beliebigen Punkt stattfinden, und bindungstechnisch schließt sie keine Möglichkeit aus. Es können wie beim Kelimgewebe kleine Schlitze entstehen, es können zwei farblich unterschiedliche Schußfäden vor der Rückführung ineinandergeschlungen werden, wie man das auf der schematischen Darstellung erkennen kann, es können aber auch die beiden farblich unterschiedlichen Schußfäden den die Farbpartie begrenzenden Kettfaden umschlingen. Außerdem kommt es bei der Bildweberei

Bild 2/14. »Baum im Winter«, Bildweberei, Textilminiatur – *Marita Grundmann*, Potsdam (Spezialschulergebnis)

Bild 2 / 15. Collage, geklebt mit gepreßten Herbstblättern, kann als Entwurf für eine Bildweberei dienen

darauf an, daß schöne Formen auch im Gewebe nachempfunden werden, d. h., daß man an solchen Stellen von der waagerechten Lage der Schußfäden abweicht und sie im Bogen einlegt. Wir arbeiten auch hierbei wieder mit dem Puschel (Bild 2 / 14).

Dieser Technik geht selbstverständlich ein Entwurf voraus. Nach der Kompositionsskizze sollte die gewünschte Darstellung entweder mit Deckfarbe und Pinsel gemalt werden, oder, was noch schöpferischer ist, man klebt eine Collage (Bild 2 / 15). Man sollte aber nicht ver-

Bild 2 / 16. »Winter«, kleine Bildweberei – *Renate Gieße*, Luckenwalde

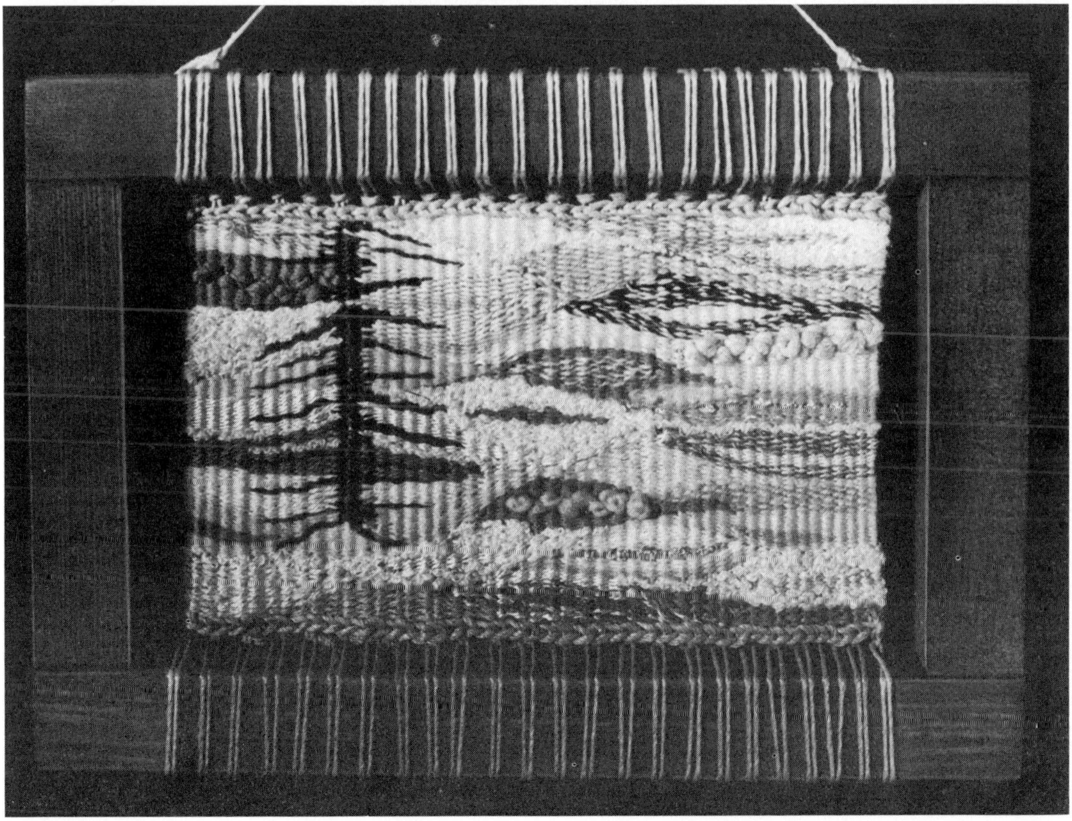

Bild 2/17.
»Abendsonne«,
kleine Bildweberei,
Textilminiatur –
Christine Ertner,
Luckenwalde (Spezial-
schulergebnis)

Bild 2/18. »Jazz«,
Behang in Bildweberei –
Käthe Hellmuth,
Ludwigsfelde (Spezial-
schulabschlußarbeit)

gessen, auch die Restfläche in die Entwurfsgestaltung mit einzubeziehen. Das alles geschieht gleich in Originalgröße. Sicherlich fällt nicht gleich der erste Entwurf zur vollen Zufriedenheit aus. Für solch eine schöne, aber mühevolle Arbeit sollte man an Entwürfen nicht sparen (Bilder 2/16, 2/17 und 2/18).

Für eine Bildweberei aus Wolle verwendet man zur Kette feines bis mittelfeines Hanfgarn entsprechend der 30er bis 40er Webblattdichte.

Für ein rustikales Gewebe aus Hanf, Jute und anderen Bindfadensorten, z. T. selbst eingefärbt, ist die Kettfadenstärke dicker und der Abstand größer.

Bei allen Webtechniken mit nicht durchlaufendem Schuß, wie Kelimgeweben und Bildwebereien, aber auch bei der nachfolgend beschriebenen Knüpftechnik wird am Anfang und Ende des Gewebes eine Grossierungsreihe eingebracht. Dazu wird meistens feines Leinengarn verwendet. Wir legen von links nach rechts einen langen Faden unter die gespannte Kette, drehen den Anfang zu einer Schlaufe und umschlingen, von oben nach unten zwischen die einzelnen Kettfäden mit den Fingern greifend, einen Kettfaden nach dem anderen. Obenauf liegt dann Schlaufe an Schlaufe gleich einer Reihe gehäkelter Luftmaschen. Der Anfang- und Endfaden der Grossierung wird eingewebt oder nachträglich verstochen (siehe Bild 2/10).

2.1.11. Weben im Flechtwebrahmen

Nachdem über das Grundsätzliche des Webens informiert wurde, sollen nun Anregungen für das sogenannte *Freie Weben* gegeben werden, das eng mit dem Flechten und Stopfen verbunden ist. Man wendet sich von einem bis ins kleinste Detail konzipierten Entwurf ab und verwendet lediglich eine Kompositionsskizze, um in einem ständigen schöpferischen Prozeß mit Material und der entsprechenden Art, es zu verweben, zu gestalten.

Dazu benötigt man in den seltensten Fällen einen Handwebrahmen, hier ist ein einfacher Holzrahmen, der sogenannte *Flechtwebrahmen*, ein ausreichendes Werkzeug. Das Weben auf solch einem Flechtwebrahmen hat sogar den Vorteil, daß man immer die ganze Arbeit vor sich sieht, was der Gestaltung zugute kommt. Man kann einen Tischler um die Herstellung

bitten, oder man baut ihn sich, gleich für die gewünschte Gewebegröße passend, selbst. Die Kettfäden werden in Fadenpaaren um die obere Querleiste geschlungen und die beiden Enden an der Gegenseite unten, die Rahmenleiste umspannend, zu einer Schleife gebunden, wodurch die beiden Kettfäden sich straffen. Sind alle Kettfäden aufgebracht, dreht man den Rahmen um, so daß man über dem Schlingknoten mit dem Grossieren und Weben beginnen kann. Sollten sich während des Webprozesses die Kettfäden einmal lockern oder

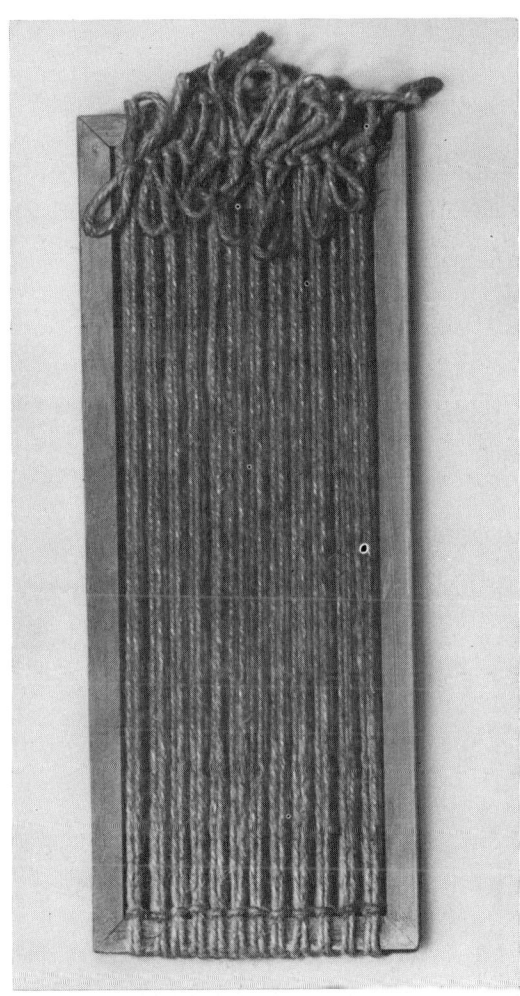

Bild 2/19. Einfacher Rahmen mit Fadenpaaren umschlungen, der Rahmen wird für den Webprozeß gedreht, so daß man über dem Schlingknoten mit dem Weben beginnt

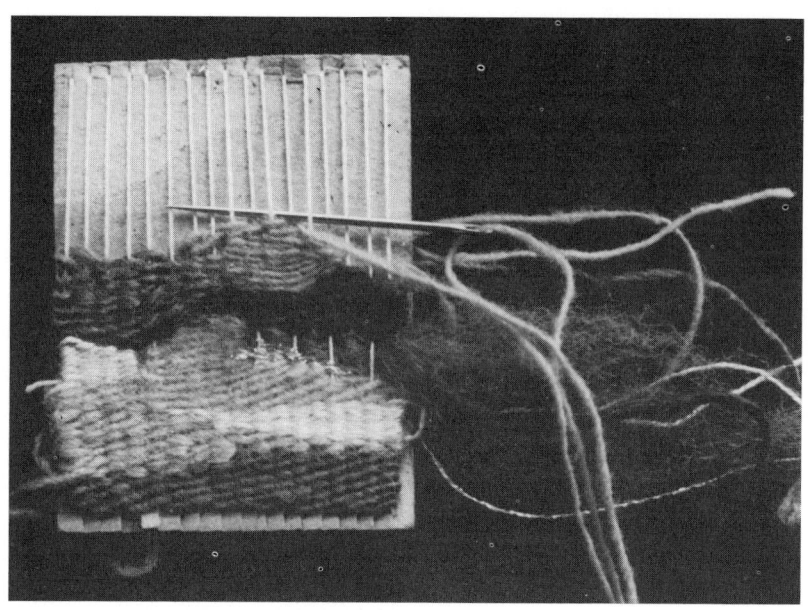

Bild 2 / 20. Auf eine Pappe aufgezogene Fäden zum Weben. Diese Pappe ist im Original wenig größer als eine Streichholzschachtel – *Monika Leschik*, Potsdam

Bild 2 / 21. Selbstgebauter Webrahmen aus Ästen und Astgabeln

im Gegenteil zu straff werden, so hat man die Möglichkeit, dies mit dem Neubinden der Schleife zu regeln. Man kann auch mit dem Kettfaden an gewissen Stellen Knoten in das Gewebe einbringen, man kann auch gegebenenfalls Perlen auf die Kettfäden aufziehen. All das ermöglicht die Schleife zweier Kettfäden an der Oberseite des Webstücks (Bild 2 / 19).

Bei anderen experimentellen Webarbeiten wurde schon der Kettfaden rundherum um den Holzrahmen gewickelt, auch das ist möglich.

Für kleine Arbeiten ist eine Pappe als Webrahmen ausreichend (Bild 2 / 20).

Bei diesen Arbeiten geht es oft um den Einsatz des unterschiedlichsten Materials als Schußfaden, manchmal wird auch zu ungewöhnlichem Material gegriffen. Und das macht diese Experimente interessant. Man wählt dafür kaum Material, das man in einem Laden kaufen kann, man kramt in Vorhandenem, in alten Truhen, findet alte Kleider und Strumpfhosen zum Zerschneiden, kramt in der Schnurkiste, entdeckt dabei eine Tüte mit unversponnener Schafwolle und ein Stück Gardine, das auch noch zu Streifen zerschnitten werden kann.

Bild 2 / 22. Handgewebter Stoff für einen kurzmantel- langen Anorak, das Schußmaterial besteht u. a. aus Wollkammzug, Filzstreifen, Samtbändchen und far- biger Wolle – *Traute Thiele*, Brandenburg, künstleri- sche Leitung: *Ingeborg Bohne-Fiegert*

Bild 2 / 23. »Das alte Haus«, experimentelle Webar- beit mit interessanten Materialien an einem gedrech- selten Holzstab eines alten Treppengeländers – *Sonja Balzer*, Potsdam, künstlerische Leitung: *Ingeborg Bohne-Fiegert*

Am besten, man steckt alles in einen großen Färbetopf (siehe Färbeanleitung, S. 173), kocht und rührt, und schon nach einer halben bis einer Stunde, wenn man sieht, wie diese ver- schiedenen Materialien den einen Farbton ganz unterschiedlich angenommen haben, dann sprießen die Ideen. Man ist glücklich, weil man zu begreifen beginnt, was aus herum- liegenden Dingen gestaltet werden kann, und freut sich, wie zartfarbig glänzend sich die Kunstseidenstrippe zeigt, auch die Schafwolle ist zartfarbig geblieben, weil sie noch fettig

war. Dagegen sind Jute- und Leinenfäden satt in der Farbe, und die Strumpfhosen zeigen sich dunkel und bräunlich, aber alle Paare etwas un- terschiedlich, weil sie ja zuvor schon unter- schiedlich waren. Das Spülen und Trocknen bringt neue Nuancen in die Farbskala mit nur einem Farbklang, so daß mit viel Lust diese schöpferisch reiche Arbeit begonnen werden kann. Vielleicht ist noch ein Stückchen Gold- borte dazuzugeben, vielleicht aufgetrennt, viel- leicht auch so als Borte belassen. Es ist der un- gewohnte Materialreiz, der aus der Arbeit, aus

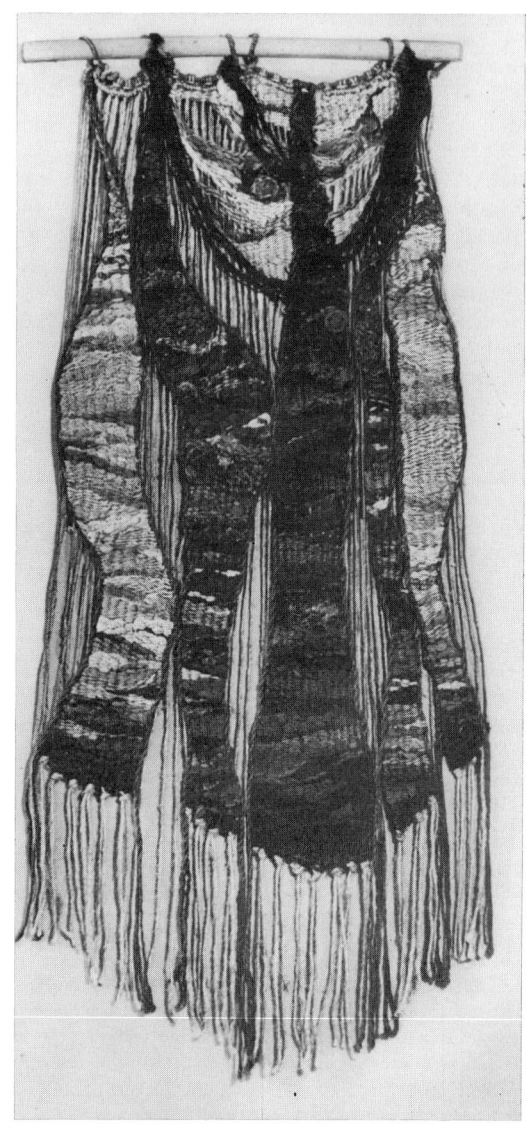

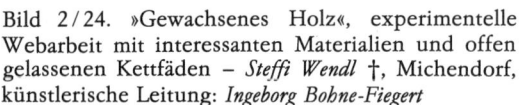

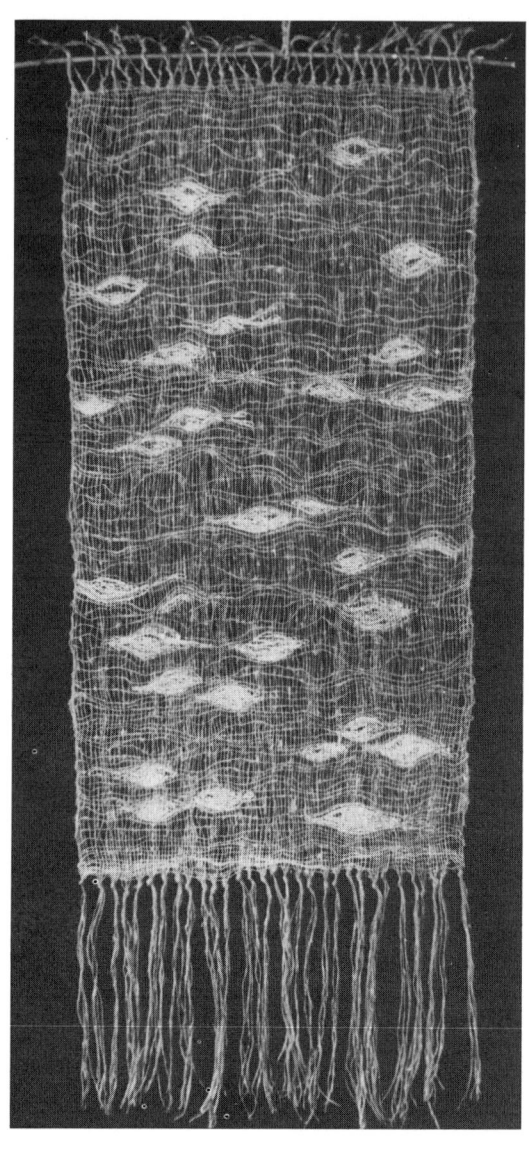

Bild 2/24. »Gewachsenes Holz«, experimentelle Webarbeit mit interessanten Materialien und offen gelassenen Kettfäden – *Steffi Wendl* †, Michendorf, künstlerische Leitung: *Ingeborg Bohne-Fiegert*

Bild 2/27. »Fische«, Gewebe aus handgesponnenem Flachs mit bewußt eingesetzten Verdichtungen mittels Schußmaterials – *Irmgard Wächter*, Wust

dem Weben ein schöpferisches Spiel macht. Dabei geht es nicht um Extras oder Verworrenes. Das Weben ordnet die schönen Materialien. Aber wie sie geordnet werden, das ist Aufgabe des Webenden.

Es gibt da noch viele Möglichkeiten mehr zum schöpferischen Weben, von denen nur einige kurz erwähnt werden. Man sammelt zu Hause oder an einem Ferienort allerlei Dinge im Freien, baut sich einen ganz einfachen

Webrahmen aus Ästen mit Astgabeln (Bild 2/21) und webt z. B. ein nur etwa 4 cm breites Band, in das man das Gesammelte einwebt, wie Taubenfedern, große trockene Kiefernnadeln, die Überschrift eines Zeitungsartikels, sie muß ja nicht leserlich bleiben, usw. Das alles kann eine liebenswerte Erinnerung sein. Man kann überhaupt Papierstreifen verweben, das ist nicht mehr neu, oder Verpackungsmaterial, Lederstreifen, Holzspäne und überhaupt Naturmaterial aller Art. Diese Anregungen wären einen Versuch wert. Die Bilder 2/22, 2/23 und 2/24 zeigen experimentelle Webarbeiten in den unterschiedlichsten Ausführungen.

2.1.12. Fadenverschiebungen

Anregungen für stark grafisch beeinflußte Webarbeiten bieten auch die Fadenverschiebungen, die aber als eigenständige textile Gestaltung ihre Berechtigung haben. Am besten eignet sich Mull, weiß oder gefärbt, für solche Versuche. Dabei geht es darum, das Gewebe an manchen Stellen zu verdichten, an anderen Stellen leger die Schuß- oder Kettfäden offen zu lassen, so daß sie ohne Halt, den die Verwebung bot, den textil-grafischen Reiz des Ganzen unterstreichen (Bilder 2/25 bis 2/27).

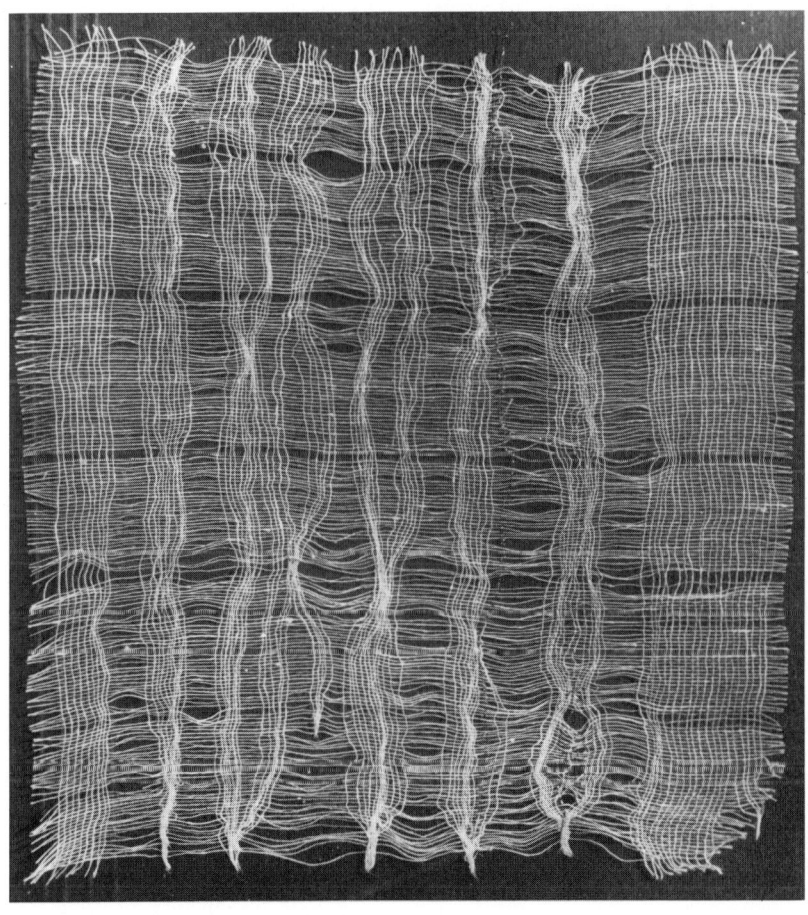

Bild 2/25. »Schnee-schmelze«, Fadenver-schiebung, Mull mit eingelesenem Silberfaden – *Ingeborg Bohne-Fiegert*

Bild 2/26.
Fadenverschiebung,
zusätzlich unterlegt –
Christamaria Meyer,
Püggen

2.1.13. Flechten

Flechten ist ein Verkreuzen von Flechtmaterialien aller Art (Garne, Zwirne, Bast, Lederstreifen, Kunstbändchen, Drähte, umsponnene Gummifäden usw.) durch Hand- oder Maschinenarbeit. Man unterscheidet glatte und gemusterte Flachgeflechte (Litzen, Tressen) sowie Rund- und Hohlgeflechte (Schuhriemen, Kordeln, Schläuche).

Häufige Beispiele von Flechtarbeiten findet man bei den peruanischen Textilien als Zopfflechterei, Schlauchflechterei und Diagonalflechterei. Bei den Spitzen heißt das Flechten Klöppelarbeit [2].

2.1.13.1. Sprang

Sprang (spranging = engl. Verschlingen von Fäden) ist eine uralte Flechttechnik mit gespannten Kettfäden an einem Rahmen. Man könnte die Technik auch mit einem Drehergewebe vergleichen, jedoch ohne jeglichen Schußfaden. Durch das Verdrehen der Fäden entsteht so ein verflochtenes Werk von Fäden, das mit jeder Flechtreihe ein sich von oben nach unten entgegenstrebendes Netzwerk bewirkt. Es muß in der Mitte durch einen Stab gehalten werden, eine Schnur oder eine Grossierung. Gleich einem Netz läßt sich die fertige Arbeit als solches benutzen, man kann sie spannen und den Spitzencharakter dominieren lassen, man kann sie auch in ihrer Dichte belassen und zur wärmenden Hülle oder Umhüllung nutzen, je nach dem Material, das man dazu verwendet hat.

Historische Funde belegen die Kenntnis dieser Technik vielerorts, wie koptische Arbeiten aus dem 4. bis 7. Jahrhundert u. Z., jedoch ein in Dänemark gefundenes Haarnetz soll bereits aus der Zeit 1 400 v. u. Z. stammen. In der Volkskunst osteuropäischer Länder lebte die Flechttechnik weiter, es gibt Überlieferungen in Jugoslawien, bei den Kroaten, in Siebenbürgen und den Slowaken. Noch heute benutzt man die Sprangtechnik, auch in Verbindung mit anderen Techniken, zu Gebrauchsgegenständen in Pakistan und Mexiko. In der ČSSR wird viel winterliches, modisches Zubehör aus Wolle in Sprangtechnik hergestellt.

Bei uns ist die Technik wenig bekannt, sie ist im Lexikon der Kunst nicht benannt, und auch in einschlägiger deutschsprachiger Lektüre kann man nicht darüber nachlesen.

Wir, d. h. eine meiner Spezialschulgruppen, haben die Kenntnisse dieser Technik einer tschechoslowakischen Textilgestalterin zu verdanken, *Vera Jochmanová* aus Prag.

Zur Ausführung der Sprangtechnik, einem randparallelen Verflechten von Kettfäden, benötigt man einen einfachen Rahmen. Das kann der Handwebrahmen sein, ein einfacher Bilderrahmen, ebenso der Flechtwebrahmen oder ein solcher, der seitlich aus 2 Besenstielen besteht, die oben und unten in einem Vierkantholz verankert sind. Dieser Rahmen steht senkrecht auf dem Fußboden während der Arbeit. Am Webrahmen muß man ein mittels Bindfadens verstellbares Rundholz anbringen, oder man spannt überhaupt nur oben und unten einen stärkeren Bindfaden, und zwar so, daß er ebenfalls gelockert werden kann. Außerdem spannt man in der Mitte einen dritten Faden (Bild 2/28). Dieser obere und untere stärkere Bindfaden muß gemäß der gewünschten Größe des Ergebnisses plus ⅓ der Länge dazu berechnet werden, da durch das Verflechten der Fäden die Fadenlänge um dieses Maß reduziert wird. Die Flechtfäden, die aus dem unterschiedlichsten Material, wie Wollen, Garne, gewachste Schnur, Wäscheleine usw. bestehen können, werden senkrecht in zwei Achterschlingen aufgespannt, den Mittelfaden mal oben, mal unten umgehend. Man beginnt links unten

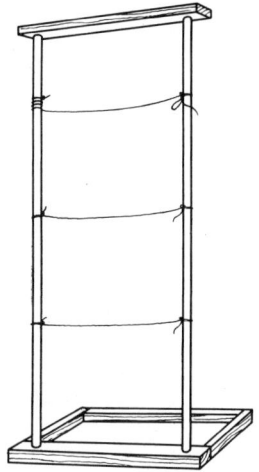

Bild 2/28. Rahmen für Sprangarbeiten

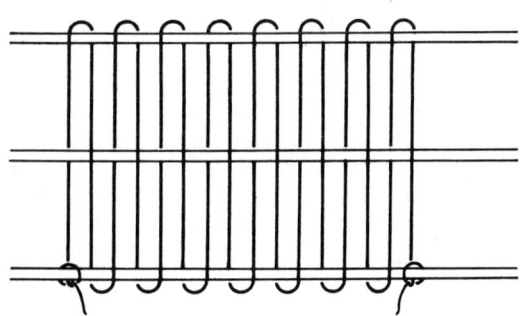

Bild 2/29. Aufspannen der Flechtfäden für Sprangarbeiten

mit einem Knoten und endet rechts unten, das Fadenende wieder verknotend (Bild 2/29).

Die Flechttouren beginnen an der rechten Außenkante oben. Die linke Hand wird in das Fach gelegt, und mit der rechten Hand werden die ersten beiden unteren Fäden hinter der Achterschlinge nach rechts gegeben und belassen. Der erste obere Faden wird mittels der rechten Hand nach unten gedrückt und der dritte von unten hochgeholt, so daß sich jetzt

55

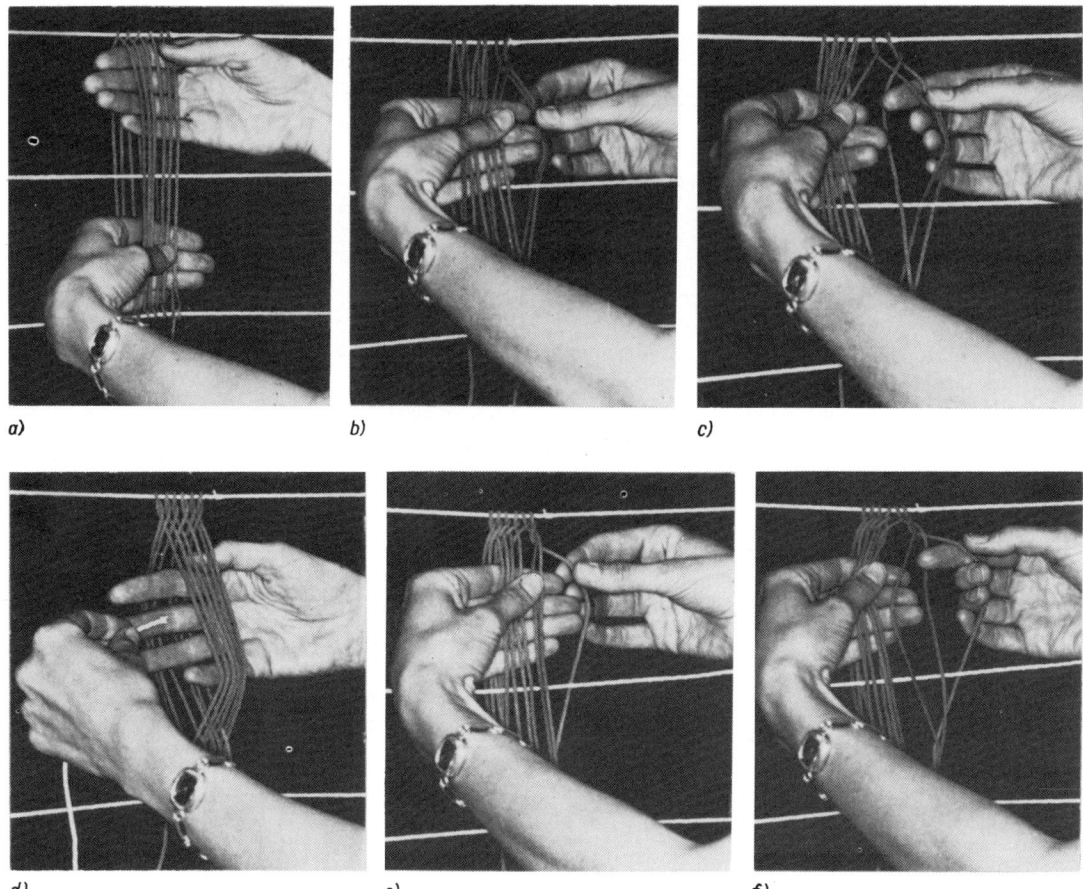

Bild 2 / 30. Flechttouren

a) Lage der in Achterschlingen aufgespannten Fäden
b) Beginn der ersten Flechttour an der rechten Außenkante

c) Flechten des rechten Randes
d) Einschieben der Stricknadel, um das Zurückspringen der Flechtreihe zu verhindern
e) Beginn der zweiten Flechtreihe
f) Flechtwerk nach sechs Flechtreihen

in der rechten Hand drei Fäden befinden. Nun wird der zweite obere Faden nach unten gedrückt und der vierte von unten nach oben geholt usw. Am äußeren linken Rand der Flechtreihe verbleiben die beiden letzten oberen Fäden als Randfäden, werden aber nach unten gedrückt. Jetzt entfernt man den Mittelfaden, ohne die linke Hand aus dem Fach zu lassen, und gibt oben und unten je eine Stricknadel zur Sicherung der Reihe in das Fach. Die zweite Flechttour beginnt, indem man den er-

sten unteren Faden nach oben nimmt und den ersten oberen nach unten drückt usw. Ist die Flechttour beendet, wird die linke Hand in das neue Fach gelegt und die neue Fadenlage an den unteren Rand geschoben, wodurch die gleiche Fadenverkreuzung wie oben nun auch unten spiegelbildlich entsteht. Oben wird eine rechts- und unten eine linksgedrehte Flechtung erkennbar. Dann wird oben und unten je eine weitere Stricknadel in das Fach gelegt. Man sollte darauf achten, daß oben und unten

56

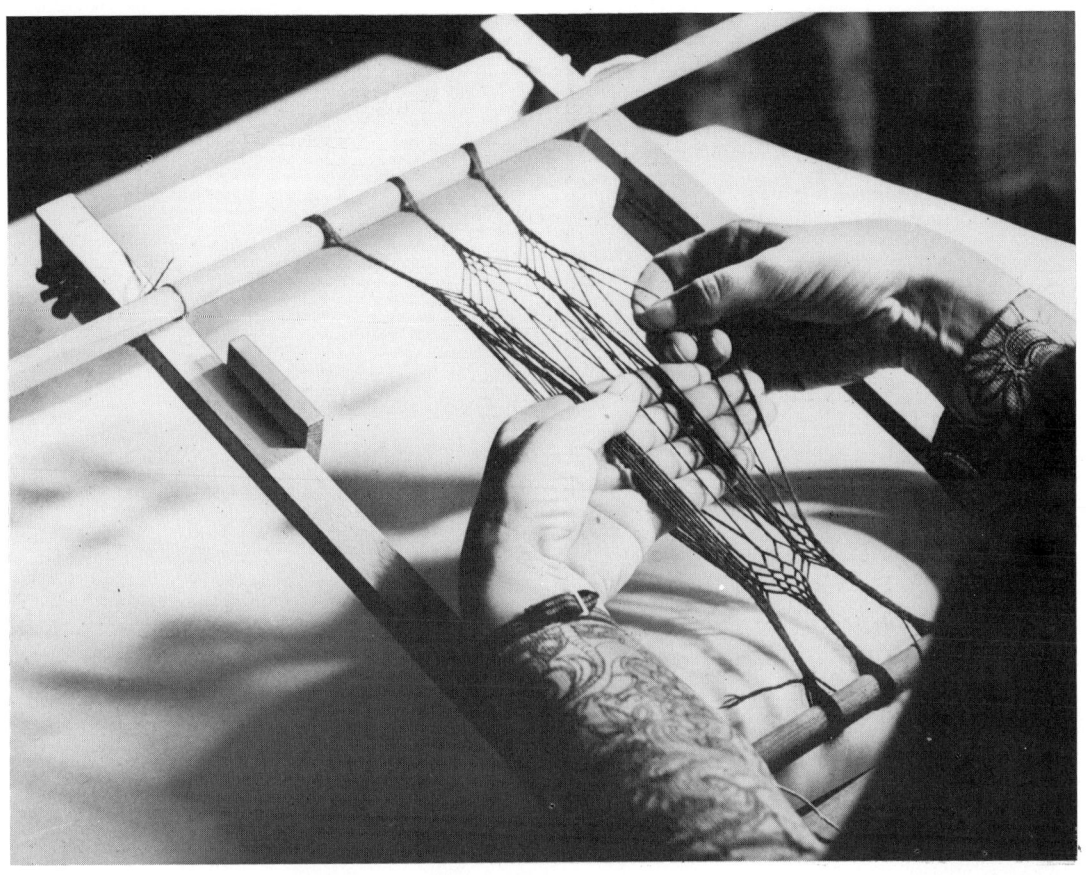

Bild 2/31. Das Verflechten der Kettfäden bei der Sprangtechnik

gleiche Abstände gehalten werden, um eine symmetrische Musterung zu erzielen. Die erste und die zweite Flechttour wiederholen sich in rhythmischer Folge (Bild 2/30). Die Mitte der Arbeit muß abschließend gefestigt werden, was man mit den bereits genannten unterschiedlichen Mitteln und Möglichkeiten erreichen kann. Bild 2/31 zeigt eine begonnene Sprangarbeit.

Es ist möglich, im Flechtwerk Verdichtungen und Öffnungen einzuarbeiten (Bild 2/32).

Wenn man jeweils die gleichen Ober- und Unterfäden miteinander verdreht, entstehen Schlitze (Bild 2/34). Die Technik ist, wenn man die Grundlagen beherrscht, sehr variabel zu handhaben, und man kann nun vielerlei Mustermöglichkeiten bis zu plastischen Darstellungen (Bild 2/33) erproben.

Bei der Materialwahl muß beachtet werden, daß sich reine Wolle oder Sisal für diese Technik nicht eignet, da die Fäden beim Arbeitsprozeß sehr strapaziert werden.

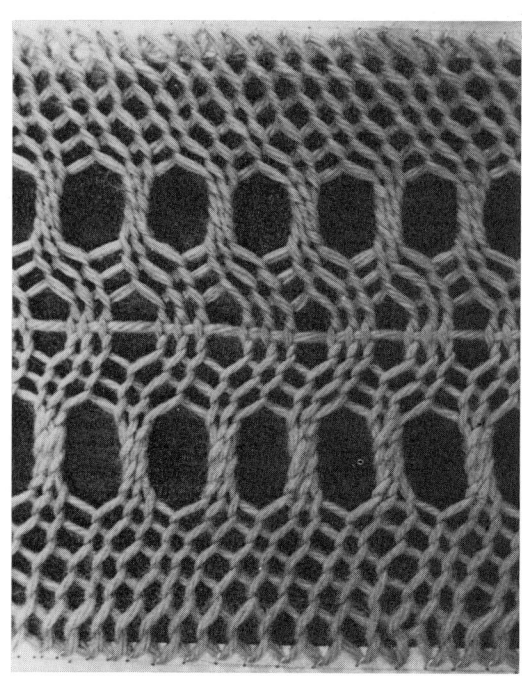

Bild 2/32. Arbeitsprobe in Sprangtechnik – *Heide Geißler*, Gransee (Spezialschulergebnis)

Bild 2/33. Kleiner Behang in Sprangtechnik – *Helga Pritz*, Potsdam

Bild 2/34. »Alter Baum«, Sprang – *Sabine Wernicke*, Rathenow (Spezialschulergebnis)

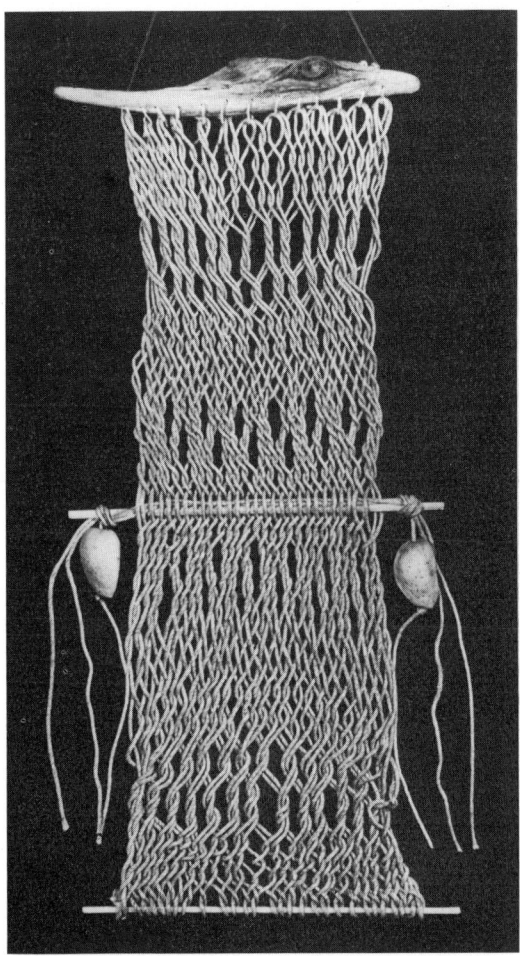

den über die Mitte gespannt werden müssen und es zu einem recht großen umstopften Kernpunkt mit plastischer Mitte kommt, ist das Aufzeichnen eines zweiten Kreises mit mittiger Aufteilung zur Einteilung auf der Außenlinie ratsam (Bild 2/35). Auf dem mittleren Kreis ist jeder zweite mittige Punkt zwischen den Einteilungen ausreichend.

Das Spannen des Kettfadens beginnt vom Mittelpunkt aus, geht unter den Haltefäden von Punkt 2 um Punkt 3 und 4 herum, wird von dort aus zu Punkt 5 gespannt, der Punkt 2 gegenüber auf der Senkrechten liegt, führt weiter zu Punkt 6. Dieser Vorgang wird wiederholt, bis die Kartonunterlage mit dem Kettfaden gefüllt ist. Eine Stecknadel, die die kreuzenden Fäden im Mittelpunkt (Punkt 1) hält, ordnet das Strahlensystem des Kettfadens. Später erfolgt dies durch das Umstopfen des Kernpunktes (Bild 2/36). Bei einer ganz großen Pappe, auf der man ein Rundgewebe für einen Gymnastikreifen arbeiten möchte, sind oft neben der Außenlinie noch drei Kreise mit den jeweiligen mittigen Einteilungen in entsprechenden Abständen voneinander notwendig. Es ist einfacher, wenn man mit der Mitte nach Bild 2/37 auf einer noch handlicheren Pappe beginnt und diese dann, nachdem das Mittelteil fertig ist, auf eine größere Pappe aufklebt oder in großen Stichen aufnäht und von da aus die weitere Einteilung auf den größeren Kreisen vornimmt.

Am besten sticht man mit einer Ahle und einer Schaumgummiunterlage unter der Pappe an den aufgezeichneten Punkten Löcher durch den Karton. Dann verbindet man mit Vorderstichen und einem festen Sattlergarn, auch Angelsehne ist dazu geeignet, die Löcher eines jeden Kreises in zwei Runden, oder man benutzt den Steppstich in einem Rundgang. Jetzt kann man den Kettfaden vom Mittelpunkt aus strahlenförmig spannen, ohne daß ein dicker Kernpunkt in der Mitte entsteht.

Bei einem Rundgewebe im mittelgroßen oder großen Holzreifen (Bilder 2/38 und 2/39) kann vielerlei Schußmaterial verwendet werden. Hierbei werden meist asymmetrische Gestaltungen vorgezogen. Bei den wesentlich kleineren Teneriffa- oder auch Sonnen-Spitzen (Bild 2/40) wird meist das spitzenartige Webmuster in radialsymmetrischer Einteilung eingestopft. Für einen Schmuckanhänger ist ein silberner Armreif als Außenreifen das Gege-

2.1.14. Rundgewebe und Teneriffa-Spitzen

Ob man ein Rundgewebe in einen Peddigrohr-Reifen arbeiten möchte oder in einen Gymnastikreifen aus Holz mit teilweise recht rustikalem Material oder ob es eine Teneriffa-Spitze werden soll, ein meist zierliches Rundgewebe als Schmuckanhänger, immer benötigt man für den Arbeitsprozeß eine schmiegsame Pappe, die *Kartonunterlage.* Wenn wir hier die Teneriffa-Spitze als Einzelarbeit zeigen, so wurde sie von uns als solche verselbständigt. In ihrer Heimat wird sie direkt in ein zartes Baumwollgewebe eingearbeitet. Die Außenlinie auf der Kartonunterlage richtet sich nach der lichten Weite des Reifens, und ihre Einteilung bestimmt die Anzahl der dann strahlenförmig angeordneten Kettfäden. Damit nicht alle Kettfä-

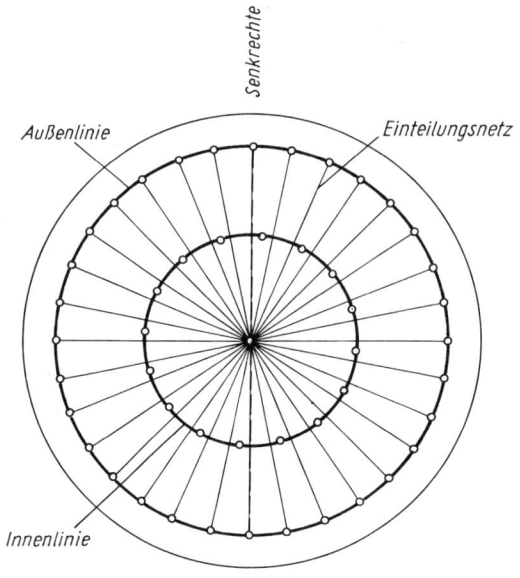

Bild 2/35. Kartonunterlage mit Einteilung und Haltefäden

Bild 2/37. Geordnetes Strahlensystem nach Einstechen der Stecknadel

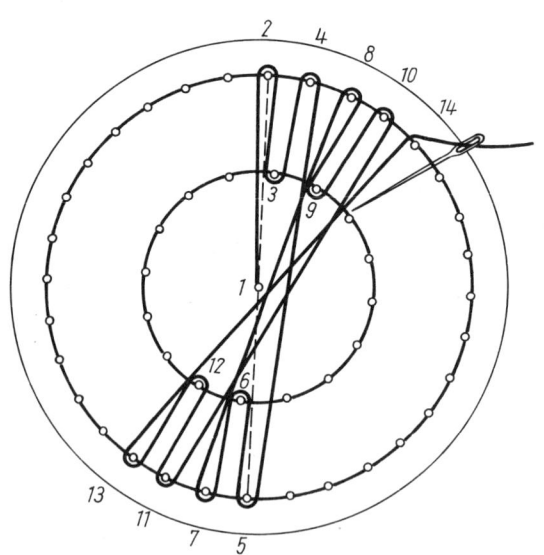

Bild 2/36. Spannen des Kettfadens

Bild 2/38. »Der rote Punkt«, asymmetrisches Rundgewebe 60 cm Durchmesser – *Anneliese Holm*, Neufahrland

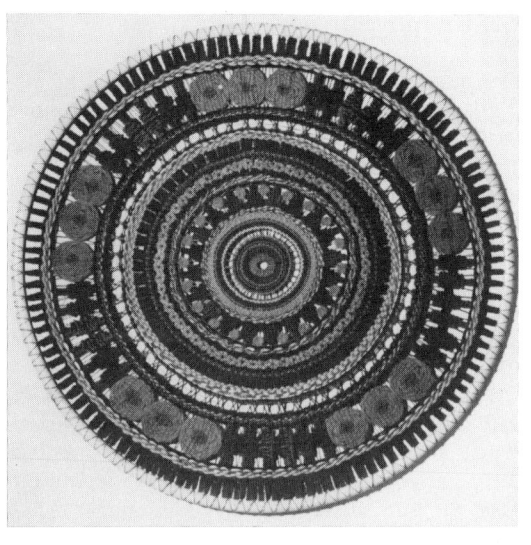

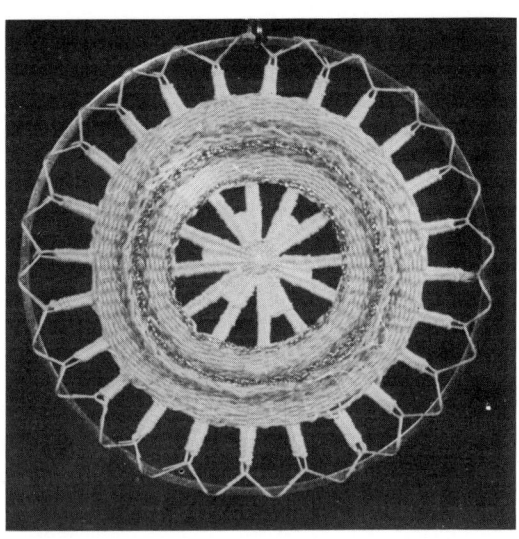

Bild 2/39. Radialsymmetrisch angeordnete Rundweberei in einem Gymnastikreifen von 90 cm Durchmesser – *Steffi Wendl* †, Michendorf

Bild 2/40. Echte Teneriffa-Spitze, aus einem Ärmel herausgeschnitten

Bild 2/41. Teneriffa-Spitze mit Rundweberei aus Leinengarn und Silberfaden – *Ingeborg Bohne-Fiegert*

Bild 2/42. Teneriffa-Spitze in anderer Gestaltung
links: mit unterschiedlichem, stark farbigem Material, ganz asymmetrisch gestopft – *Heidi Ringel*, Potsdam
Mitte: mit feinem und starkem farbigem Material symmetrisch gearbeitet – *Ingeborg Matschke*, Königswusterhausen
rechts: symmetrische Webspitze mit versetztem Mittelpunkt – *Helga Pritz*, Potsdam (Spezialschulergebnisse)

bene (Bild 2 / 41). Man kann sich einen solchen Reifen auch aus Kupferdraht selbst biegen und oben mit zwei Ringelchen aneinanderstoßen lassen.

Die hier beschriebene Art, eine runde Kette zum Weben zu spannen, ist die typischste. Es gibt aber noch andere Möglichkeiten, beispielsweise mit versetztem Mittelpunkt, die ebenfalls wert sind, erprobt zu werden (Bild 2 / 42).

Ist die ganze Arbeit auf der Kartonunterlage fertig, legt man den Außenreifen darauf und befestigt ihn, indem man mit dem Kettmaterial um den Außenreifen schlingend in die Kettfadenschlaufe sticht und dabei nach und nach die Vorderstiche der Außenlinie auf der Rückseite der Pappe aufschneidet. Die Stiche der mittleren Kreise werden erst dann aufgeschnitten, wenn die Sonnenspitze oder die Rundweberei bereits fest im Rahmen sitzt.

2.2. Knüpftechniken

Der geknüpfte Wandteppich mit verhältnismäßig langen Knotenenden kann innerhalb einer modernen Wohnung eine bevorzugte Stellung einnehmen. Dabei dominiert die Herstellungsweise, bei der die Fäden in fertiges Gewebe eingeknüpft werden. Erfreulicherweise aber findet man auch viele solcher Arbeiten, die, von Laien geschaffen, in der *echten Technik des Teppichknüpfens*, nämlich während des Webvorganges Reihe für Reihe am Webrahmen entstanden sind.

Zur historischen Entwicklung sei gesagt, daß die Kunst des Teppichknüpfens Jahrtausende alt ist. Die Entstehung wird Nomadenhirten zugeschrieben. Es war ihr Anliegen, ein Tierfell mit aufrechtem Haar handwerklich nachzuahmen.

Bild 2 / 43. Teppich aus Pasürük, Größe 1,8 m × 2 m mit 2 600 Knoten je Quadratdezimeter

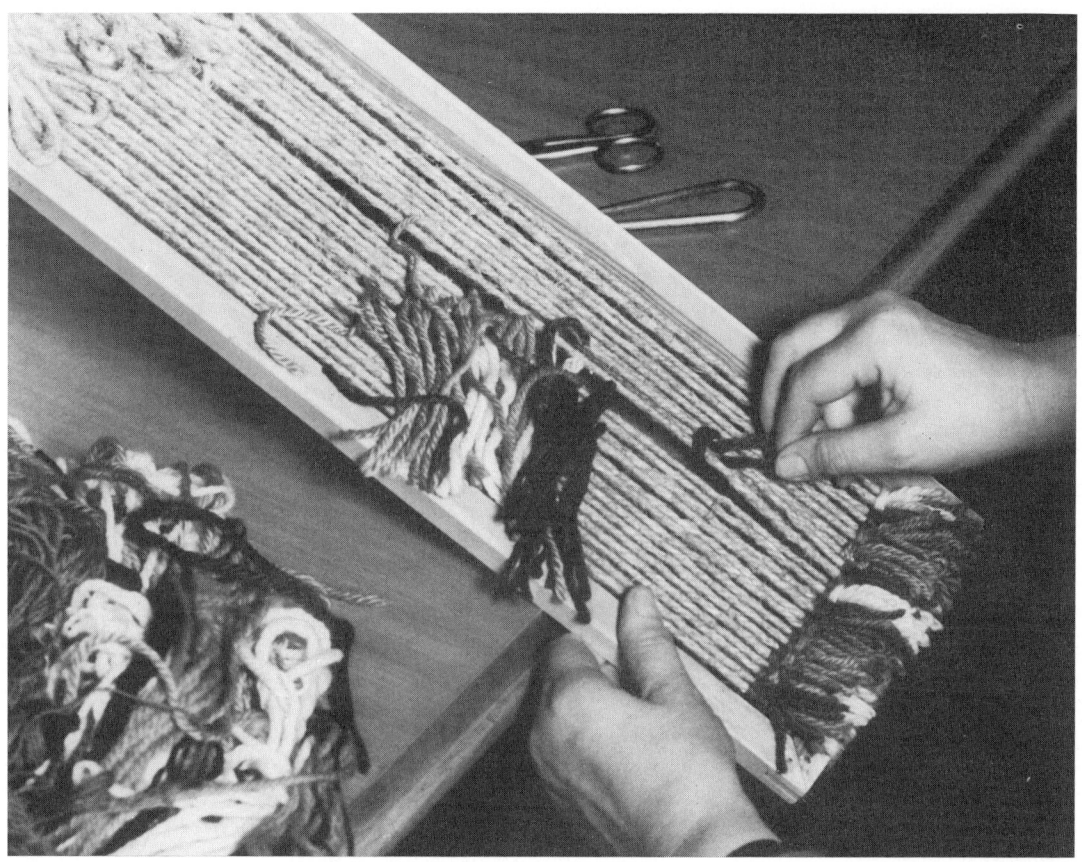

Bild 2/44. Einknüpfen von Schnittwolle während des Webvorganges auf dem Flechtrahmen

Den ältesten Teppich, der in einem vollkommen vereisten Pferdegrab skythischer Stammesfürsten in Pasürük im Altaigebirge gefunden wurde, kann man in der Leningrader Ermitage bewundern. Man schätzt seine Entstehung auf mindestens 1000 Jahre v. u. Z., wobei zu bedenken bleibt, daß diesem Teppich, der ein Exponat einer hochentwickelten Teppichknüpfkunst darstellt, eine entsprechend lange Entwicklung noch vorausgegangen sein muß. Er ist von ungewöhnlichem Format, nämlich quadratisch, dicht und gleichmäßig geknüpft und zeigt fünf Bordürenstreifen mit Reitermotiven, Elchen und Rosetten in einer geradezu klassischen Komposition. Bei der Reproduktion beachte man die Eckbildungen in der Bordürengestaltung (Bild 2/43).

In Quedlinburg ist das einzige Werk des abendländischen Mittelalters mit dem *Quedlinburger Knüpfteppich* der *Äbtissin Agnes* aufbewahrt. Er bezeugt, daß die orientalische Teppichknüpfkunst bereits um 1200 hier bekannt war und beherrscht wurde.

Dem vielfältigen Motivgut der lokal unterschiedlichen Ornamentik orientalischer Knüpfteppiche kommt eine altüberlieferte symbolische Bedeutung zu. Während die persischen Teppiche stilisierte Muster in reicher Gestaltung zeigen, sind die kaukasischen von streng geometrischer Ornamentik.

In der Technik den orientalischen Teppichen gleich sind die Fischerteppiche aus Freest. Dort und in anderen Dörfern des Wolgaster Kreises werden seit etwa 60 Jahren Teppiche geknüpft, fest in der Machart, für den Fußboden bestimmt. Ihre Muster wurden bewußt nicht aus der orientalischen Ornamentik übernommen, sondern zeigen, auf volkskundlicher Grundlage beruhend, Ornamente der Ostsee: Fische, Möwen, Anker usw.

Die Bezeichnung *ryijys* stammt aus dem Schwedischen, und damit sind die Wandteppiche aus Finnland gemeint. Sie sind vor allem im 18. und 19. Jahrhundert gewebt worden, nachdem Herstellung und Gebrauch derselben aus dem Bürgertum auch auf die Bauernbevölkerung übergegangen war.

Die *Rya-Knüpferei* findet heute allgemein als Wandteppich Verwendung, ursprünglich war es eine Bettdecke, die auch als Schlittendecke benutzt wurde, weil sie durch ihre langen, oft zotteligen Knüpfknotenenden mollig warm war. Allgemein werden Rya-Knüpfereien in vorgewebten halbwollenen Grundstoff eingeknüpft, in die eigens dafür gewebten Ryijy-Böden.

2.2.1. Knüpfen auf dem Webrahmen

Ein Teppich wird am Hochwebstuhl geknüpft. Häufig werden auch einfachere Ausführungen des senkrechten Webstuhls benutzt: zwei drehbare Walzen, die durch senkrechte Hölzer in der richtigen Lage gehalten werden. Die Kettfäden sind regelmäßig und fest gespannt und bestehen aus rohem, ungefärbtem Material. Der Knüpfteppich hat ein Grundgewebe in Ripsbindung, das nur auf der Unterseite des Teppichs zu sehen ist. Der Flor der eingeknüpften Knoten steht im rechten Winkel zu dem Gewebe und bedeckt es völlig.

Will man aber nur einen ganz kleinen Teppich knüpfen, beispielsweise für die Wand, so ist das auch auf dem Handwebrahmen möglich, zuweilen genügt sogar der einfache Flechtwebrahmen (Bild 2/44). Für die Kette nehmen wir mittelfeine bis dickere Hanfschnur in einer durch zwei teilbaren Fadenanzahl. Nach dem Grossieren webt man ein kleines Stück, etwa 1 bis 2 cm, an. Anschließend werden die vorher zurechtgeschnittenen Wollfäden von beispielsweise 5 bis 7 cm Länge eingeknüpft.

Von den verschiedenen Methoden, die Knüpffäden zu Knoten um die Kette zu schlingen, sind der türkische *Ghiordes-Knoten* und der persische *Senneh-Knoten* die am meisten angewandten. Für unsere Arbeiten ist der Ghiordes-Knoten der geeignetste. Um jeweils zwei Kettfäden legt man, von vorn nach hinten führend, die Mitte eines zugeschnittenen Wollfadens, zieht von hinten nach vorn die beiden Fadenenden in der Mitte der beiden Kettfäden gleichmäßig lang wieder vor und führt den Knoten dabei gleich nach unten, so daß er an das Gewebe anstößt. So knüpft man Knoten für Knoten der ersten Reihe ein, wobei aber die ersten und die letzten beiden Kettfäden freigelassen werden. Um diese setzt sich das Grundgewebe fort, rechts mit Grundmaterial, das sich auf der Webnadel befindet, für die linken äußeren Kettfäden muß das Grundmaterial zu einem Puschel gewickelt werden. So dick wie der Knüpfknoten ist, so oft muß man mit dem Grundmaterial hin und her weben. Dann folgen meist zwei oder auch drei Schuß des Grundmaterials in Leinen- oder Ripsbindung über die gesamte Teppichbreite. Diese bilden mit der Kette das feste Grundgewebe, das der Knotenreihe Halt gibt (Bild 2/45). Die Grundschüsse sitzen in Wirklichkeit aber eng aneinander, so daß, wie schon erwähnt, auf der Oberseite durch den dichten Flor nichts vom Grundgewebe zu sehen ist.

Obwohl das Einknüpfen der *Florfäden*, wie man in der Fachsprache sagt, nur durch Umschlingen der Kettfäden erfolgt, halten sich diese durch das Zusammenpressen innerhalb des sehr dichten Flors selbst.

Bild 2/45. Schematische Darstellung der Knüpfweise der Florteppiche

Farbbild 1. »Strandgut«, Gewebeexperiment – *Alice Bauer*, Ludwigsfelde

Farbbild 2. Ovaler Teppich ins Gewebe geknüpft – *Waltraud Ragnow*, Gumtow

Farbbild 3. Textilminiatur in Sprangtechnik – *Renate Schulze*, Potsdam

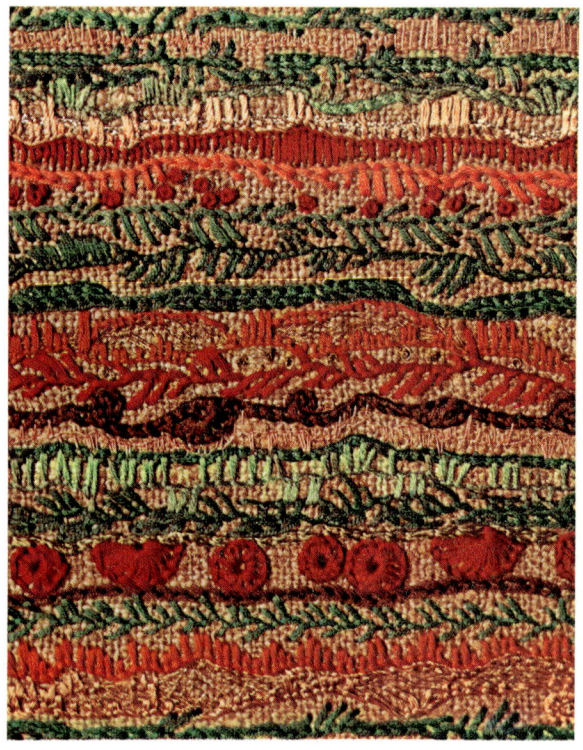

Farbbild 4. Schlingstiche in freier
Anordnung – *Ingeborg Bohne-Fiegert*

Farbbild 5. Detail aus dem Patchwork-Behang, »Sommer« – *Christa Saß*, Oranienburg

Farbbild 6. Großes Vierecktuch in Patchwork-Technik – *Sonja Balzer*, Potsdam

Farbbild 7. »Der grüne Punkt«, Maschinenapplikation – *Ingeborg Bohne-Fiegert*

Farbbild 8. Aquarellartige Stoffmalerei

Farbbild 9. »Strumpftiere«, Handpuppen aus Strümpfen gefertigt nach einer Anregung von *Helene Fuchs*, Greifswald

Farbbild 10. »Goldenes Pferd«, Spielobjekt – *Ingeborg Bohne-Fiegert*

Farbbild 11. »Krokodil Theophil«, Spielzeug für einen Kindergarten

Farbbild 12. »Mein Lieblingskind war die Mode«, Collage – *Ingeborg Bohne-Fiegert*

Farbbild 13. Poncho, modische Applikation. Entwurf: *Ingeborg Bohne-Fiegert*, Applikation und Stickerei: *Waltraud Ragnow*, Gumtow, Sowjetfrau 1/85

Farbbild 14. »Der goldene Vogel«, Applikation nach einer russischen Lackmalerei – *Ruth Freigang †*, Zeuthen

Der Knüpftechnik muß ebenfalls eine präzise Musterzeichnung auf Patronenpapier vorausgehen.

Ist der Teppich fertig, werden wieder 1 bis 2 cm gewebt, nach der abschließenden Grossierung nimmt man die Arbeit vom Rahmen und verknotet die Kettfäden paarweise.

2.2.2. Knüpfen in vorgefertigtes Gewebe

Das Knüpfen in fertiges Gewebe hat sich immer mehr verbreitet. Für modische Gegenstände, wie Kragen und Kopfbedeckungen, kann man den Ghiordes-Knoten mit langem Faden über einen Stab oder ein Lineal auf Aidastoff arbeiten und benutzt dazu eine dicke Stopfnadel, besser eine Tapisserienadel. Nach jeder eingebrachten Knotenreihe werden die Schlaufen aufgeschnitten. Man kann sie aber auch als solche belassen (Bild 2/46).

Auch für runde oder ovale kleine Teppiche ist das Einknüpfen von Schnittwolle in Stramin mittels einer Häkelnadel oder einer Knüpfnadel das gegebene. Ausgezeichnet arbeitet es sich mit einer Maschenfangnadel der Strickmaschine.

Das Einbringen des Knotens wird in Bild 2/47 gezeigt, oben mit einer Maschenfangnadel, unten mit einer Häkelnadel. Etwas zügiger geht das Knüpfen mit der Maschenfangnadel, die man in einschlägigen Geschäften kaufen kann. Aus Bild 2/47 ist ersichtlich, daß der fertige Knoten sehr dem Ghiordes-Knoten ähnelt. Er umschlingt jedoch das Schußfadenpaar im Gegensatz zu dem während des Webvorganges geknüpften Ghiordes-Knoten, der jeweils ein Kettfadenpaar umschlingt.

Um Schnittwolle zu bekommen, wickelt man den Wollfaden um ein Lineal entsprechender Breite, schneidet die Wolle an einer Kante mit einem scharfen Messer auf, und schon liegen die Knüpffäden bereit. Mit der Häkelnadel oder der Maschenfangnadel zieht man zuerst die Fadenschlaufe durch zwei direkt übereinanderliegende Löcher nach unten durch, dann werden die beiden den Flor bildenden Fadenenden in die Nadel eingelegt und durch die Schlaufe gezogen. Schnellstrick- und Jackenwolle kann man einfädig nehmen, dünnere Restwolle sollte man doppelfädig verarbeiten. Auch beim Knüpfen in Stramin arbeitet man

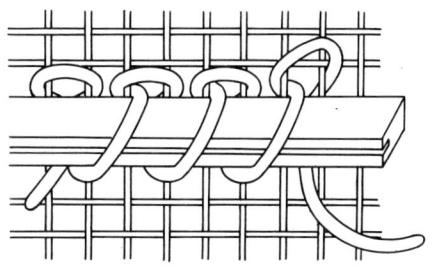

Bild 2/46. Ghiordes-Knoten mit langem Faden während des Webvorganges mittels Tapisserienadel über einen Stab geknüpft

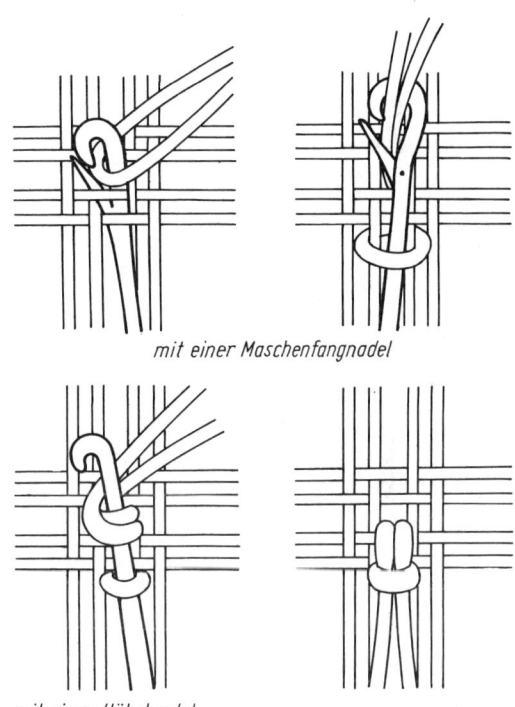

mit einer Maschenfangnadel

mit einer Häkelnadel

Bild 2/47. Zwei Möglichkeiten des Einknüpfens des Knotens in das Gewebe

von unten nach oben. Das Muster wird auf Karopapier entworfen, besser auf Patronenpapier.

Die Bilder 2/48 und 2/49 zeigen originelle Knüpfproben, wobei mit modernen Materialien experimentiert wurde.

2.2.3. Knüpfen mit unversponnener Wolle

Aus der Slowakei und aus der VR Bulgarien kennen wir die zottigen Hirtenteppiche mit mittellangem bis sehr langem Flor. Bei der Verwendung des Knüpfmaterials in ungefärbtem Zustand gleichen die Teppiche völlig einem zottigen Schaffell.

Wie von der ethnographischen Abteilung der Akademie der Wissenschaften zu Prag zu erfahren war, werden hierfür eigens Schafe gezüchtet. Die gewaschene Wolle wird in der Hand zurechtgezupft und mit einem Ende in das hierfür besonders grobe Grundgewebe nur eingelegt. Vornehmlich in Bulgarien färbt man diese unversponnene Wolle noch in leuchtenden Farben ein und verknüpft sie so ohne Musterung zu einem farbenfrohen Teppich. Seine urwüchsige Schönheit liegt allein in den Farben und dem Materialreiz begründet.

In der Art der slowakischen Hirtenteppiche entstand das Exponat auf Bild 2/50. Die Wollflusen sind hier jedoch nicht nur in das Ge-

Bild 2/48. Knüpfen mit in Streifen geschnittenem synthetischem Rundstrickmaterial (Badezimmerläufer) – *Monika Möhlmann*, Wildenbruch

Bild 2/49. Knüpfen mit Plaststreifen nach einer Idee der Autorin – *Monika Möhlmann*, Wildenbruch

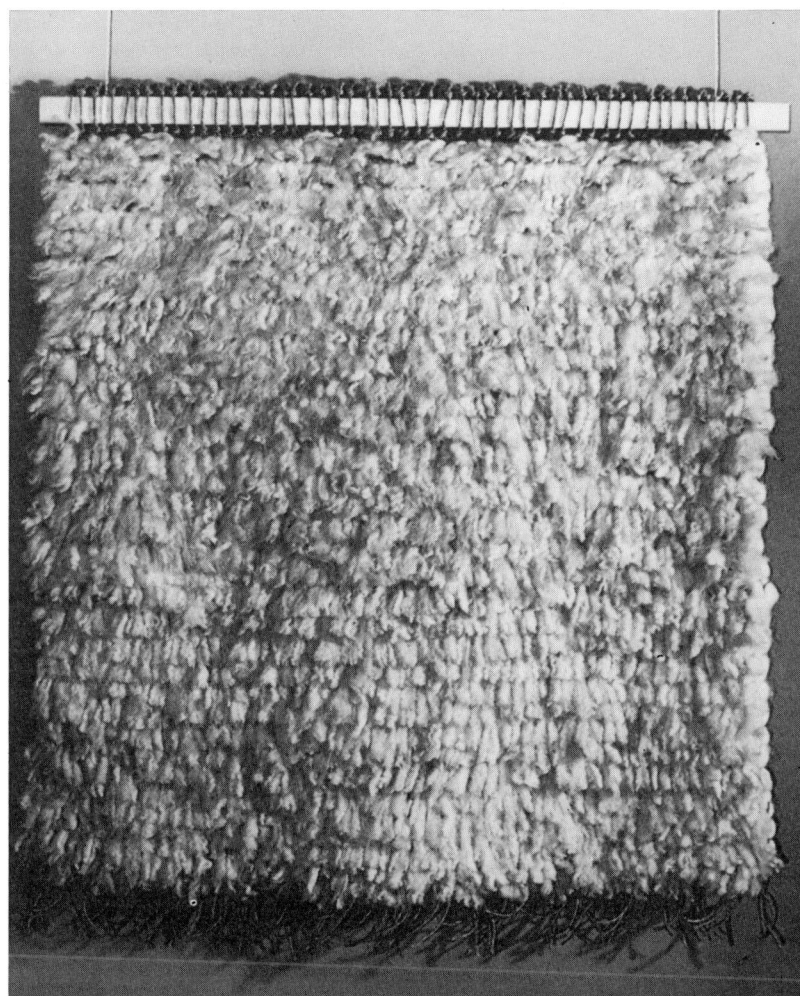

Bild 2/50. Hirtenteppich mit unversponnener Schafwolle geknüpft – *Traute Thiele*, Brandenburg

webe eingelegt, sondern so mit dem Ghiordes-Knoten eingeknüpft, daß das lange Ende den Flor bestimmt und das kurze lediglich der Haltbarkeit dient.

2.3. Schling- und Knüpftechniken

Den Abschluß jeder Webart bildet die organische Franse, die durch das Verknoten der Kettfäden entsteht. Die nebeneinander liegenden, senkrechten Fäden aller Fransen wurden nach und nach zu verschiedenen Formen verflochten, verschlungen und verknüpft. Aus diesem Flechten und Schlingen entstanden die Schling- und Knüpftechniken, die sich von den organischen Fäden des Gewebes lösten und sich verselbständigten. Aus dem Verknüpfen von Fäden zu Gewirken entwickelte sich durch Weglassen der Fransen dann das vollständige Verarbeiten der Fäden mit den verschiedenartigsten Knoten und führte zu spitzenartigen Gebilden, so daß man die Schling- und Knüpftechniken als Vorläufer der Klöppel- und Nähspitze ansehen kann.

Die historische Entwicklung geht mit der des Webens konform, insbesondere was die Franse und ihre Verflechtung betrifft. Darüber

hinaus wissen wir, daß alle Urvölker aus Tier-
fellen und Pflanzenfasern gewonnene Streifen
zu Gewirken verknüpft haben, beispielsweise
für Jagdtaschen, Fischernetze und Schurzgür-
tel. Im Altertum galt die Franse als Schmuck
für Gewänder, Satteldecken, Zaumzeug usw.
Aus der Renaissance und Rokokozeit sind
feine Arbeiten in Schlingtechnik erhalten. Im
17. Jahrhundert wurde Makramee bei uns bekannt. Makramee-Arbeiten zählten um 1900 zu
den beliebtesten Handarbeitstechniken, wie
uns heute noch manche Tasche und mancher
Beutel, verziert mit Holzperlen und gefüttert
mit Seide, beweist.

2.3.1. Knüpfgerät

Zum Knüpfen benötigt man ein auf dem Tisch
festliegendes Kissen. Das kann ein Plättbrett
sein, auf dem man mit kräftigen Stecknadeln
die Arbeit festhalten kann, oder ein mit Sand
gefülltes Klöppelkissen. Wir können aber auch
einen Ziegelstein nehmen, seine Oberseite pol-
stern und ihn ganz mit Stoff beziehen. Anfang
des 19. Jahrhunderts kannte man Knüpfkissen,
die mit Schraubzwingen am Tisch befestigt
wurden.
   Knüpfarbeiten lassen sich aus vielerlei Fadenmaterial herstellen. Ausgezeichnet eignet
sich fester Leinenfaden in Naturfarbe oder
Braun, wie er für gute Lederarbeiten verwendet wird.
   Aber auch Baumwolle, Jute sowie die feine
Atlas-Kordel können, dem Gegenstand entsprechend, der entstehen soll, für diese Technik genommen werden.

2.3.2. Beschreibung einiger Schling- und Knüpfknoten

Zunächst sollte man versuchen, eine Kette aus
Flachdoppelknoten – die auch Jagdtaschenknoten
genannt werden – herzustellen, aus der die
Henkel für ein Netz entstehen können. Vier
lange Fäden fügt man in der Mitte mit einem
runden Knoten zusammen und steckt diesen
auf dem Kissen fest. Während die eine Hälfte
rückwärts liegend verbleibt, knüpfen wir in die
andere einen Flachdoppelknoten dicht an den
anderen. Er besteht aus zwei Verschlingungen
um die beiden mittleren Fäden, die die Einlage

bilden. Mit der linken Hand halten wir die beiden Einlagefäden straff gespannt, mit der rechten Hand legen wir den linken äußeren Faden
rechtwinklig über die Einlegefäden, und den
rechten äußeren Faden führen wir über diesen
nach rückwärts, wo er die Einlagefäden umgreift und im Winkel des linken Fadens wieder
emporkommt. Der zweite Knoten wird entgegengesetzt gearbeitet, d. h., man hält mit der
rechten Hand die Einlegefäden straff gespannt,
legt mit der linken Hand den rechten äußeren
Faden rechtwinklig über die Einlegefäden,
schlingt den linken äußeren Faden über diesen
nach rückwärts um die Einlegefäden herum
und zieht ihn im Winkel des rechten Fadens
wieder nach vorn. In dichter Folge ausgeführt
ergibt er, wie schon gesagt, eine feste Kette
(Bild 2/51a und b). Wenn man nur immer den
ersten der beiden soeben beschriebenen Knoten aneinanderreiht, entsteht eine wellenför-
mige Kette, die sich nach rechts dreht. Wählt
man die 2. Hälfte des Flachdoppelknotens und
reiht nur diese aneinander, dreht sich die wel-
lenförmige Kette nach links (Bild 2/51c). Dieser Knoten wird der *Zopf-* oder *Wellenknoten* genannt.
   Knüpft man den ersten Teil des Flachdoppelknotens zweimal untereinander, dreht die
beiden äußeren Fäden, d. h. den linken nach
rechts und den rechten hinten herum nach
links, und zieht dann fest, entsteht der einfache *Kreuzknoten* (Bild 2/51d).
   Nimmt man von den vier Fäden je zwei und
schlingt einmal mit den beiden rechten Fäden
um die linken und dann mit den linken Fäden
um die rechten, so daß stets die Arbeitsfäden
des vorhergehenden Knotens dem nächsten als
Einlage dienen, erhält man den *Schlingknoten*,
Langetten- oder *Kettenknoten* (Bild 2/51e), in
diesem Fall mit doppeltem Faden. Er kann
auch mit einfachem Faden geknüpft werden,
wodurch er entsprechend zierlicher wirkt.
   Führt man diese Verschlingung einmal über
und einmal unter den Einlegefaden, wobei in
diesem Fall nur mit dem rechten Faden gearbeitet wird und der linke straff gespannt als
Einlage bleibt, entsteht der Knoten der Schiff-
chenspitze, genannt der *Schiffchenknoten*
(Bild 2/51f).
   Wenn man zwischen zwei Flachdoppelknoten einen größeren Raum läßt, beispielsweise
von 1 bis 2 cm entsprechend der Fadenstärke,
und schiebt dann den Flachdoppelknoten an

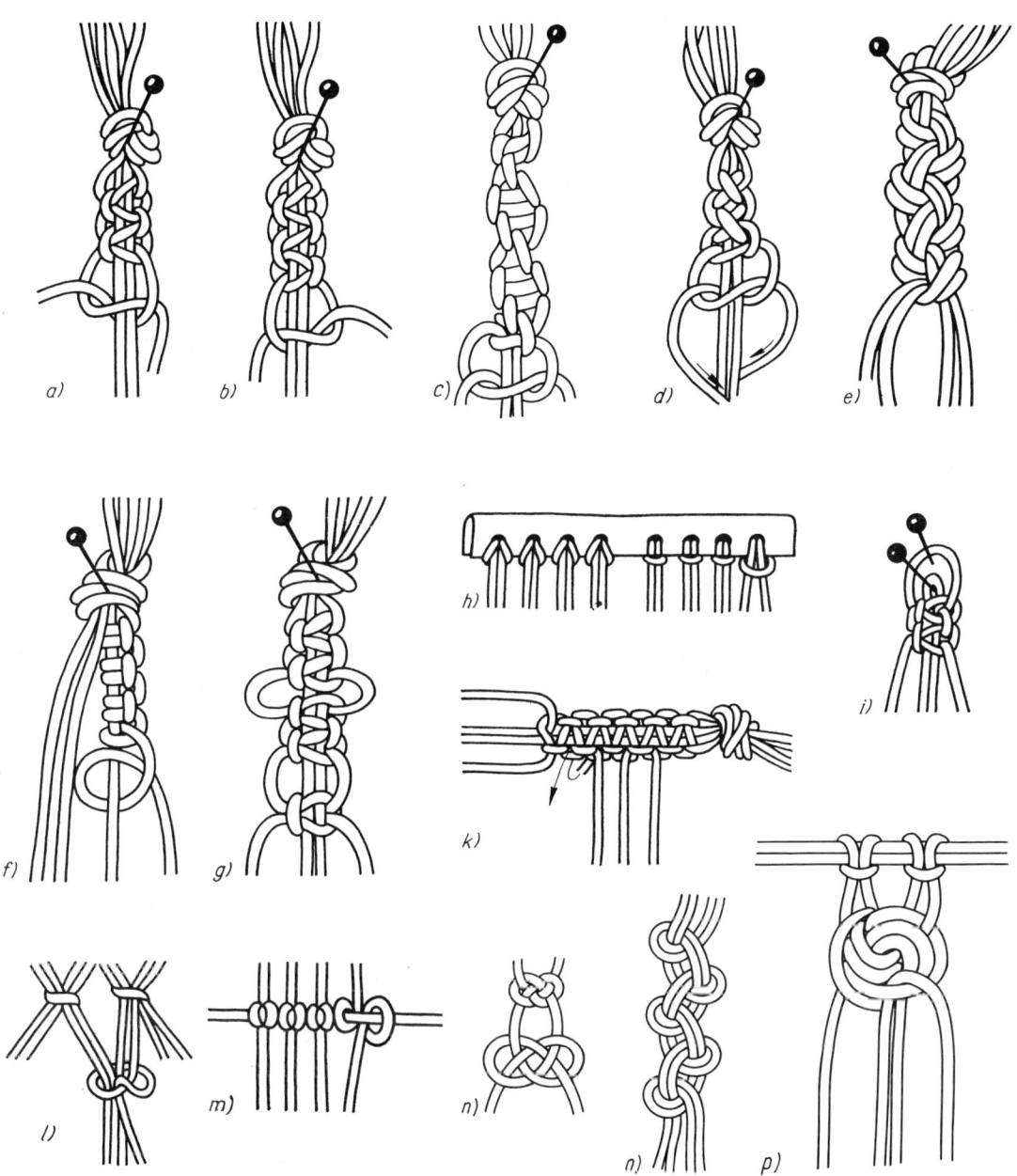

Bild 2/51. Knoten: a) Flachdoppelknoten 1. Fadenverschlingung b) Flachdoppelknoten 2. Fadenverschlingung c) Zopf- oder Wellenknoten, hergestellt mit nur der 1. Fadenverschlingung des Flachdoppelknotens d) Einfacher Kreuzknoten e) Kettenknoten, mit 2 Fäden ausgeführt f) Schiffchenknoten, hergestellt durch Verschlingung einmal über und einmal unter dem Einlagefaden g) Schlingenpikot h) Anschläge durch Leder i) Nadelanschlag k) Anschlag in Flachdoppelknotenkette l) Armenischer Knoten m) Makramee-Knoten in waagerechter Reihe n) Isabellaknoten o) Kettenknoten (Spitzen S. 112) p) Rosenmouche

den vorangegangenen, bildet sich ein *Schlingen-pikot* (Bild 2/51 g).

Um Gittermuster zu erzielen, muß flächig gearbeitet werden. Dazu ist ein Anschlag der Knüpffäden notwendig. Das kann über zwei quer gespannte Einlagefäden oder am Stoffrand des zu verzierenden Gegenstandes erfolgen. Entsprechend dem gewünschten Ergebnis kann der Anschlag über einen Holzstab oder am vorgelochten Rand eines Lederstreifens gearbeitet werden (Bild 2/51 h). Die Lochdicke und die Lochdichte richten sich nach der Dicke des Knüpfmaterials, was bei größeren Arbeiten zuvor zu erproben ist.

Der Anschlag am Stoff- oder Lederrand geschieht mittels Häkelnadel, indem sie die Schlinge der Fadensträhne (Doppelfaden) durch den Stoff bzw. das Leder holt, durch die wiederum die beiden Fadenenden gesteckt und gleichzeitig angezogen werden.

Für die meisten Knüpfarbeiten ist ein Anschlag mit einer durch vier teilbaren Anzahl von Knüpffäden (zwei Fadensträhnen) erforderlich.

Eine weitere Variante für den Anschlag ist der *Nadelanschlag*, wobei man mit einer Nadel jede Knüpfsträhne auf dem Knüpfkissen festhält (Bild 2/51 i). Er eignet sich mehr für Börtchen. Bei einem Anschlag für eine geknüpfte Fläche läßt diese Art einen losen Rand entstehen, der erst durch das Einschlingen der Franse Festigkeit erhält. Wenn man die Fadensträhne durch die seitlichen Schlingen einer Flachdoppelknotenkette führt, entsteht ebenfalls ein fester Anschlag, der dem in Leder gleichkommt (Bild 2/51 k). Bei dieser Arbeit kann auch eine Stahlborste gute Dienste leisten. Das ist eine biegsame Nadel mit stumpfer Spitze und großem Öhr.

Ein schlichtes Gittermuster erzielt man durch den Flachdoppelknoten in versetzter Anordnung. In gewissen Abständen angeordnet, entsteht eine luftige Verschlingung mit einem blütenähnlichen Ornament.

Für Gittermuster ebenfalls gut geeignet ist der *armenische* oder *türkische Knüpfknoten*. Wegen seines soliden Aussehens wird er gern für die Textilbijouterie bevorzugt (Bild 2/52). In einer Flächengestaltung wirkt er überzeugend durch seine Schlichtheit. Man kann ihn mit zwei und auch mit vier Fäden knüpfen. Dabei wird der rechts liegende äußere Faden des Knüpfbüschels mit der rechten Hand nach

links über den einen bzw. über die drei Einlagefäden gelegt, rückwärts um diese herum wieder nach rechts außen geführt, worauf man das Fadenende von oben nach unten durch die Fadenschlinge leitet und den Faden unter dem Büschel festzieht (Bild 2/51 l).

Mit dem *Makramee-* oder *Rippenknoten* können in Verbindung mit den bisher genannten Knotenarten mannigfaltige Musterungen erzielt werden. Vor allem dient er dem Ordnen

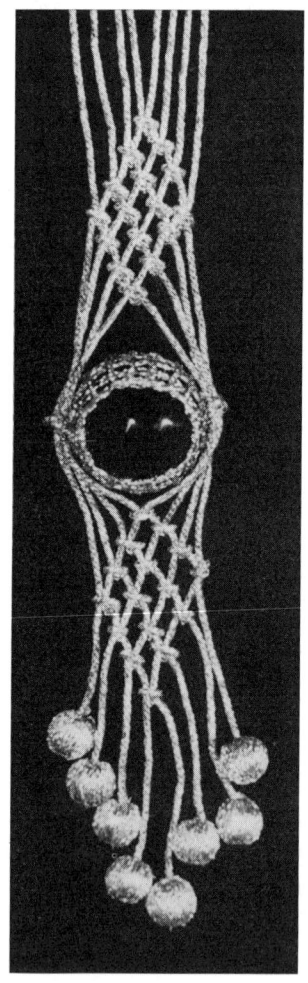

Bild 2/52. Geknüpfter Schmuck, Silberschnüre mit armenischem Knoten verbunden, die blaue Glaskugel wurde mittels Nähspitze eingearbeitet – *Christa Friedrich*, Teltow

Bild 2/53. Netz mit Schulterriemen, vornehmlich mit Flachdoppelknoten geknüpft – *Jutta Lademann*, Potsdam

der Fäden nach einem Mustersatz, da man ihn fast ausnahmslos mit zwei Fäden arbeitet, d. h., um den Einlagefaden wird ein Faden nach dem anderen geschürzt. Man hält diesen Einlagefaden mit einer Hand straff, während die andere den Knüpffaden schlingt. Zunächst sollte man diesen Rippenknoten an einer waagerechten Reihe versuchen. Dazu wird der linke äußere Faden der Knüpfarbeit, der der Einlage dient, mit der rechten Hand waagerecht über die anderen Knüpffäden gehalten, während die linke den zweiten Faden von links nimmt, ihn von

unten nach oben über den Einlagefaden führt, links neben dem Knüpffaden wieder nach hinten gibt und noch einmal die gleiche Verschlingung mit demselben Faden nachfolgen läßt. So liegt nunmehr der Knüpffaden, von oben kommend, nach unten verschlungen jeweils in der Mitte der beiden geknüpften Rippen. Der Makrameeknoten besteht aus zwei Verschlingungen, die über dem straff gehaltenen Einlagefaden ausgeführt werden (Bild 2/51 m).

Ist die ganze Reihe waagerecht durchgeknüpft worden, ist es ratsam, mit dem gleichen

Einlagefaden eine 2. Reihe von rechts nach links folgen zu lassen. Jetzt hält die linke Hand den Einlagefaden, während die rechte die Verschlingungen ausführt, und zwar auch entgegengesetzt, nämlich nach rechts schlingend. Durch diese zwei Reihen Makrameeknoten wird auch der Einlagefaden wieder eingeordnet und vervollständigt den ersten Mustersatz. Dadurch, daß er als Einlage dient, verliert er an Länge. Deshalb sollte bei solchen Musterbildungen der linke äußere Faden entsprechend länger sein. Für waagerechte Reihen kann auch ein fremder Einlagefaden gewählt werden, den man dann am Anfang und Ende mit einem runden Knoten festigt.

Der *Isabellaknoten* ist ein weniger bekannter Knüpfknoten. Dafür wird zunächst der linke Faden zur Schlinge gelegt, die den rechten Faden deckt. Der rechte Faden wird dann nach der Richtung des Pfeils zum Knoten verflochten. Der Knoten sollte nicht zu fest gezogen werden, damit seine verflochtene Schönheit erhalten bleibt (Bild 2/51 n).

Weitere Knüpfknoten sind der *Kettenknoten* (Bild 2/51o) und die *Rosenmouche* (Bild 2/51 p).

Vorschläge für Anwendungsmöglichkeiten

Arbeiten in dieser Technik zeigen sich mit interessanten Ergebnissen. Immer praktisch sind Tragebehältnisse in Knüpftechnik ausgeführt (Bild 2/53). Ansonsten liegt es nahe, die Knüpftechnik auch mit dem freien Weben zu mischen, um auf diese Weise in dieser Technik zu moderneren Ausdrucksformen zu gelangen und von den Rippenkreuzknotungen der Jahrhundertwende abzukommen.

Auch ein maschinell hergestelltes Gewebe kann durch eine geknüpfte Randgestaltung mit Fransen ein individuelles Aussehen erhalten (Bild 2/54).

2.3.3. Experimentelles Weben mit einbezogener Schling- und Knüpftechnik

Damit sind Versuche in gestalterischer, webtechnischer und auch materialtechnischer Hinsicht gemeint, wobei sehr oft das eine ohne das andere nicht denkbar ist.

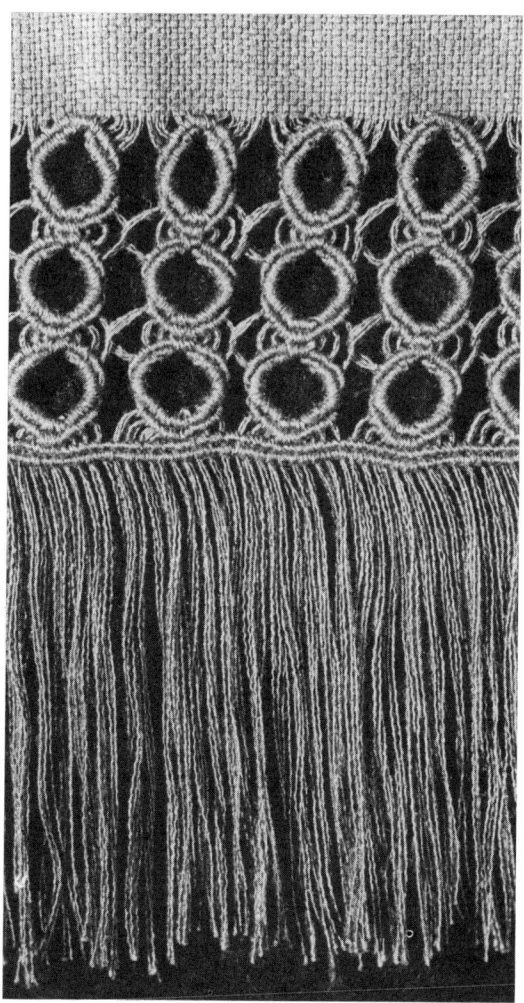

Bild 2/54. Makrameeknoten in ornamentaler Reihung als Abschluß eines Gewebes mit organischer Franse – *Monika Becker*, Rangsdorf

Auf Kette und Schuß beruhend, bewahren diese Gewebe die Strenge des ornamentalen Gestaltens. In ihrer Arbeitsweise sind sie anregend und schöpferisch vom Anbeginn bis zur Vollendung. Das wird vom Reiz des eingesetzten Materials ebenso hervorgerufen wie durch das immer neu zu gestaltende Fadenspiel. Bevorzugt wird einerseits urwüchsiges Material, beispielsweise vielerlei Bindfadensorten aus Hanf, Leinen, Schlauchgewebe und dergleichen, ungefärbt und selbst gefärbt, sowie anderes Naturmaterial. Für manche Arbeiten ist ein

Bild 2 / 55. Behang in Mischtechnik, gewebt und geknüpft – *Jutta Lademann*, Potsdam

Bild 2 / 56. Frei hängender, geknüpfter Raumschmuck mit Glocke – *Helga Quilitz*, Potsdam (Spezialschulergebnis)

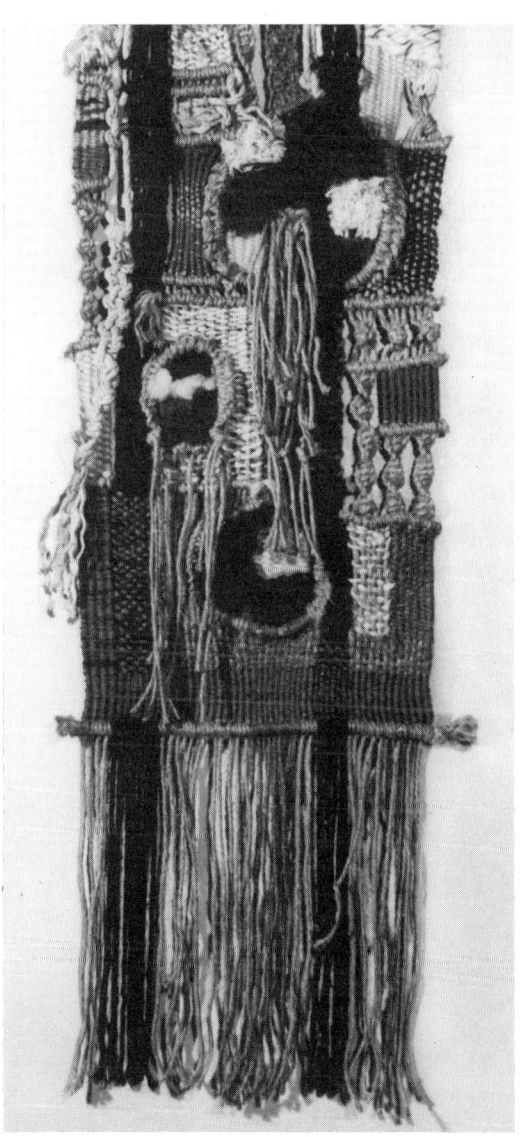

präziser Entwurf notwendig, für andere wiederum reicht eine spannungsvolle Kompositionsskizze oder eine Collage aus. Erforderlich ist aber neben einer guten Portion an Erfahrungen im Weben, Knüpfen und den damit

Bild 2/57. Geknüpfter Raumschmuck – *Steffi Wendl* †, Michendorf

Bild 2/58. Frei hängender kleiner Raumschmuck, gewebt und geknüpft – *Christel Pohlmann*, Brandenburg

verwandten Schlingtechniken auch ein sicheres Gestaltungsvermögen und viel Lust zum Experimentieren.

Die Bilder 2 / 55, 2 / 56, 2 / 57 und 2 / 58 zeigen Raumschmuck mit den verschiedensten Gestaltungsmöglichkeiten.

Bei jedem Experiment wird man die ersten Versuche nicht größer halten, als es dem Material entsprechend nötig ist. Ausgenommen davon sind solche Raumteilerarbeiten, die an den Raum oder in der formalen Größe an den Bau wie auch an den Stil gebunden sind. Wie man sie von Anfang an einbeziehen muß und wie sie verwendet werden können, zeigt Bild 2 / 59, wo sie von einer überdachten Sitzecke in einem großen Garten die Rückwand bilden.

Bild 2 / 59. Überdachte Sitzecke im Garten mit experimentellen Geweben als Rückwand – *Ingeborg Bohne-Fiegert*

Sie schirmen optisch ab, und doch sind diese Gewebe hier mit der Natur verbunden. Der Sommer bleibt mit ihnen gegenwärtig, wenn die Jasminzweige im Hintergrund sich leise bewegen und die Sonne im Tagesablauf die Gewebe von unterschiedlichen Richtungen bestrahlt. Das überstehende Dach schützt sie vor starken Witterungseinflüssen. Sie umgeben naturverbunden und dekorativ die Menschen, die sich hier zur Erholung, zu Mahlzeiten oder auch zu Gartenfesten zusammenfinden.

Hierzu wurde besonders rustikales Material verwendet. Eine alte Wäscheleine und ein Schiffstau, das sind die dicken gekordelten Schnüre, die jeweils die ganze Fläche in asymmetrischer Anordnung durchziehen, verdichtet durch helle, geflochtene Gardinenschnur, gedrehten Sisal und andere gedrehte Garne und

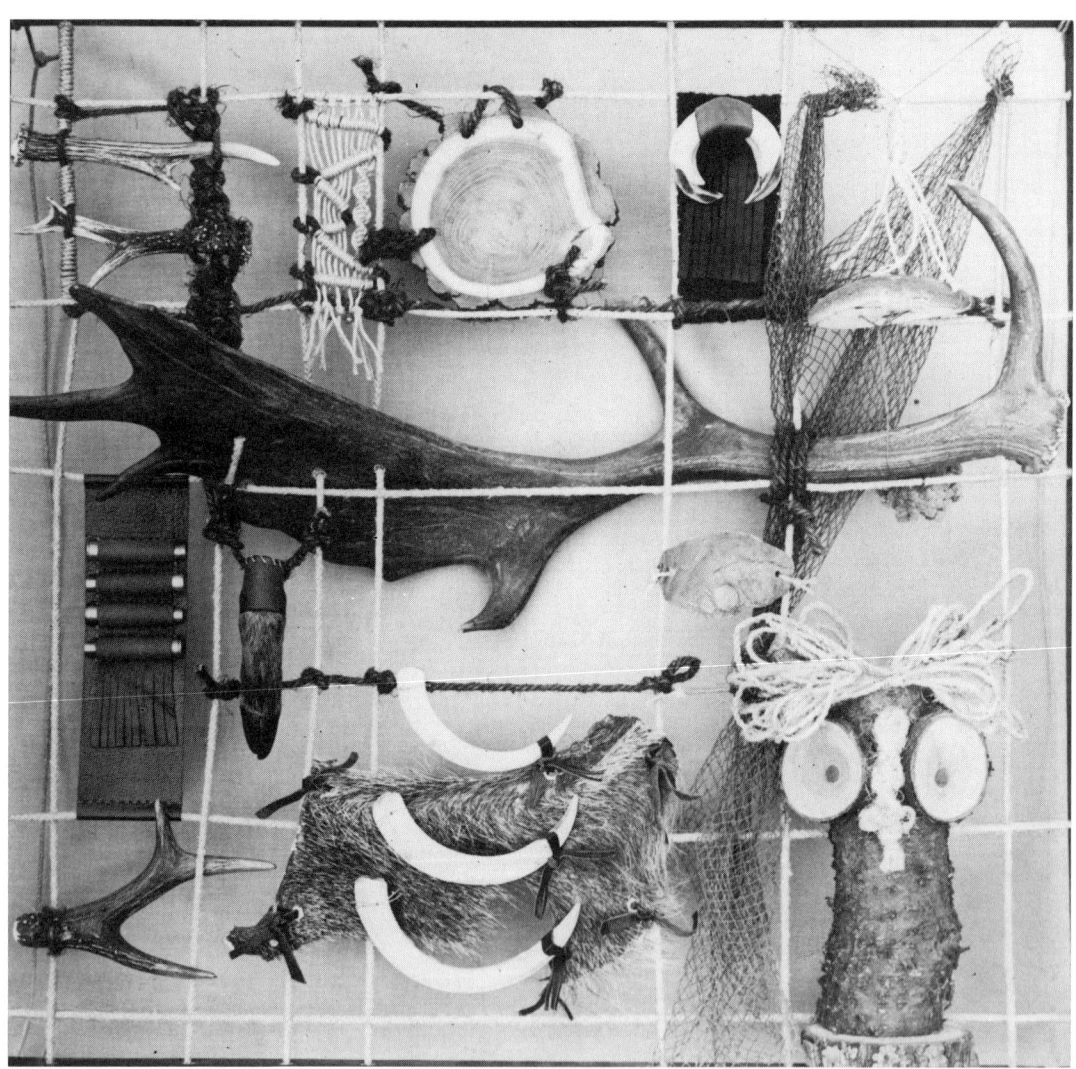

Bild 2/60. Grobgewebe mit Jagdtrophäen und anderen Materialien, gedacht für ein Jagdzimmer – *Ingeborg Bohne-Fiegert*

Bindfäden. Ringösen wurden nur dort eingeschraubt, wo sie, der Kompositionsskizze entsprechend, notwendig waren. Die eigens dafür gedrechselten Holzperlen von 2,5 bis 7 cm Durchmesser sind größtenteils auf die Kette aufgezogen. Die teils locker, teils dicht geflochtenen Schußfäden dienen der Verspannung des ganzen Gewebes, sie bilden aber auch die wenigen Flächen, die mit dem eigenwilligen,

groben, textilen Gitterwerk kontrastieren. Dabei gefallen besonders die Flächen, die mit unversponnenem Hanf gewebt wurden, ein Material, das man aus diesem Grund sparsam einsetzte.

Ein interessanter Raumschmuck ist auch das große Grob-Gewebe, in das Jagdtrophäen und andere Materialien zur Verschönerung einer Jagdhütte eingewebt wurden (Bild 2/60).

Bild 2/61. »Eidechse«, ätherische Drahtverspannung mit transparenten Perlen – *Christel Grothmann*, Kirchmöser (Spezialschulergebnis)

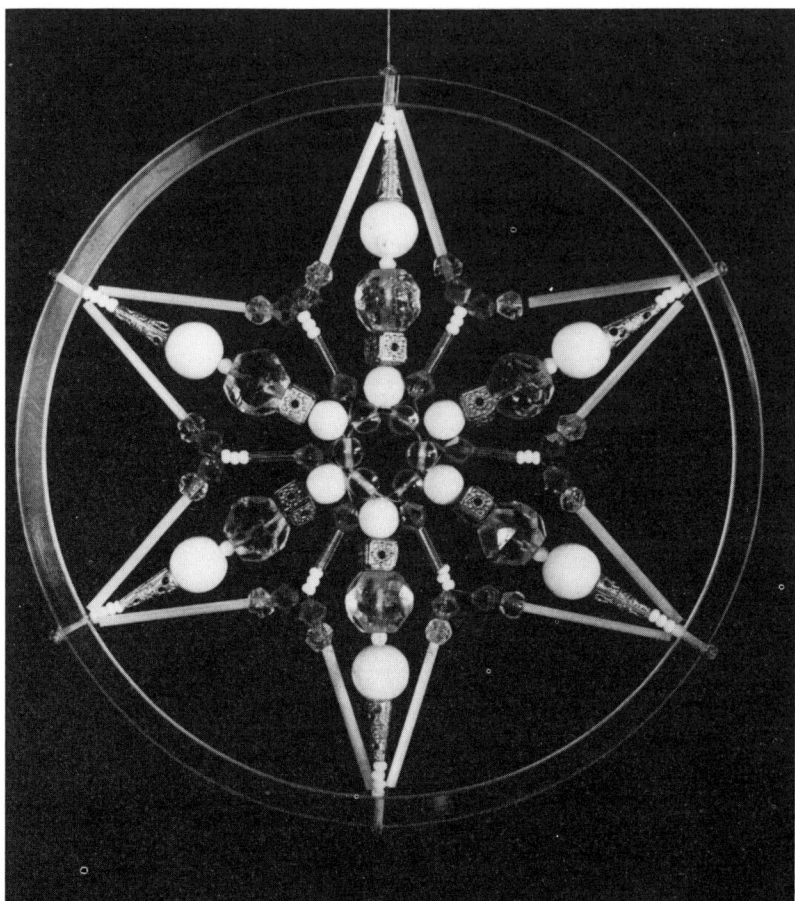

Bild 2 / 62. Perlenstern, Fadenspanntechnik in Acryl-
rahmen, besonders schön mit transparenten und weißen Perlen und goldenen Metallteilen – *Ingeborg
Bohne-Fiegert*

Farbbild 1 zeigt ein raumteilendes und
raumschmückendes Gewebe, »Strandgut« genannt, das weitestgehend von der Strenge der
senkrechten und waagerechten Verkreuzung
der Fäden abweicht. Es wird zum Netz, in dem
das Strandgut mit den Arbeitsfäden gefangen
wurde. Muscheln und Schneckenhäuser, teils
aus heimischen, teils aus fremden Gewässern,
wechseln mit vom Wasser durchlochten Feuer-
steinen. Sogar ein paar Stücke Luffa sind mit
verwebt worden. Dabei stört es nicht, daß
Bernstein und Korallen im bearbeiteten Zustand, also als Perle, mit Verwendung fan-
den.

2.3.4. Ätherische Gewebe

Damit sind luftige, durchsichtige Gewebe gemeint, die besonders als Fensterschmuck gedacht sind. Ihr Reiz liegt in den zarten, transparenten Perlen, die in edler Farbigkeit
zusammengestellt werden müssen und deren
Schönheit sich mit der Einwirkung von Sonnenstrahlen multipliziert. Diese meist kleinen
Gewebe oder Fadenverspannungen setzen viel
Phantasie, schöpferische Gestaltung und ein sicheres ästhetisches Empfinden voraus.

Sie sind ein neues, spielerisch wirkendes
Element in der textilen Gestaltung, das im we-

sentlichen von Volkskunstschaffenden des Bezirkes Potsdam nach einer Idee des Autors entwickelt wurde. Die Anregung dazu entstand auf einer Autofahrt durch Böhmen, wo in einem kleinen Ort der Glasindustrie ein Denkmal steht, das, aus Schmiedeeisen gearbeitet, einen stilisierten Baum mit Blättern aus farbigen Glasklumpen darstellt, die in der Sonne reflektieren. Angezogen von der Schönheit des transparenten, farbigen Glases im Sonnenschein, wurde die Idee geboren, mit transparenten Glasperlen einen Fensterschmuck zu gestalten. Perlen werden aufgefädelt, und demzufolge war ein feines grafisches Gewebe, das mehr einem Verspannen der Fäden gleichkommt, dafür das gegebene.

Bild 2/61 zeigt eine Arbeit dieser Art in dekorativer Gestaltung, ein Spiel mit Perlen und Fäden.

Ein Perlenstern in Fadenspanntechnik kann nach Bild 2/62 gearbeitet werden.

2.3.5. Gewebter Modeschmuck

Die indianische Perlenweberei unterscheidet sich dadurch, daß die Perlen nicht ins Fach eingelegt werden, sondern daß der Schußfaden mit den Perlen die Kettfäden umschließt, indem er zweimal, einmal von links nach rechts und dann von rechts nach links durch die gleiche Perlenreihe geführt wird, die zwischen den Kettfäden liegt und deren Abstand voneinander bestimmt.

Es ist eine sehr alte Technik, die außer in Peru auch in Ägypten anzutreffen ist, variabel abgewandelt ebenfalls im Sudan. Aber immer werden bei den traditionellen Arbeiten die kleinen »Kreideperlen« verwendet, das sind opake, nicht transparente Perlen.

Allgemein bekannt sind die Schmuckbänder in dieser Technik. Um den Hals führend, ist dieses Band etwa 90 bis 100 cm lang und trifft dann im Medaillon zusammen. Man kann auch nur ein langes Band weben, in diesem Fall noch etwas länger als das angegebene Maß, und verschlingt die Enden miteinander in der vorderen Mitte. Solch ein Schmuckband läßt sich auch gleichzeitig als Gürtel verwenden.

Für die Bandbreite von etwa 2 cm sind etwa 11 bis 13 Perlen in einer Reihe erforderlich. Man zieht die ungerade Anzahl wegen der Mustergestaltung vor.

Für die Kettfäden nimmt man am besten Angelsehne von der zweitfeinsten Sorte, für die Schußfäden ist Polyesternähfaden geeignet. Als Werkzeug wird eine *Perlnadel* verwendet, eine ganz feine Nähnadel Nr. 12.

Am besten webt man solch einen Schmuck auf dem Flechtwebrahmen oder dem kleinen Musterwebrahmen. Es ist wichtig, daß die Kette dabei straff gespannt ist, da die Perlen leider oft von unterschiedlicher Dicke sind und das beim Weben in der Hand am Gewebe sichtbar wird. In der straff gespannten Kette roulieren die kleineren Perlen zwischen den beiden begrenzenden Kettfäden, und das Gewebe bleibt von schöner gleichmäßiger Breite. Die Kettfäden werden dazu in der Länge des gesamten Schmuckbandes gemessen. Man benötigt einen Kettfaden mehr, als man Perlen in einer Reihe aufziehen möchte. Wir weben das Schmuckband, indem wir in der rückwärtigen Mitte desselben beginnen. Deshalb können wir die Kettfäden in der Mitte mit einem runden Knoten zusammenfügen und brauchen nur die eine Hälfte auf den Webrahmen aufzuspannen. Die andere Hälfte der Kettfäden wickeln wir auf ein Stück Papier auf, das mit Klebestreifen außen am Kettbaum befestigt wird.

Der Schußfaden wird mit einem Knoten am linken äußeren Kettfaden befestigt. Dann fädelt man die 11 bzw. 13 Perlen gemäß der Musterzeichnung auf, führt sie von links nach rechts unter den Kettfaden entlang und ordnet sie ein, indem man sie mit dem linken Zeigefinger zwischen die einzelnen Kettfäden drückt, wodurch man die Gelegenheit schafft, von rechts nach links nun noch einmal durch die Perlen zu fädeln. Die erste Reihe ist ein wenig mühsam, doch ist einmal die Webordnung hergestellt, erleichtert sie die weitere Arbeit.

In der gleichen Perlenwebtechnik kann man auch feine Lesezeichen arbeiten, indem an ein 17 bis 20 cm langes Ripsband die Kettfäden gleich eingestochen werden, und zwar 1 cm von der Schnittkante entfernt.

Das angewebte Einzelornament aus Perlen muß die genaue Breite des Ripsbandes haben und kann 5 cm, besser 6 cm, lang sein. Gestalterisch empfehlenswert ist es auch, Perlen von der Farbe des Ripsbandes in die Gestaltung, beispielsweise als Randbegrenzung, mit einzubeziehen.

Nach Fertigstellung des Gewebes werden

die Kettfäden in das Gewebe zurück verstochen. Die 1 cm breite Schnittkante des Ripsbandes wird ebenfalls, gleich einem kleinen Saum, nach oben vernäht.

Wichtig für beide Perlenwebarbeiten ist das Aufzeichnen des Musters in der entsprechenden Perlenanzahl, was am besten auf Patronenpapier geschieht. Muster von Kreuzstichborten können hierfür Anregungen geben. Dabei sollte man besonderes Augenmerk auf die Gestaltung des Medaillons richten. Sind die beiden Schmuckbänder, die zusammengeführt werden, je 11 Perlen breit, so beträgt die Breite des Medaillons 23 Perlen, denn in der Mitte, zwischen den beiden inneren Kettfäden, wird eine Perle dazwischengefädelt. Es können auch

Bild 2/63. Perlenwebarbeiten nach indianischer Art: 1 Halsschmuck mit Medaillon, in die Gestaltung des Halsbandes wurden zeitweilig Perlenfäden mit einbezogen, 2 Lesezeichen, 3 Halsschmuck mit Medaillon, 4 Halsschmuck, der als Band gearbeitet wurde und gleichzeitig als Gürtel oder Stirnband getragen werden kann – *Ilse Parey* – Brandenburg

noch mehr Perlen in die Mitte gebracht werden, dann müssen wir aber beim Beginn des Medaillons noch ein bis zwei Kettfadensträhnen zusätzlich einhängen. Mustermäßig sollte es nie zu klein und zu nichtssagend sein. Ein Medaillonmuster bringt meist in zweiachsiger Spiegelsymmetrie das schönste Musterdetail des Schmuckbandes, wodurch ein neues großes Einzelornament entsteht.

An das gewebte Medaillon können sich Perlenfransen anschließen. Diese sollten mit Polyesternähfäden gearbeitet werden (Bild 2/63).

2.3.6. Alte Flechttechniken nach ethnographischem Vorbild

Zapästka ist der slowakische, *Zápiastka* der polnische Name für eine Technik, die auf der slowakischen und polnischen Seite der Hohen Tatra beheimatet ist und vor allem für die wärmende Bekleidung verwendet wird (Fausthandschuhe, Hüttenschuhe usw.). Angeregt durch die Akademie der Wissenschaften zu Prag, wo im Institut für Ethnographie alle traditionellen Muster und Techniken dokumentiert und gelegentlich auch publiziert werden, wurde die Autorin durch die wissenschaftliche Mitarbeiterin *Dr. Jitka Stankonvá* mit dieser traditionellen Technik bekannt.

Es ist mehr eine Flechttechnik, die mit zwei Schußfäden gleichzeitig gearbeitet wird, die vor jedem Kettfaden miteinander wechseln. Muster werden durch das Verwenden von zwei Farben in einer Schußreihe und auch durch Flottungen über 2 oder 3 Kettfäden erzielt (Bild 2/64).

Eigentlich ist es ein Formgewebe, denn als Webgerät, beispielsweise für Fausthandschuhe, diente eine Holzform. Die Kettfäden spannte man von der unteren Nagelreihe über die oberen Einkerbungen, auf der anderen Seite wiederum nach unten und so wieder zurück. Man kennt auch Webarbeiten um ein Rundholz herum. Bei diesem *Rundherum-Flechten* mit zwei Kettfäden um eine Form werden die Fadenenden immer nach innen gegeben. So entsteht ein wärmender Flor, der einer Pelzfütterung gleicht. Schlitze werden schnittgemäß in die Webarbeit einbezogen. Diese Flechttechnik wird in der ČSSR auch gegenwärtig gepflegt und für die Anfertigung von jugendgemäßen Beuteln, die mit einer Kordel über der Schulter getragen werden, und dergleichen genutzt.

Sogar Bildflechtereien können mit dieser Technik gestaltet werden. Daraus ist zu ersehen, daß primär der Technologie der *Zapästka Flechterei* Augenmerk geschenkt wird und weniger dem Weben um eine Form herum, was sicherlich im Zusammenhang mit der modernen Anwendung der Technik gesehen werden muß (Bild 2/65).

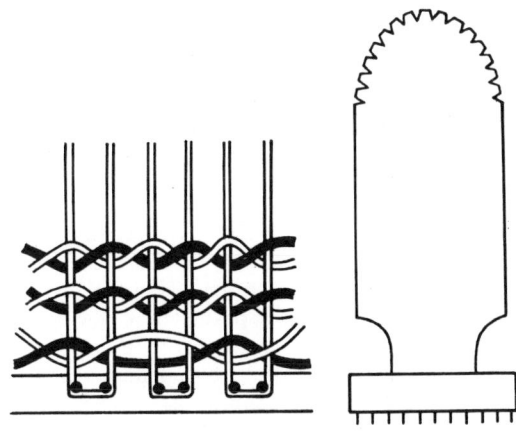

Bild 2/64. Schematische Darstellung der Zapästka-Webtechnik und die Holzform als Webgerät

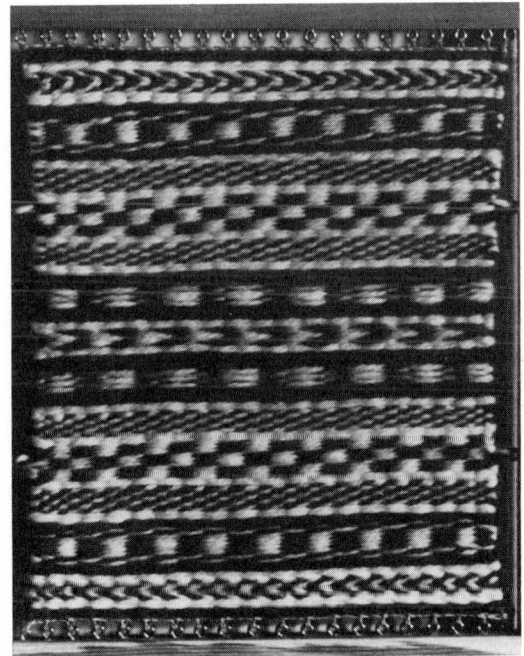

Bild 2/65. Zapästka-Gewebe – *Monika Stechbart*, Brück/Mark

2.4. Sticktechniken

Das Sticken ist eine textile Schmucktechnik, bei der ein vorhandenes Gewebe durch Zuordnen meist andersfarbiger oder andersgearteter Fäden geschmückt wird. Dabei entsteht stellenweise eine Veränderung der Ordnung des Gewebes, d. h., mit dem Einbringen anderer Fäden werden an diesen Stellen neue zusätzliche Verkreuzungen, Verschlingungen, Verflechtungen usw. gebildet, die eine Bereicherung des ganzen Gewebes darstellen. Diese Veränderung bzw. neue Ordnung kann auch durch partielles Entfernen von Gewebefäden und durch rhythmisches Gruppieren derselben erreicht werden.

Allgemein betrachtet ist die Technik des Stickens mit dem Nähen verwandt, einige Sticharten gleichen einander völlig. Während das Nähen jedoch mehr praktischen Zwecken dient, nämlich dem Zusammenfügen von zwei oder mehr Gewebeteilen, obliegt dem Sticken fast ausschließlich die schmückende Funktion. Darüber hinaus benutzt man beim Nähen auch *Ziernähte* und beim Sticken *zweckgebundene Zierstiche*, beispielsweise zur Saumbefestigung einer bestickten Tischdecke.

Das Sticken benötigt das Gewebe als Stickboden, manche Sticharten sind von der Art des Gewebes abhängig.

Dem steht das Sticken ohne Gewebeuntergrund entgegen, sein Ergebnis ist die Nähspitze.

In der Stickerei unterscheiden wir zwei Gruppen.

Die strukturgebundenen Sticktechniken werden auf leinenbindiges, abzählbares Gewebe gearbeitet, und die freie Stickerei richtet sich nicht nach abzuzählenden Gewebefäden, sondern allein nach der Vorzeichnung der Motive.

Für die strukturgebundenen Sticktechniken sollte das Material etwas gröber sein. Es eignen sich feine Zelljute, Gewebe aus echter Jute, Sieb- oder Polierleinen und Wollkanevas, aber auch der Viskose-Aida-Stoff, Natté und Panama für Arbeiten in diesen Techniken. Darüber hinaus zählen das gitterartige Drehergewebe Marquisette und der Tüll dazu.

Zur freien Stickerei lassen sich eigentlich alle Stoffe verwenden, auch strukturloses Material, feine Leinengewebe haben jedoch den Vorzug.

Dabei gibt es Sticharten, die sowohl strukturgebunden als auch frei angewendet werden können.

Dekorative Sticharten der freien Stickerei können ohne Vorzeichnung in einem ständig schöpferischen Prozeß ins Gewebe gestickt werden.

2.4.1. Wissenswertes über die historische Entwicklung

Die Stickerei ist genauso alt wie das Flechten und Weben. Man nimmt an, daß zuvor bereits enthaarte Tierfelle und Rindenstoffe mit Lederstreifen, Bast und dergleichen sticktechnisch geschmückt wurden. Mit dem Aufkommen der Weberei entwickelte sich auch die Stickerei, weil sich mit den Fadenverbindungen des Gewebes technisch bessere Möglichkeiten ergaben.

Von Abbildungen griechischer Vasenmalerei wissen wir, daß die hellenischen Gewänder mit Ornamenten geschmückt waren. Auch spricht man von den reich bestickten Gewändern babylonischer Herrscher. Die Stickerei ist auch ein integrierter Bestandteil der koptischen Gewebe, wie bestickte Tunika-Einsätze beweisen. Das Material ist Leinen oder Wolle.

Aus dem frühen Mittelalter sind Textilien mit reicher Stickerei erhalten. Der byzantinische Einfluß ist in den Beispielen des 11. und 12. Jahrhunderts zu erkennen. Es sind Krönungsmäntel und Ornate weltlicher und geistlicher Herrscher Europas, die prunkvolle Gold- und Seidenstickereien aufweisen. Ebenfalls erhalten sind kostbare Wandteppiche, die, mit Seide gestickt, neben christlicher Symbolik auch szenische Darstellungen mit historischem Charakter zeigen. An Sticktechniken herrschten die Sprengsticharbeit, Legearbeit, der Plattstich, Zopfstich und Gobelinstich vor, wie auch das Aufnähen von Perlen. Die Herstellung und Nutzung der mittelalterlichen Stickerei war ausschließlich dem weltlichen und geistlichen Adel vorbehalten.

Im 13. bis 15. Jahrhundert wurde dann die Stickerei zu einem bürgerlichen Gewerbe mit städtischen Werkstätten und zunftmäßigen Verbänden. Führend waren die spätgotischen Werkstätten in Florenz, Paris, Köln und London.

Bild 2 / 66. Bäuerliche Stickerei, Kopftuch und Ärmel aus der Slowakei

In der Renaissance kleidete sich auch das junge Bürgertum mit reich bestickten Gewändern. Man bevorzugte die weiße Leinenstickerei, auch die Netzstickerei kam auf. Aus Freude an der quadratischen Einteilung entstanden viele Kreuzstich-, Kästchenstich- und Holbeinstickereien.

Als die Buchdruckerkunst erfunden war, wurden in Augsburg, Frankfurt / M. und anderen Städten die ersten Musterbücher für Stickereien gedruckt, wodurch diese Kunst in immer weitere Kreise vordrang. Nach den prunkvollen Stickereien des 17. Jahrhunderts bevorzugte man im 18. Jahrhundert zierliche Stickereien. Viele gestickte Spitzen wurden getragen. In dieser Zeit entstanden verschiedene Stickerei-Industrien. Bei uns entwickelte sich das Vogtland mit Plauen und Eibenstock an führender Stelle zu einem Stickereizentrum. In der 2. Hälfte des 19. Jahrhunderts verdrängten die neuen entwickelten billigen Maschinenstickereien die gewerbliche Handstickerei fast vollständig.

Neben der in einigen Stilepochen aufgezeigten Stickkunst steht die traditionelle bäuerliche Stickerei (Bild 2 / 66). Zwar blieb das Formengut dieser bäuerlichen Stickerei von der Ornamentik der in den Städten und Klöstern geübten Handstickerei nicht unbeeinflußt. Aber das von dort Übernommene löste sich aus der stilgeschichtlichen Entwicklung und wuchs nach selbständigen Gesetzen und eigenem Ausdruckswillen. Inhaltlich ordnet der bäuerliche Mensch die Motive in seine Vorstellungs- und Gedankenwelt ein. Bei Blütenmotiven sieht er die Blumen seiner Umgebung, seines Gartens, seines Feldes vor sich. So wird aus dem klassischen Granatapfel die Rose und aus der Lilie eine Kelchform, die sowohl Lilie als auch Tulpe sein kann. Auch stickt er die ihm bekannten Vögel. Die Blumen- und Tiermotive sind gleich den strengen geometrischen Ornamenten nicht nur Schmuckelemente, sondern haben meist noch eine symbolhafte Bedeutung. Im vorigen Jahrhundert wurde noch in vielen ländlichen Gegenden die überlieferte Tracht getragen, die mit mehr oder weniger reicher Stickerei verziert war. Was heute von all den schönen Trachten noch vorhanden ist, ist nur ein sehr kleiner Bruchteil, denn es war eine weitverbreitete Sitte, die Menschen in ihrer Hochzeits- oder Sonntagskleidung zu beerdigen. Neben den Trachten wurden aber noch

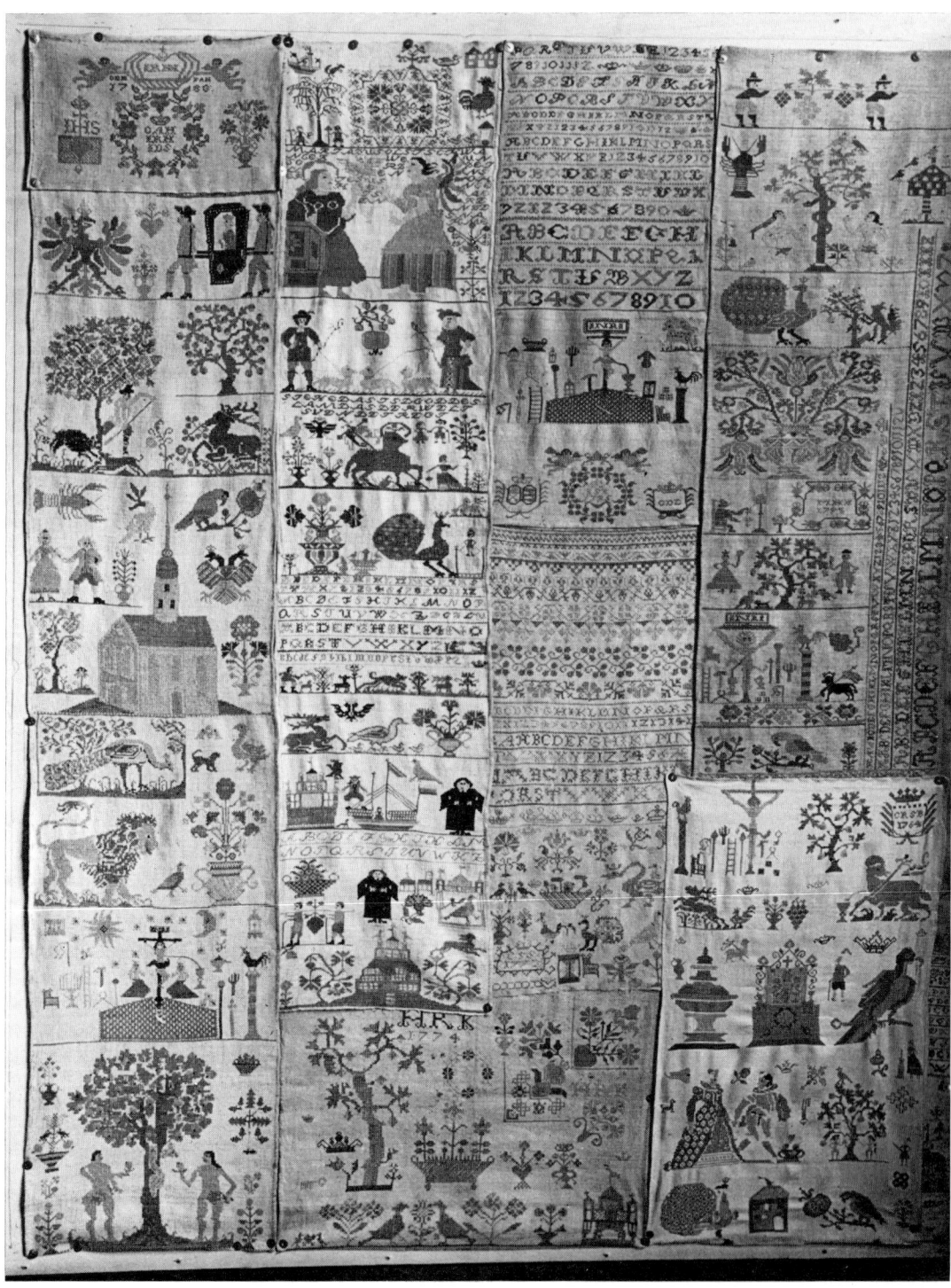

Bild 2/67. Alte Stickmustertücher (Kreuzstich)

Bild 2/68. Altes Stickmustertuch, vornehmlich in Langetten- und Plattstich gestickt

Prunkhandtücher, Totenlaken, Wochenbettücher und Kissen bestickt. Niedersachsen hat uns die vielfältigsten und schönsten Stickmustertücher überliefert (Bild 2/67 und 2/68). Buchstaben, oft die Jahreszahl und der Name der Herstellerin, Vasen, Blumen, Vögel, Eichhörnchen, Hunde, Schiffe und Zierkanten schmücken in guter Flächenverteilung solche Tücher, die in den meisten Gegenden in Kreuzstichtechnik ausgeführt wurden.

Betrachten wir schöne alte Stickmustertücher, so können wir mancherlei Anregung für die eigene Mustergestaltung daraus entnehmen. Wir sehen, wie eine strenge Ornamentkante aufgelockert wird, indem man bei größeren Formen den Untergrund in die Mustergestaltung mit einbezieht. Wir erkennen, wie stark stilisiert Pflanzen- und Tiermotive sind und sich so der strukturgebundenen Technik anpassen. Solche Erkenntnisse verwerten wir, wenn wir selbst neue Muster entwerfen. Die Wechselwirkung von eigener Arbeit und die Betrachtung von Überliefertem bringt eine größere Vollkommenheit hervor.

2.4.2. Durchzug- und Durchstopfmöglichkeiten

Die einfachste der strukturgebundenen Sticktechniken ist die Durchzugtechnik. Sie kann bereits von sieben- bis neunjährigen Kindern ausgeführt werden. Erforderlich ist dazu ein leinenbindiges Material mit gleichdicken Schuß- und Kettfäden, beispielsweise Zelljute, Siebleinen oder handelsüblicher Handarbeitsstoff. Da, wo man die Musterung anbringen möchte, zieht man einen Faden aus dem Gewebe heraus. Die beiden links und rechts neben dem ausgezogenen Faden liegenden Fäden liegen nun im gleichen *Webfach*, d.h., sie durchziehen, parallel laufend, die gleichen Kettfäden. An diesen beiden Fäden knoten wir am Ende die Schlaufe einer andersfarbigen doppelten Fadensträhne, bestehend aus Sticktwist, Perlgarn, Schulgarn oder dergleichen, an. An der anderen Seite ziehen wir die beiden Gewebefäden nun vorsichtig heraus, wodurch der angeknotete farbige Faden hinterherschlüpft.

Auf diese Weise können, möglichst in unterschiedlichen Abständen, mehrere farbige Fäden nebeneinander gezogen werden, die zu einer schlichten Kantenmusterung führen. Mit der gleichen rationellen Verfahrensweise lassen sich auch Eckbildungen vornehmen.

Des weiteren ist es möglich, Fäden des Gewebes herauszuziehen und andersfarbige an deren Stelle einzustopfen. Bei dieser Durchstopftechnik zählt man die stehengebliebenen Gewebefäden ab und überspringt zuweilen 2 bis 3 Fäden, womit das Gewebe eine neue Musterung erhält. Das Überspringen von Fäden wird in der Fachsprache mit *Flottung* bezeichnet. Natürlich ist darauf zu achten, daß die flottierenden Fäden weder auf der Vorderseite noch auf der Rückseite des Gewebes zu große Schlaufen ergeben, damit die fertige Arbeit auch praktisch nutzbar ist (Bild 2/69).

2.4.3. Wichtigste Zierstiche

Es gibt eine Vielzahl von Sticharten, die von altersher bekannt sind. Dabei gibt es solche, die bei der strukturgebundenen wie auch bei der freien Stickerei angewendet werden können. Wir wollen zunächst die gebräuchlichsten Zierstiche beschreiben, die zu dekorativen Kantenmusterungen zusammengestellt werden kön-

Bild 2/69. Durchzug- und Durchstopfmöglichkeiten mit zuvor ausgezogenen Gewebefäden, Elementarstufe

nen und mit nicht allzu großem Zeitaufwand für Bekleidungs- wie auch Raumtextilien anwendbar sind. Darin sind auch die Zierstiche einbegriffen, die zur Bereicherung der Applikationstechnik genutzt werden (Bild 2/70).

Der *Vorderstich* dient in der Hauptsache dem Zusammenfügen von zwei Gewebeteilen. Oft wird er auch als Ziernaht bei modischen Dingen verwendet. Man kann in einem zweiten Arbeitsgang auch die Vorderstiche umschlingen, wodurch ein kordelähnlicher Linienstich entsteht.

Der *Steppstich* wird ebenfalls häufig als Ziernaht genommen. Die einzelnen kleinen Stiche sind auf der Vorderseite fortlaufend aneinandergereiht und auf der Rückseite doppelt so lang. Als Zierstich wird er vorwiegend in der

Bild 2/70. Zierstiche

Sticklehrgang

Vorderstich

Steppstich

W ...... A
Zackenstich mit 2 Arbeitsgängen

in 1 Arbeitsgang

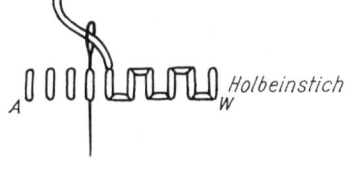
Holbeinstich
A ... W

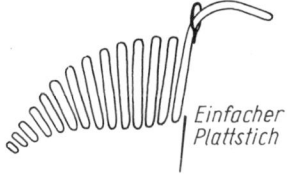
Einfacher Plattstich

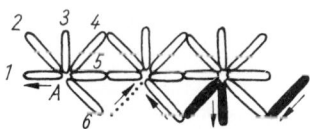
2 3 4
1
A
5
6
Gleichseitiger Sternstich
⬭ 1. Arbeitsgang
⬛ 2. Arbeitsgang

Stielstich

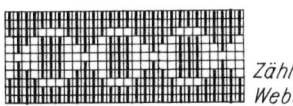
Zählmuster für Webtisch

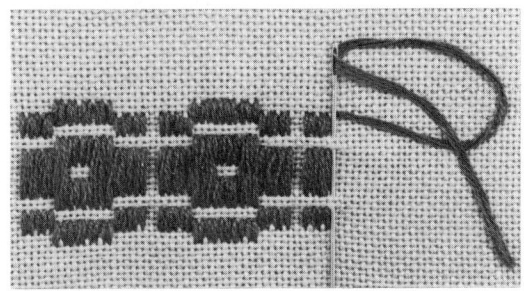

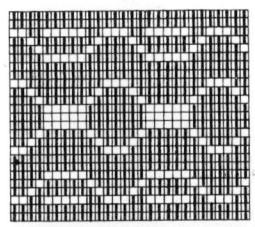
Zählmuster für marokkanische Stickerei

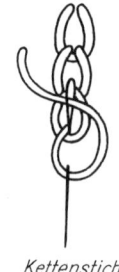

Kettenstich

offener Kettenstich

ganz offener Kettenstich

gedrehter Kettenstich

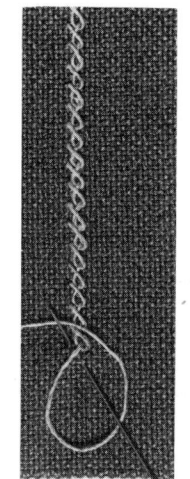

Fischgrätenstich

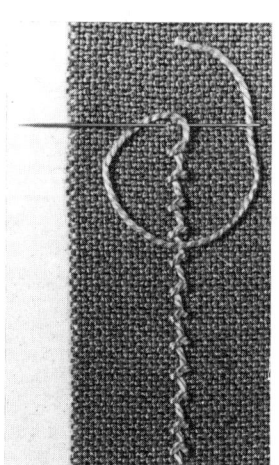

Borten-Kettenstich

Romanischer
Grätenstich

Kettenknoten-
oder
Korallenstich

Bäumchenstich

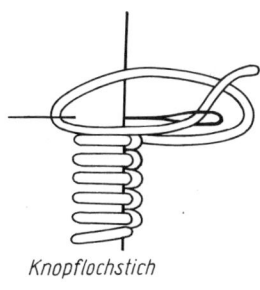

Knopflochstich

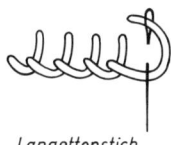

Langettenstich

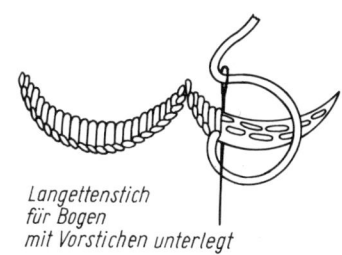

Langettenstich
für Bogen
mit Vorstichen unterlegt

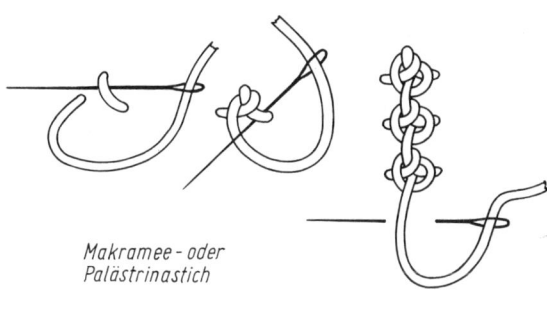

Langettenstiche

Makramee - oder
Palästrinastich

Zopfstich

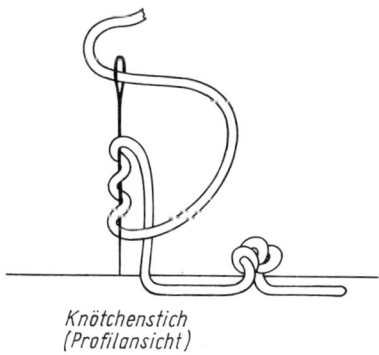

Knötchenstich
(Profilansicht)

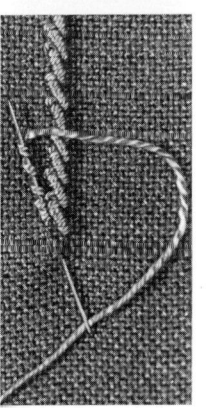

Wickelstich

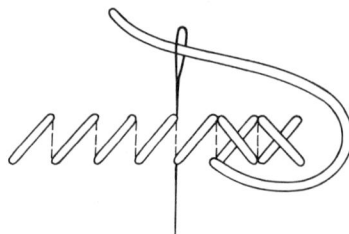

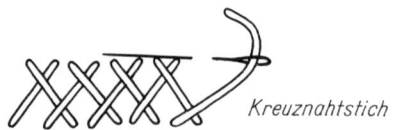

Kreuznahtstich

einseitiger Kreuzstich
wird reihenweise hin und zurückgehend gearbeitet

Einseitiger Sternstich

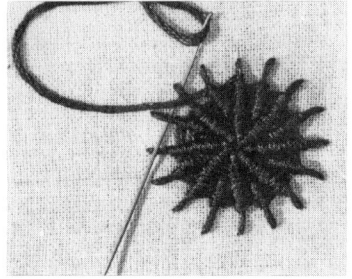

Rückstich
über
Spannstich
geschlungen

senkrecht
gestickter
Kreuznahtstich

freien Stickerei genutzt. Man arbeitet ihn von rechts nach links, der Struktur oder der freien Aufzeichnung folgend.

Der *Zackenstich* ist ein gleichmäßig schräg gestellter Spannstich. Wie schon der Name sagt, werden mit einzelnen Stichen Fäden über das Gewebe gespannt. Er sollte, gleich dem Holbeinstich, in zwei Arbeitsgängen gestickt werden. In Handarbeitsbüchern wird er auch oft als gleichseitiger Dreieckstich bezeichnet. In einem Arbeitsgang ausgeführt, eignet er sich ausgezeichnet zum Befestigen von Applikationen.

Der *Holbeinstich* zählt wie auch der *Kästchenstich* zur einfarbigen oder bunten Leinenstickerei. Die Holbeinstickerei gehört ausschließlich zur strukturgebundenen Stickerei und ist beidseitig, d.h. hinten und vorn, gleich. In zwei Arbeitsgängen werden die zunächst nur waagerechten Vorstiche durch senkrechte und auch diagonale Vorstiche zu einer ununterbrochenen Linie geschlossen. Wenn sich die kleinen Quadrate beim Holbeinstich schließen, entsteht der Kästchenstich. Zu dieser Sticktechnik, die vor allem beim ersten Arbeitsgang

Konzentration erfordert, ist ein Aida- oder Natté-Gewebe besonders zu empfehlen.

Der *Webstich* gehört, wie schon der Name sagt, zu den strukturgebundenen Stickereien. Eine Art des Webstiches wurde bereits im Abschnitt über Durchstopfmöglichkeiten beschrieben. Bei der üblichen Art des Webstiches werden keine Gewebefäden ausgezogen, sondern der Stickfaden wird, den Gewebefäden folgend, entsprechend dem Muster mit flottierenden Vorstichen eingebracht. Das Muster ist beidseitig, jedoch auf der einen Seite positiv, auf der anderen negativ, zu sehen.

Die *marokkanische Stickerei*, die auch als *Rhodusstickerei* bezeichnet wird, ist ebenfalls eine Webstichtechnik. Hierbei werden die Stickfäden in gleichgroßen Vorstichen, meist über fünf Gewebefäden flottierend, eingebracht und versetzt angeordnet. Mit dieser Sticktechnik können breite Kanten mit verhältnismäßig wenig Zeitaufwand flächig gefüllt werden.

Der *gleichseitige Sternstich* wird in zwei Arbeitsgängen ausgeführt. Von der Mitte des quadratischen Sterns ausgehend, wird erst waagerecht nach links der Stich ausgeführt, dann in die linke Diagonale, nach oben und weiter in die rechte Diagonale, es folgt noch der Stich waagerecht nach rechts und der in die untere rechte Diagonale, von wo aus zur Mitte des rechts daneben liegenden Sterns gestochen wird. So wird also die erste Reihe von links nach rechts und die zweite, den Stern schließend, von rechts nach links gearbeitet. Für diesen beidseitig gleichen Stich eignen sich als Stickboden vor allem grobes Leinen, Stramin, Aida- und Natté-Stoffe.

Der *einseitige Sternstich* wird auch als *Rosettenstich* oder *Rosettenkreuzstich* bezeichnet. Er besteht aus vier sich kreuzenden Stichen. Nach dem ersten Kreuz, das ganz dem Kreuzstich gleicht, d. h., von links unten nach rechts oben und von rechts unten nach links oben gestickt wird, folgt von der unteren Mitte nach der oberen und von der linken Mitte zur rechten die zweite Fadenüberkreuzung. Mit einem halben Stich nach unten beginnt nach rechts das erste Fadenkreuz des zweiten Sterns. Diese quadratisch angelegten Sterne eignen sich ausgezeichnet zu Begrenzungen, aber auch zu dicht gestickten Borten. Die beiden Arten der Sternstiche zählen zu der strukturgebundenen Stickerei.

Der *Stielstich* läßt eine stets gleichbleibende, schmale Linie entstehen, die einer feinen Kordel gleicht. Die Stichlinie beim Stielstich kann gerade und auch schräg ausgeführt werden. Als freie, selbständige Linie und auch als Einfassung um applizierte Stoffteile gehört er zur freien Stickerei, er kann aber auch strukturgebunden angewendet werden.

Der *Kettenstich* besteht aus ineinandergreifenden Schlaufen, die dadurch eine Kette bilden. Er kann frei und auch gebunden gearbeitet werden. Er ist für die Konturenzeichnung auch bei der Applikation besonders geeignet. Man stickt ihn von oben nach unten.

Der *Fischgrätenstich* ist eine Art Schlingstich, der in gleichmäßigen Abständen und im symmetrischen Wechsel jeweils schräg zur Mitte zurückgreift. Er wird ebenfalls von oben nach unten gestickt.

Der *Languettenstich* wird von links nach rechts gearbeitet und als *Festonstich* und zweckgebundener Zierstich bei der Applikation viel verwendet. Seine Stiche liegen nicht plattstichähnlich eng, sondern in kleinen Abständen. Wird er aber eng gearbeitet, kann er zur Randbefestigung, aber auch als Schlingfüllstich zum

Sticken von Blüten und dergleichen genommen werden. Er zählt zur gebundenen wie auch zu der freien Stickerei.

Der *Knopflochstich* ist verwandt mit dem Languettenstich. Er wird stets von unten nach oben gearbeitet, wobei der Faden um die eingestochene Nadel einmal von unten nach oben um diese herumgeschlagen wird, so daß noch eine zusätzliche Fadenumschlingung zur besseren Haltbarkeit entsteht.

Der *Knötchenstich* ist aus der chinesischen Stickerei übernommen worden. Der Faden wird zwei- oder dreimal um die Nadel gewickelt.

Der *Kreuzstich* besteht aus nur einer Fadenkreuzung, beispielsweise im Gegensatz zum einseitigen Sternstich und auch im Gegensatz zum Kreuznahtstich. Die Kreuzstichstickerei ist Buntstickerei und hat flächenfüllenden Charakter. Der Kreuzstich füllt ein kleines Quadrat, und seine gekreuzten Fäden verlaufen diagonal zur Richtung der Gewebefäden. Die Kreuzstichstickerei ist eine strukturgebundene Leinenstickerei. Man kennt sie auf feinen Leinengeweben in zierlicher Ausführung, der besseren Zählbarkeit wegen wird aber meist Aida- bzw. Natté-Stoff oder Stramin verwendet. Die Stickfäden können aus Woll-, Baumwoll- oder Seidengarn bestehen, der wenig gedrehte Sticktwist ist ebenfalls gut geeignet. Die Kreuzstichstickerei ist eng mit der traditionellen Volkskunst vieler Länder verbunden, und demzufolge haben sich verschiedene Arten entwickelt. Es gibt den einseitigen Kreuzstich, der nur auf der Vorderseite des Stoffes Kreuze bildet, und den gleichseitigen Kreuzstich, der auf beiden Seiten des Stoffes Kreuze zeigt. Dann gibt es noch den halben Kreuzstich, eine Art, bei der man nur den Deckstich stickt, und u. a. auch den Gitterkreuzstich, der mit einem Holbeinstich eingerahmt wird. Der weitaus bekannteste ist der einseitige Kreuzstich, bei dem waagerechte und senkrechte Reihen je nach Musterform in einer Farbgruppe in zwei Arbeitsgängen gestickt werden, nur bei schrägen Reihen wird das Kreuz in einem Arbeitsgang vollendet. Der Deckstich sollte stets in einer Richtung verlaufen. Es gibt auch richtungswechselnde Kreuzstichstickereien, doch sie müssen von der Gestaltung her begründet sein.

Einfache Kreuzstichborten kann man gleich in das Gewebe zählen, indem man vorwärtsge-

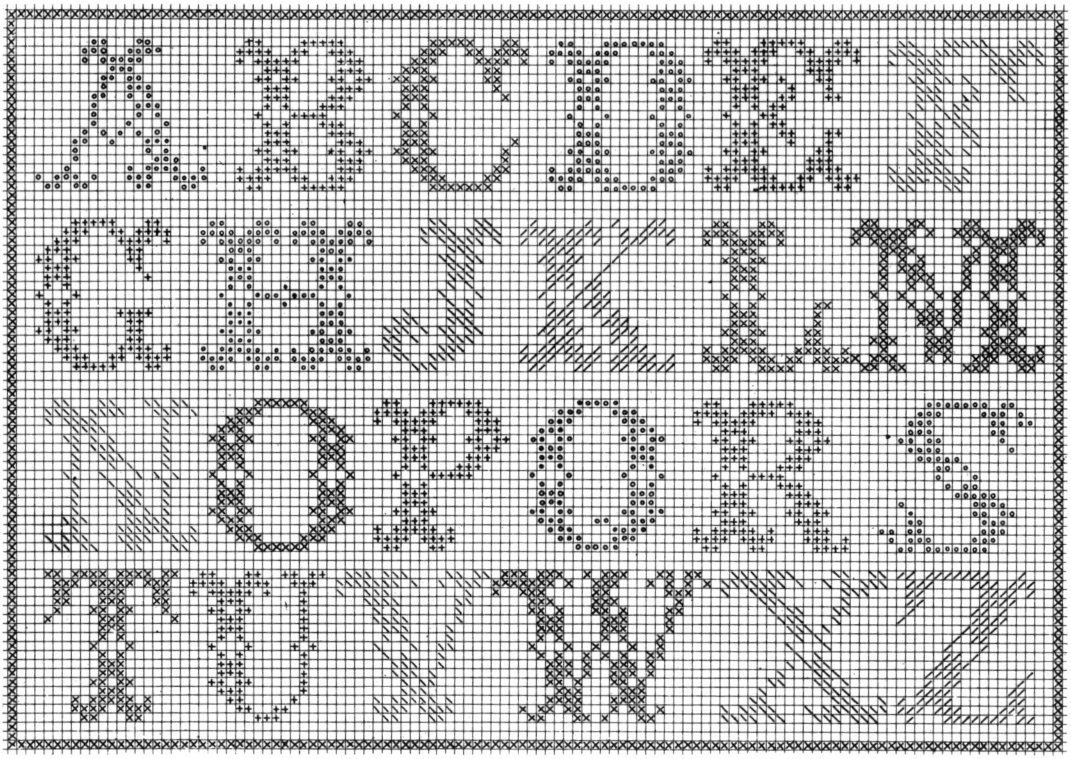

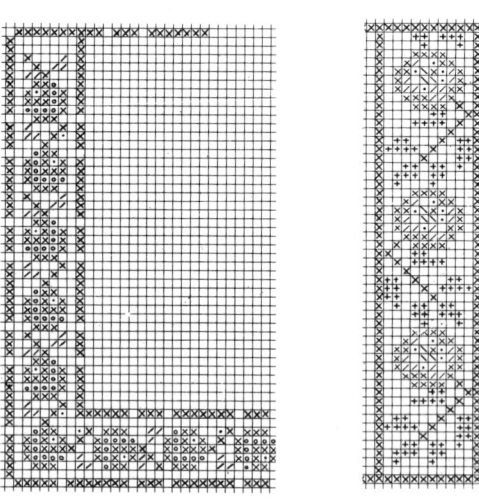

Bild 2 / 71. Kreuzstichmuster
a) Alphabet für eine Platzdecke, etwa 19 cm × 24 cm
groß – Entwurf: *Waltraud Ragnow*, Gumtow

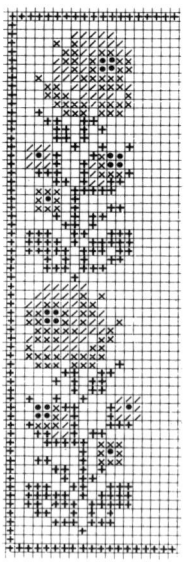

b) Rosenkanten – Entwürfe: *Ingeborg Bohne-Fiegert*

hend nur einen halben Kreuzstich stickt, bei der Rücktour den Stich vollendet und während des Stickvorganges das Muster entwirft. Gerade dieser schöpferisch bleibende Arbeitsprozeß bereitet viel Freude. Es genügt eine Vorstellung von der Kante, die teilweise noch unfertig sein kann, um Abwandlungen noch während des Stickens zuzulassen. Will man sicher gehen, so ist es, wenn es sich um größere Arbeiten handelt, ratsam, zunächst das Kreuzstichmuster auf Quadratnetzpapier zu entwerfen (Bild 2/71). Hat man solches nicht zur Hand, genügt auch ein einfaches kariertes Papier.

Da der Kreuzstich die quadratische Fläche, die er deckt, völlig ausfüllt, sollten beim Entwerfen die kleinen Quadrate zwischen den Karos auch völlig mit Buntstift oder Faserschreibern ausgefüllt werden. Es ist ratsam, gleich beim Entwurf den dekorativen Charakter des Stiches zu treffen, außerdem ist es leichter, die Kästchen abzuzählen.

Ein Tischläufer oder ein Set, bestickt mit einer Kreuzstichborte, fügt sich durchaus in die moderne Raumgestaltung ein (Bild 2/72).

Der *Kreuznahtstich*, wie er in der Fachsprache heißt, ist mehr bekannt unter dem Namen *Hexenstich*. Er gehört zur strukturgebundenen wie auch zur freien Stickerei und, enger plaziert, zu den Flecht- und Zopfstichen. Er kann als Zierstich, Füllstich und auch als Schattenstich Verwendung finden, in der Fläche ineinandergreifend, wird er zur dekorativen Geflechtstickerei. Auch dieser Stich ist mit dem Volkskunstschaffen vieler Länder verbunden, wodurch sich unterschiedliche Arten entwickelten. Der Kreuznahtstich wird von links nach rechts gestickt.

Bekannteste Anwendungsform ist die Stichart mit der Fadenkreuzung auf der Vorderseite des Stoffes, wobei die Ein- und Ausstichpunkte zusammenfallen, so daß rückwärts je eine geschlossene Linie kleiner Steppstiche zu sehen ist. Diese werden entgegengesetzt zur Stickrichtung ausgeführt, wodurch die in zwei Richtungen verlaufenden schrägen Stiche auf der Stoffoberseite entstehen, die sich flechtend kreuzen. Dieser Stich eignet sich gut zum Befestigen großflächiger Applikationen. Auch beim Nähen wird er gelegentlich zur Saumbefestigung genutzt.

Der *Plattstich* wird hauptsächlich in der freien Stickerei angewendet. Er ist, eingeord-

Bild 2/72. Set, für eine Moccatasse gedacht, mit bulgarischen Blütenmotiven in Kreuzstichtechnik gestickt – *Waltraud Ragnow*, Gumtow

Bild 2/73. Zwei Sets mit bulgarischem Motivgut in Kreuz- und Holbeinstich – *Waltraud Ragnow*, Gumtow

Bild 2/74. Hexenstiche frei angeordnet – *Christine Schlanert*, Brandenburg

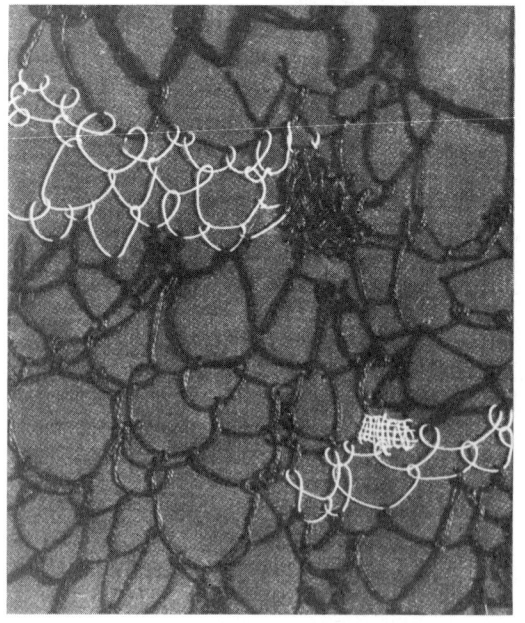

net in die Gewebestruktur, durch seine parallel dicht angeordneten Fadenstrecken, die der Musterung Strenge verleihen, besonders schön. Der Arbeitsfaden liegt platt auf dem Stickboden auf. Der Plattstich gehört zur weißen Leinenstickerei wie auch zur Buntstickerei. Es gibt auch hier verschiedene Arten, wovon wir heute die flachen den mit anderen Stichen unterlegten hohen Plattstichen vorziehen, da die hohen eine Plastizität hervorrufen. Der strukturgebundene Plattstich wird auch oft mit *Flachstich* bezeichnet. Interessante Ergebnisse mit vielerlei Zierstichen zeigen die Bilder 2/73 bis 2/87 in gebundener und freier Anordnung.

Bild 2/75. Der Langettenstich in freier Anordnung, meist als Luftstickerei ausgeführt, zuweilen mit kleinen Flechtverbindungen – *Helga Pritz*, Potsdam

Bild 2/76. Den Eindruck einer Landschaft erreicht durch unter schiedliche Schling- stiche – *Margot Bolduan,* Zossen

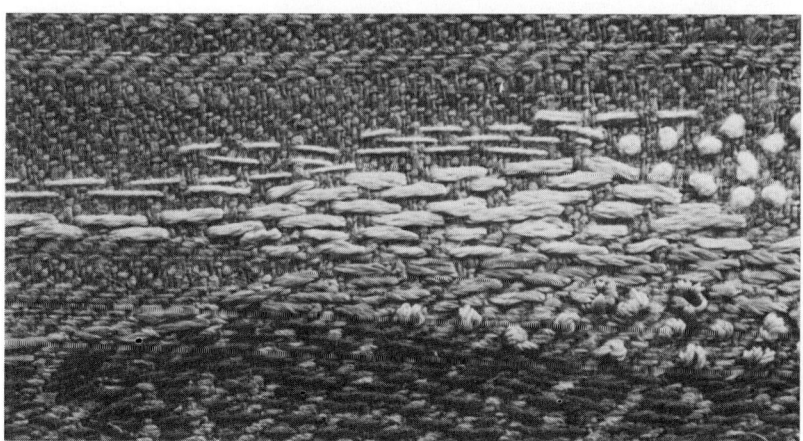

Bild 2/77. Den Eindruck einer Landschaft erreicht mittels Vorderstichen und Knötchenstichen auf einem alten, handgewebten Handtuchstoff – *Ingeborg Bohne-Fiegert*

Bild 2/78. »Apfel«, lasierende Stickerei und Plattstichstickerei – *Brigitte Unverdruß*, Kyritz

Bild 2/79. »Lindenblatt«, grafische Stickerei, vornehmlich Spannstich – *Ludwig Stanius*, Wittstock

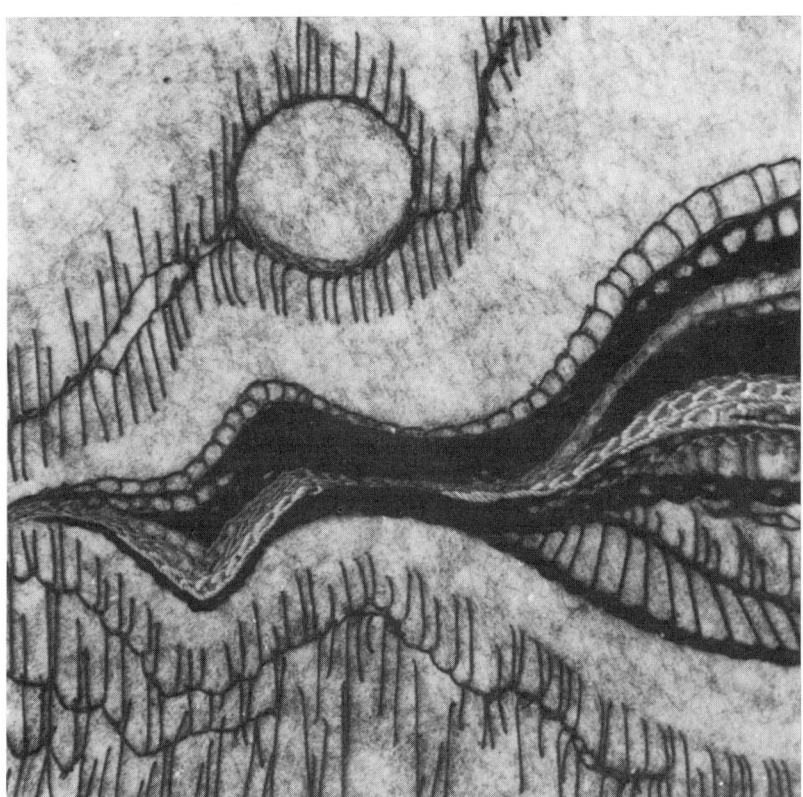

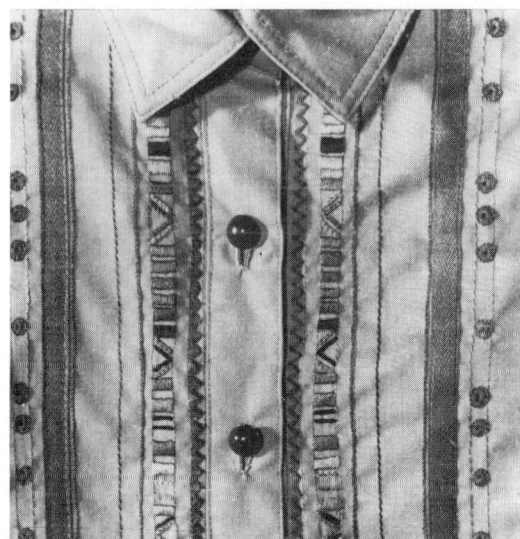

Bild 2/81. Handstickerei zwischen Nähmaschinen-
nähten an einer Bluse – *Ingeborg Bohne-Fiegert*

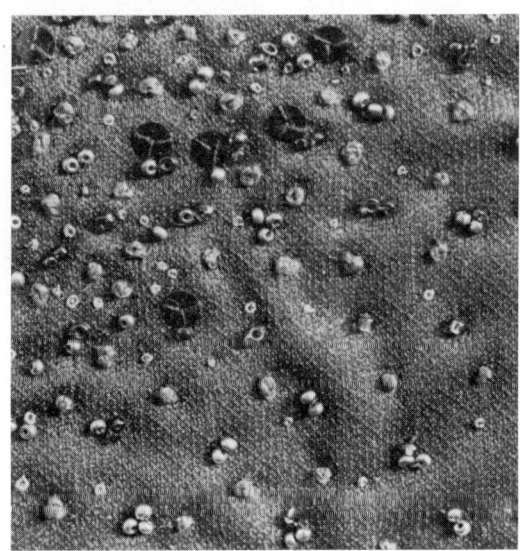

Bild 2/82. Perlen, Pailletten und Knötchenstiche,
eine homogene Fläche füllend – *Ingeborg Bohne-
Fiegert*

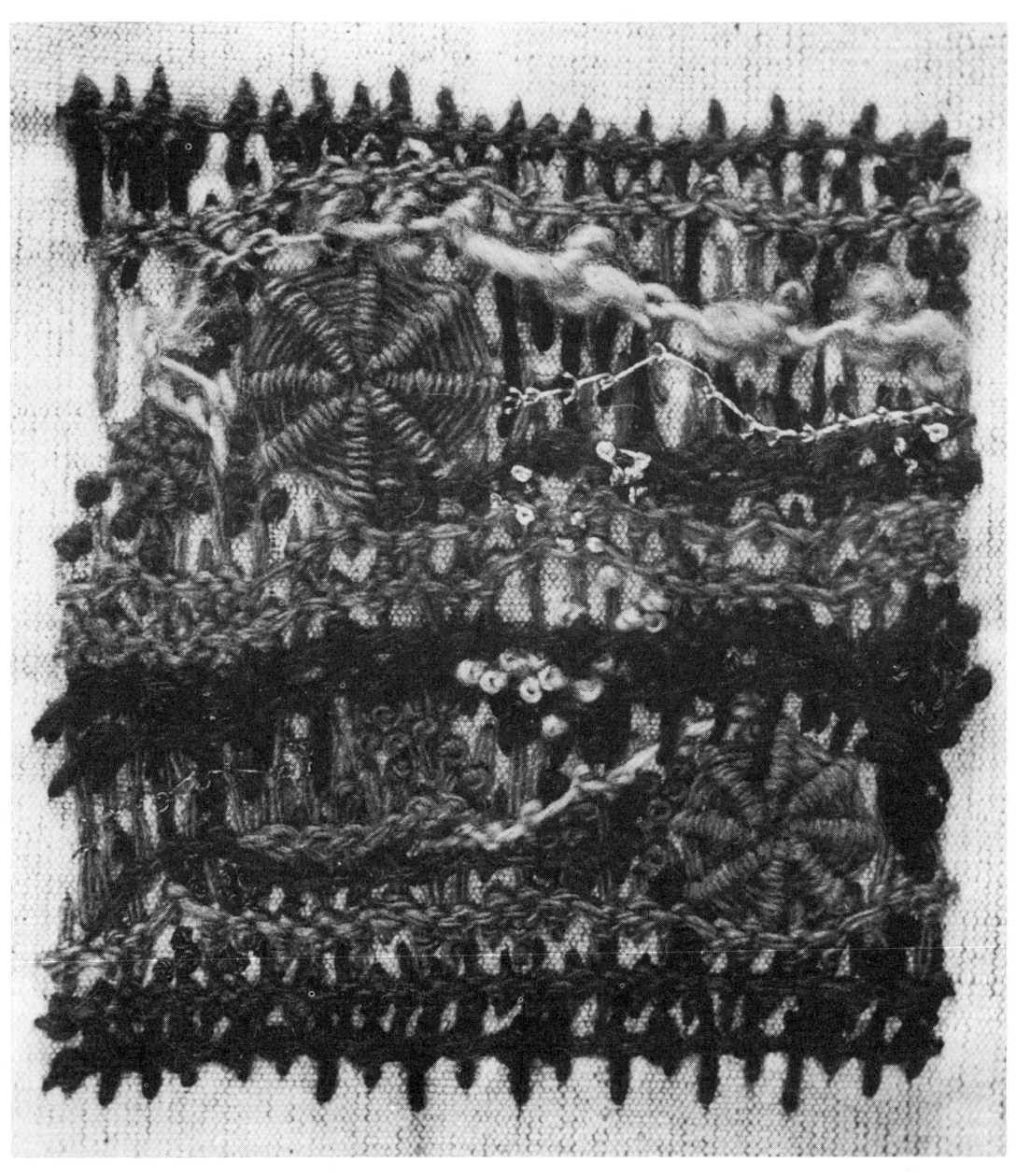

Bild 2/83. »Blühender Garten«, freie Stickerei, vornehmlich mit Wolle auf Leinen – *Ingrid Reinhold*, Potsdam (Spezialschulergebnis)

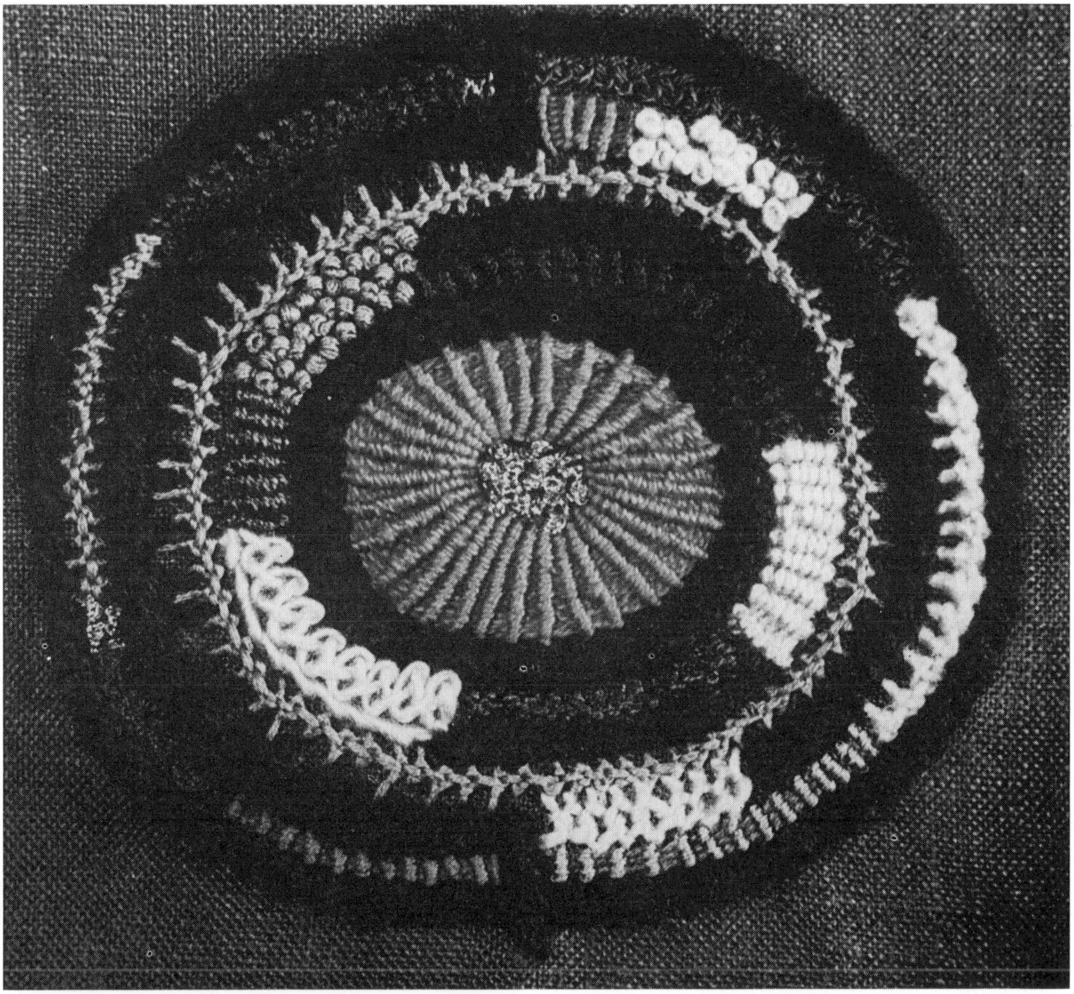

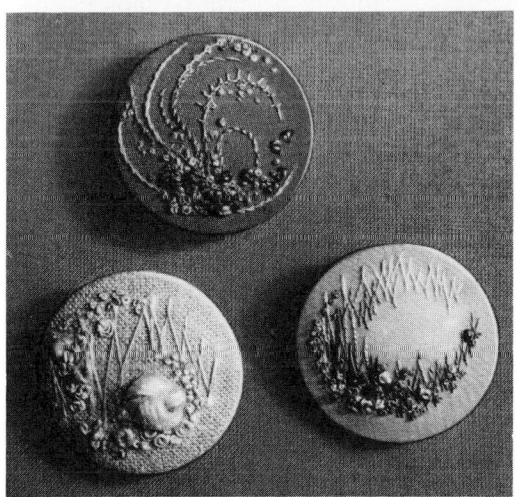

Bild 2 / 84. »Spirale«, freie Stickerei – *Ingrid Reinhold*, Potsdam (Spezialschulergebnis)

Bild 2 / 85. Drei Schmuck-Anstecker, vornehmlich in Knötchen- und Hexenstichstickerei gearbeitet – *Ingeborg Matschke*, Königswusterhausen

Bild 2 / 86. Glückwunsch-Karte bestickt – *Ilse Gommert*, Belzig

2.4.4. Hohlsaum- und Durchbrucharbeiten

Museale Funde weisen darauf hin, daß Hohlsaumarbeiten bereits im Altertum bekannt waren. Bei den Durchbrucharbeiten werden zwei Techniken kombiniert: die Fadenauszugsarbeit und die Stickerei. Aus dem *Säumen* eines Webstückes entwickelte sich der Ziersaum und somit auch der Hohlsaum, indem einige Fäden entlang dem Saum aus dem Gewebe ausgezogen wurden und die stehengebliebenen Fäden nun gefestigt werden mußten.

Man unterscheidet den einfachen Durchbruch, wozu die Arbeiten gehören, bei denen Fäden nur in einer Richtung ausgezogen werden, und den Doppeldurchbruch, das sind die Arbeiten, bei denen Kett- und auch Schußfäden entsprechend der Musterung entfernt werden (Bild 2 / 88). Zum einfachen Durchbruch zählen alle durch Nadelarbeit unterschiedlich gestalteten Hohlnähte, auch solche, die mit reicher Stickerei (Flecht-, Wickel- und Stopfarbeit) versehen sind und entsprechend ihrer Herkunft eine besondere Bezeichnung haben, wie beispielsweise *Myreschka*, die russische Durchbruchstickerei. Zum Doppeldurchbruch zählt u. a. die *Hardangerarbeit*.

Zu Durchbrucharbeiten lassen sich alle leinenbindigen Stoffarten verwenden, deren Fäden gut ausziehbar sind und deren Kett- und Schußfäden die gleiche Dicke wie auch den gleichen Abstand voneinander aufweisen.

Entsprechend dem gewünschten Ergebnis können Hohlnähte über die gesamte Breite des Gewebestückes gehen oder in einer begrenzten Länge gearbeitet werden. Bei einer Längenbegrenzung schneiden wir die herauszuziehenden Fäden etwa 2 cm vor der Begrenzungsstelle durch und ziehen sie aus dem Gewebe heraus. Die kurzen Fadenenden sind an der Begrenzungsstelle parallel zu den freigelegten Fäden mit dichten Stichen zu festigen, bevor mit dem Abnähen des Randes begonnen wird. Der Hohlnahtstich umgreift beispielsweise sechs der frei- oder *klargelegten* Fäden. Von links nach rechts arbeitend, befestigt man sie mit einem senkrechten Stich in die untere Gewebekante, wobei auch gleichzeitig ein umgeschlagener Saum mit festgehalten werden kann. Durch diesen kleinen senkrechten Stich, der, durch die Hohlnaht greifend, von rückwärts nach vorn gestochen wird, werden die 6 umfaßten freistehenden Gewebefäden zusam-

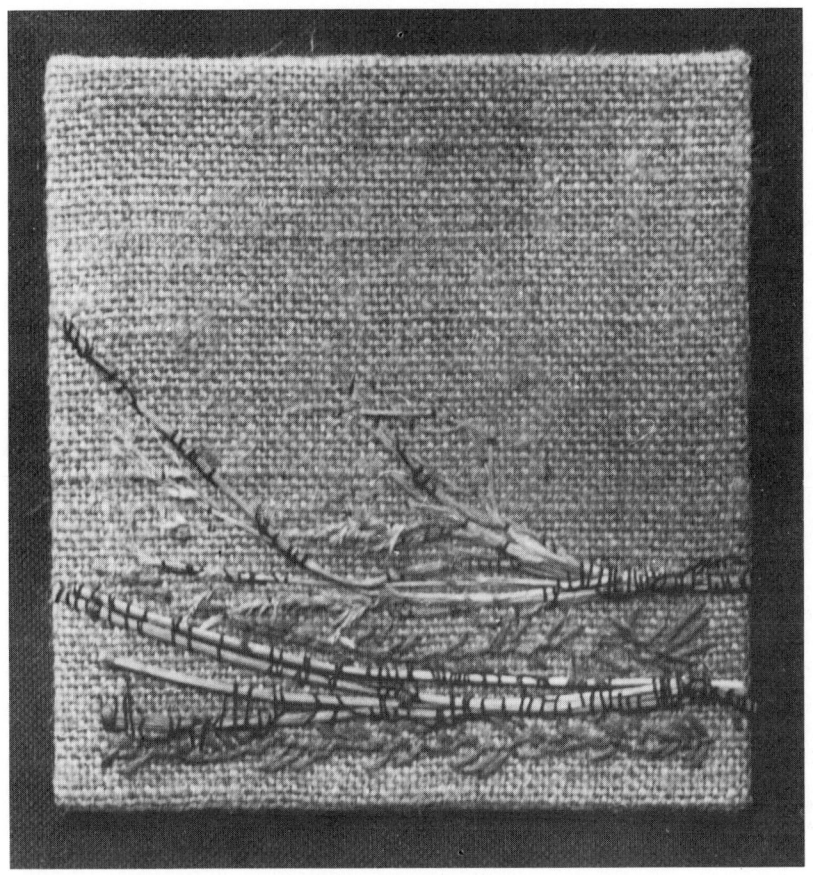

Bild 2/87. Stickerei mit einbezogenen trockenen Gräsern (Experiment) – *Ingeborg Bohne-Fiegert*

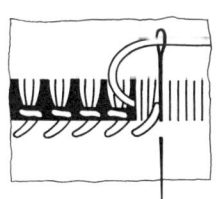

Hohlsaum

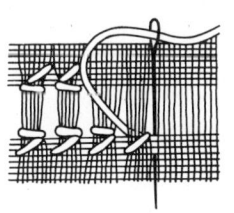

Stäbchenhohlnaht

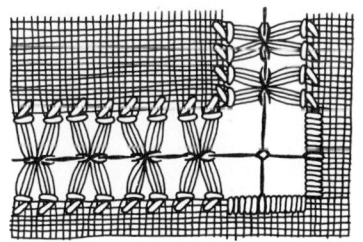

gebündelter Doppeldurchbruch

Bild 2/88. Hohlsaum, Stäbchenhohlnaht und gebündelter Doppeldurchbruch

mengefaßt und somit gebündelt. Bei schmalen Hohlnähten sind entsprechend weniger Fäden zusammenzufassen, damit sich der Hohlsaum nicht zusammenzieht.

Dieser einfache, allgemein bekannte Hohlnahtstich wird meist mit Nähfaden in der gleichen Farbe wie das Gewebe ausgeführt. Die einfache Hohlnaht läßt sich mustermäßig variieren: Bündelt man die gleichen Fäden auch auf der gegenüberliegenden Seite der Hohlnaht, entsteht die Stäbchenhohlnaht. Bündelt man halb versetzt, indem man jedes Fadenbüschel zur Hälfte teilt, entsteht die Zickzackhohlnaht. Bei einer breiten Stäbchenhohlnaht können die Büschel durch einen groben Mittelfaden noch verschränkt werden. Außer dem Hohlnahtstich eignen sich noch vielerlei andere Stiche zum Befestigen der Ränder, wozu auch andersfarbige Stickgarne genutzt werden können. Hierfür ist der Kästchenstich, der Langettenstich, der Flachstich usw. vorzuschlagen. Zwei dicht nebeneinander liegende schmale Hohlnähte können z. B. gleich durch den Hexenstich gebündelt werden. Die freigelegten Fäden können durch Einflechten und Einstopfen gitterartigen Charakter erhalten.

Eine besonders volkstümliche Art ist die russische Durchbrucharbeit *Myreschka* (Bild 2/89).

Sie wird hauptsächlich zum Verzieren von Leinengeweben angewendet. Man arbeitet sie in Reihen von rechts nach links und setzt diese untereinander. Zuerst wird am oberen Ende eine Einteilungsreihe ausgeführt, für die man drei Längsfäden auszieht. Dann sticht man abwechselnd nach oben zwei Fäden tief in das Gewebe, vorn senkrecht und hinten schräg. Mit dem zweiten Stich umfaßt man, rückwärts in das vorherige Ausstichloch zurückkehrend, über sechs der klargelegten Fäden nach rechts zurück und dann wieder nach links. Ist die erste Reihe fertig, so kommt die zweite Reihe, die wie alle folgenden eine normale Musterreihe darstellt. (Erst am unteren Abschluß wird nochmals eine Musterreihe gemacht.) Dabei überspringt man vier Längsfäden, die als Stoffsteg stehenbleiben müssen, und zieht darunter fünf Webfäden aus. Dann überstickt man den Stoffsteg mit einigen senkrechten Stichen, die genau unter denen der Einteilungsreihe stehen müssen. Die Anzahl dieser Stiche richtet sich nach der Breite der beabsichtigten Musterformen. Danach werden lange Stiche waagerecht über die klargelegten Fäden gespannt. Ihre Länge bestimmt die Größe der Musterformen. Drei solcher Spannstiche genügen zum Füllen der einzelnen Formen. In der Mitte jedes Spannstiches wird beim rückseitigen Übergang

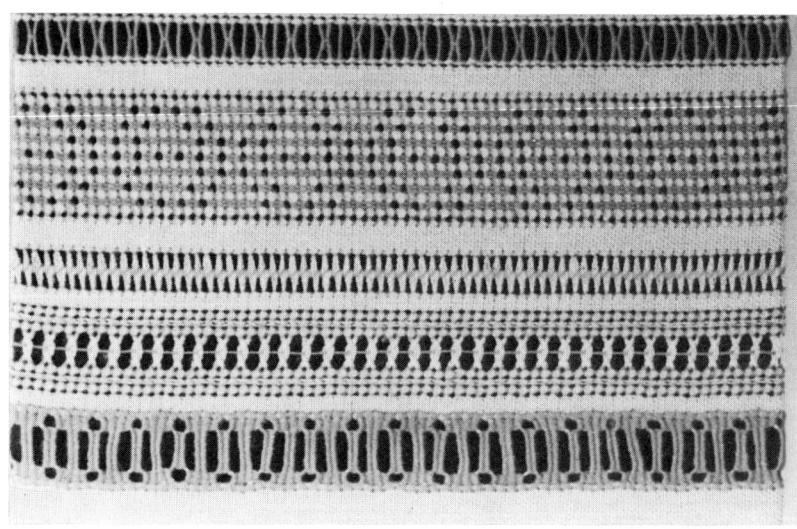

Bild 2/89. Myreschka, die russische Durchbrucharbeit, 2. Streifen von oben

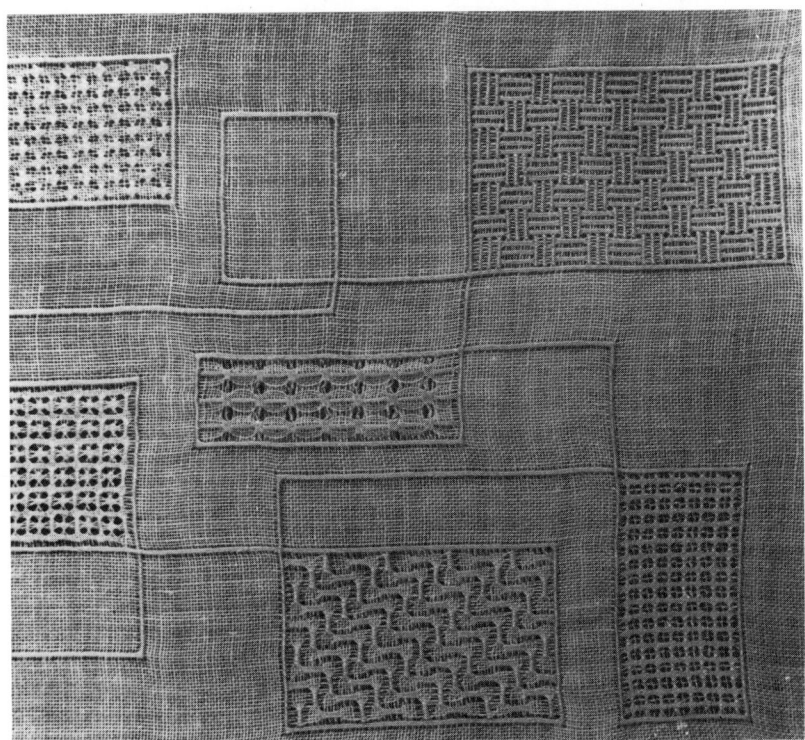

Bild 2/90. Die endlose Linie mit Flächen in Ajour-Stickerei auf feinem Leinen (Detail) – *Renate Schielke, Michendorf* (Spezialschulergebnis)

der Faden von unten nach oben gebracht, wo er mit einem Überfangstich die obere Fadenstrecke kreuzt und ihn an die querstehenden Webfäden bindet. Vom linken Ende der Musterform aus geht man wieder mit einem Stich senkrecht über den Stoffsteg zur oberen Reihe und beginnt von dort aus die nächste Musterform. Zwischen den einzelnen Musterformen entsteht ein größeres Loch. Sind die Musterformen länger als zwei Fadengruppen der Einteilungsreihe, z. B. drei oder vier, so benötigen die waagerechten Spannstiche zwei bzw. drei Überfangstiche, denn das Musterbild muß regelmäßig werden. Indem man nun mehrere derartige Musterreihen untereinander setzt und dabei die Länge der Musterformen variiert (entsprechend der Zeichnung), erzielt man breitere Durchbruchstreifen mit geometrischer Musterung.

Zwischen den einzelnen Reihen bleiben stets gleich breite Stoffstege stehen.

2.4.5. Die Perser Ajourarbeit

Sie ist eine aus dem Orient stammende Technik und wird vornehmlich zur Flächenfüllung genutzt. Dazu benötigt man einen lose gewebten Grundstoff, wie Mull oder feines Leinen. Mit gleicher Farbe und Fadenstärke des Grundmaterials werden die Flächen bestickt, wobei das Grundmaterial zusammengezogen wird. So entsteht eine leicht transparente Musterbildung. Im Gegensatz zum Hohlsaum werden bei der Ajourarbeit keine Fäden ausgezogen. Diese Technik ist auch unter dem Namen Schweizer Zugstickerei bekannt.

Bild 2/90 zeigt ein feines Beispiel, Bild 2/91 eine experimentelle Arbeit.

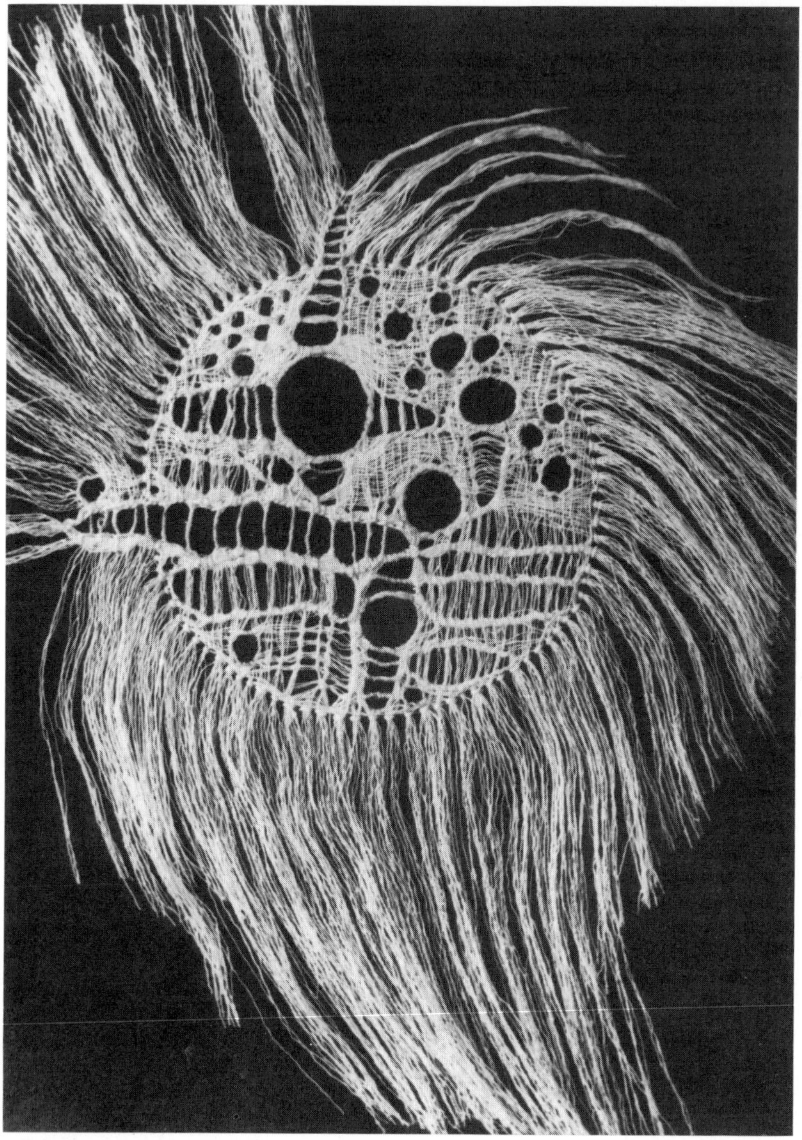

Bild 2 / 91. »Wind«, experimentelle Ajourarbeit – *Ingeborg Bohne-Fiegert*

2.4.6. Marquisette und Tüllstickerei

Das gitterartige Drehergewebe aus Dederon, *Marquisette*, ist mit seiner genau quadratischen Einteilung ein ausgezeichnetes Material für zarte Durchzugarbeiten.

Der Entwurf für eine solche Arbeit sollte aus waagerechten und senkrechten Linien bestehen, die weitestgehend ohne abzusetzen gezogen werden (Bild 2 / 92). Darüber hinaus ist es auch möglich, eine Musterung aus Diagonalen zu gestalten. Nach einer befriedigenden Stickprobe kann mit weißem Perlgarn das Muster in das Gewebe eingestopft werden. Ist die

Mittelflächenfüllung oder Randgestaltung abgeschlossen, wird der Rand in der zur Gesamtkomposition passenden Breite nach oben umgeschlagen und mit dem gleichen Stich durchstopfend befestigt.

Tülldurchzug unterscheidet sich von dem in Marquisette gearbeiteten nur durch die dem Tüll eigene Materialstruktur. Während Marquisette eine genaue Quadratnetzaufteilung seines Gewebes zeigt, weist Tüll in seiner Struktur sechseckige Wabenformen auf. Folgen wir mit unserer Durchzugarbeit dem Lauf der Lochreihen, so führen wir den organischen Tülldurchzug aus, der sich auf senkrechte und diagonale Linien aufbaut. Deshalb ist die ununterbrochene Linie des schmückenden Fadens, gleich, ob er eine ornamentale Reihung geometrischer oder vegetativer Elemente oder eine figürliche Komposition zeigt, von ausgesprochen grafischer Wirkung. Man kann dabei im abwechselnden Auf und Nieder, dem Tüllgewebe entsprechend, den Faden einziehen (Bild 2/93). Es ist aber auch möglich, verschiedene Sticharten dabei anzuwenden, wobei zuweilen einige Tüllöcher übersprungen werden müssen, so daß der Faden ab und zu auf dem Gewebe liegt oder durchscheint.

Allgemein sind nur weiße Tüllstickereien

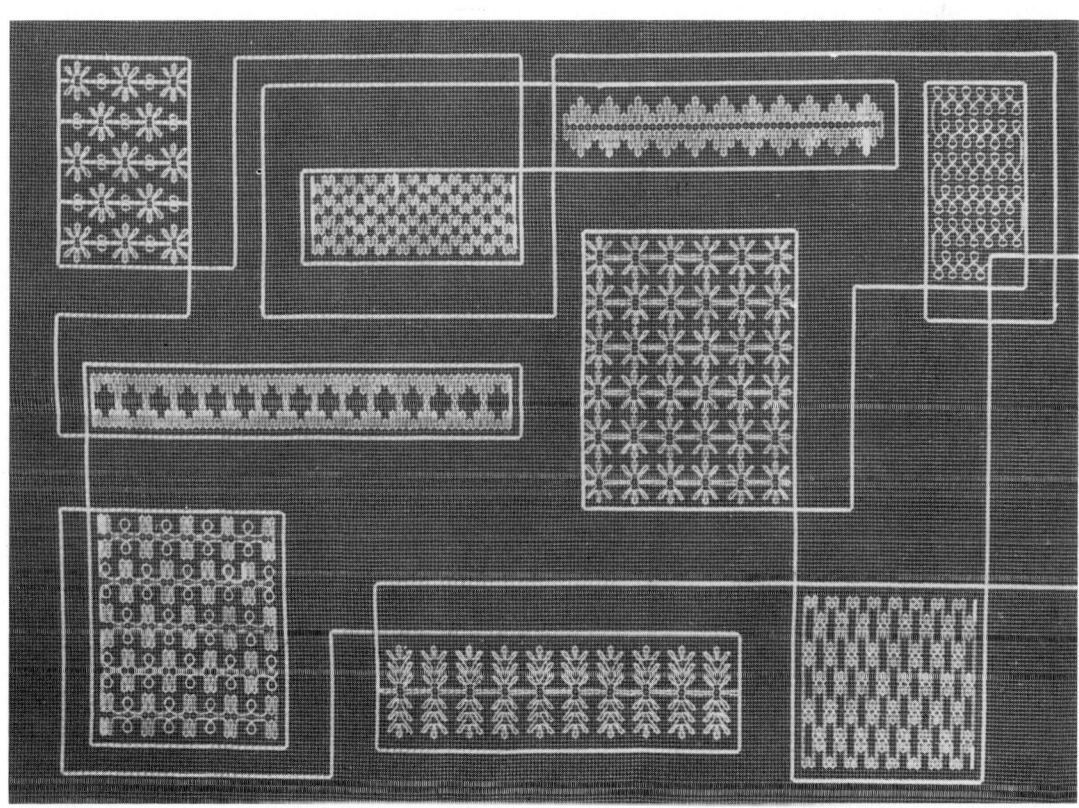

Bild 2/92. Die ununterbrochene Linie mit Flächen in Durchstopfarbeit in Dederon-Marquisette – *Heide Geißler*, Gransee (Spezialschulergebnis)

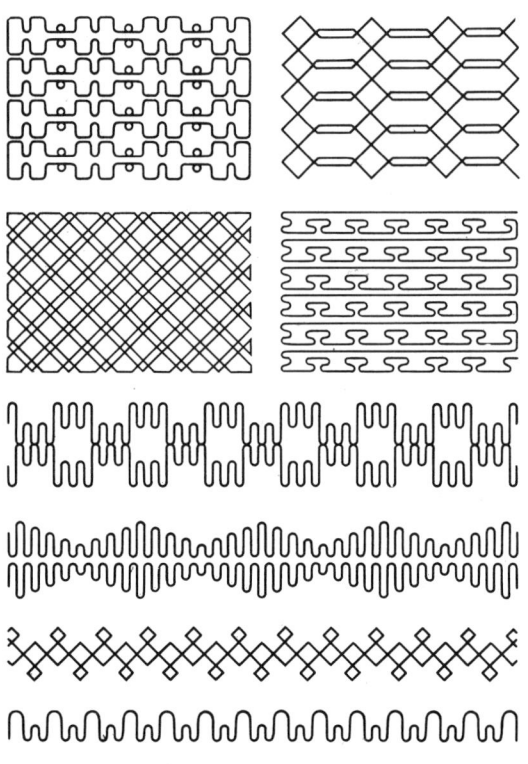

Bild 2/93. Die ununterbrochene Linie als Reihen- oder Flächenornament gezeichnet dient als Entwurf für die Tüllstickerei

nien aufweisen. Es ist zu empfehlen, die Zeichnung mit weißer Tinte oder einem weißen Stift auf dunklem Papier auszuführen, und zwar gleich in Originalgröße. Einmal gewinnt man gleich den Eindruck, den die Tüllstickerei wiedergeben soll, zum anderen hat man die Möglichkeit, den hellen Tüll auf dieses dunkle Papier aufzuheften, um so, dem Tüllgewebe entsprechend, den aufgezeichneten Formen nachgehen zu können und sie mit der Eigenart dieses Gewebes neu zu gestalten. Bild 2/94 zeigt einen reizvollen Tischläufer aus Tüll.

2.4.7. Anwendung der Sticktechnik für eine figürliche Szenerie

In der ČSSR wurden in der Vergangenheit Blenden an Trachtenhauben mit kleinen figürlichen Szenen versehen. Heute benutzt man diese erzählende Art des Stickens unter dem Aspekt der Bildgestaltung, wodurch sie mit ihrer durch die Sticktechnik bedingten, ornamentalen Darstellung, ihrer Farbigkeit und ihrem zuweilen innewohnenden Humor erst richtig zur Geltung kommt. Angeregt von solchen Arbeiten, die manchmal im Haus der Tschechoslowakischen Kultur in Berlin zu sehen sind, versuchten auch wir vor Jahren schon, diese figurative Art der Stickerei für uns nahestehende Themen zu verwenden. Diese Stickereien, die meist eine Originalgröße von 7 cm × 27 cm haben, sind Arbeiten, die von Anfang bis Ende schöpferisches Gestalten verlangen. Es gilt zunächst, in einer Reihenanordnung die Darstellung eines Sujets auf Papier aufzuzeichnen. Dann werden die einzelnen Figuren auf Transparentpapier übertragen und dabei nochmals überarbeitet. Schwieriger ist es, die Werkzeichnung nun auf den Untergrundstoff aufzubringen, denn Rolltuchleinen, das man gern dazu verwendet, läßt die durchgepausten Graphit- oder Kohlepapierlinien kaum erkennen.

Stickt man auf naturfarbene Honanseide, hat man es diesbezüglich leichter. Auf dunklem Stoff kann man mit weißem Pauspapier die Zeichnung übertragen, oder man zeichnet mit Kreidestift nach der Werkzeichnung neu auf.

Eine Handvoll farbiger Stickgarnreste, die sich auch aus verschiedenen Sorten zusammensetzen können, nämlich Perlgarn und Sticktwist, Stickseide und Stopftwist, Metallfäden

bekannt, nämlich weißer Tüll mit weißem Twist gestickt. Genauso schön können aber auch solche in farbigem Tüll aussehen, mit Twist in dem gleichen Farbton verarbeitet. Wäre nicht beispielsweise ein kurzer Brautschleier reizvoll, der aus weißem, rosa oder gelbem Tüll gearbeitet und mit Rosen oder anderen kleine Blüten am Rand entlang zartfarbig bestickt ist, wobei kleine Perlen in die Stickerei mit einbezogen werden können?

Am besten ist es auch hierbei, auf einer Probe die Möglichkeiten zu prüfen, die der Tüll zum Sticken bietet.

Der Entwurf für eine freie Tüllstickerei sollte auch weitestgehend ununterbrochene Li-

Bild 2/94. Tischläufer, Einstopfarbeit in Tüll (Detail) – *Ilse Parey*, Brandenburg

und Knopflochseide, sind die rechte Anregung für die Ausführung des gestickten Bildchens.

Während des Arbeitsprozesses merken wir auch sehr bald, welche Stichart, die das Darzustellende typisch veranschaulicht, sich für diese oder jene Form am besten eignet. Blätter an Bäumen können z. B. ganz einfach mit einem Kettenstich gestickt werden, und einen Korb können wir stopfend darstellen. Es bereitet sehr viel Freude, ein solches Sujet zu stikken! Ist es fertiggestellt, wird es über eine entsprechend große Pappe gespannt, und in einer Buchbinderei läßt man es sich mit Passepartout, aber ohne Glas, ganz schlicht einrahmen.

Bild 2/95 zeigt ein Beispiel solcher figürlichen Stickerei.

2.5. Aufnähtechniken

Die *Applikation* ist eine Aufnäharbeit. Das Wort wird abgeleitet von dem lat. *applicare*, welches anfügen bedeutet. Damit ist das Aufbringen eines zusätzlichen Materials auf ein Grundmaterial gemeint, in der Textilkunst vornehmlich das Aufnähen ausgeschnittener Stoffteile auf ein Grundgewebe, wozu auch zweckgemäße und formunterstützende Stickstiche verwendet werden. Applikationsarbeiten bestehen seltener aus einfachen, meist aus kostbaren Stoffen und Stoffteilen, und ihr Reiz liegt in den unterschiedlichen Materialstrukturen. Zuweilen werden sie noch mit sparsamer bis reicher Stickerei ergänzt. Dazu gehört auch das

Bild 2/95. »Potsdamer Fischmarkt um 1900«, kleine Bildstickerei, Höhe 7 cm – *Liselotte Hahn*, Cottbus

teils zur Stickerei, teils zur Applikation zählende Aufnähen von Schnürchen und Schnüren, von Kordeln, Bändern und Borten. Moderne gestalterische Varianten, die die Stoffmalerei oder auch in reichem Maße Nähmaschinenarbeit mit einsetzen, führen zu neuen Ausdrucksformen in der Applikation.

Man gebraucht diesen Ausdruck auch beim Textildruck und spricht vom Applizieren der Druckfarbe auf das Gewebe. In jedem Fall kommt ein stellenweises Mustern der Gewebegrundfläche zustande. Während diese Ausdrucksweise beim Textildruck nur in Fachkreisen angewendet wird, ist sie für die Aufnäharbeit geläufig.

2.5.1. Wissenswertes über die historische Entwicklung

Die Applikationsarbeit zählt zu den ältesten textilen Schmucktechniken. Ihre Entwicklung verläuft parallel zu der der Stickerei, wobei auch ein Ineinanderfließen beider Techniken sichtbar wird. Bereits im Altertum verzierten die Ägypter ihre Baldachine, Decken und Trageriemen mit Lederapplikationen. Auch bei den koptischen Stoffen sind vereinzelt aufgenähte Formen anzutreffen. Die Wandteppiche der Babylonier sollen ebenfalls mit aufgenähten Ornamenten geschmückt gewesen sein. Im Mittelalter bevorzugte man dann mehr die reinen Sticktechniken. In der Renaissance hat man sich jedoch wieder den Aufnäharbeiten zugewandt und nahm antike wie auch orientalische Muster zum Vorbild. Im 16. und 17. Jahr-

hundert sind festliche Aufnäharbeiten von besonders ansprechender Farbigkeit aus Spanien bekannt geworden. Es waren aus Seide, Brokat, Lamé, Spitze und Samt geschnittene Musterteile, mit Goldschnürchen eingefaßt, aufgenäht und mit Perlen bestickt. Das Aufnähen von Bändchen, Borten und Litzen wurde modern. Am spanischen wie auch an anderen europäischen Höfen trug man kostbare Gewänder, mit Applikationen verziert. Dann übernahm Frankreich die führende Rolle in den textilen Künsten, wobei es sich von antiken Formen abwandte und, der Zeit entsprechend, mehr naturalistische Darstellungen bevorzugte. Napoleon gründete die Schulen von Alleçon und Valenciennes, in denen die Kunst des Applizierens gelehrt wurde. Die *Applikationsspitze* kam auf, die meist auf Maschinentüll aufgenäht wurde, woraus sich später die feine Valenciennespitze entwickelte. Paris und Wien eroberten sich eine Sonderstellung auf dem Gebiet der modischen Anwendung von Stickereien und Applikationen. Mit der fortschreitenden Technisierung wurden dann die Aufnäharbeiten maschinell hergestellt. Der Jacquardwebstuhl und die Bobinetmaschine verdrängten mit ihren andersgearteten Ergebnissen die Aufnähtechnik fast vollständig.

Um so erfreulicher ist es, daß die etwas mühevolle, der Erzählform so naheliegende, sehr schöpferische Arbeit seit den 50er Jahren unseres Jahrhunderts eine beliebte Technik des bildnerischen Volksschaffens geworden ist. Die ersten Ergebnisse waren zaghaft und spärlich in der Komposition, es war mehr ein Herantasten an diese Technik. Nur wenige zeigten den Gegensatz von Fadenspiel und Stoffflächen und deren Strukturen. Jüngere Arbeiten beweisen Experimentierfreudigkeit. Die Ausdrucksmittel der Applikation sind vielfältig, die Ausführung ist mehr als bei jeder anderen textilen Technik für den kollektiven Schaffensprozeß geeignet, und ihre Ergebnisse können durch ihr Wirksamwerden in der Gesellschaft wertvoll sein.

Aber auch professionelle Textilkünstler wenden sich immer mehr dieser Technik zu. Dabei sind auch Exponate anzutreffen, bei denen die applizierten Stoffteile mit der Maschine aufgenäht wurden. Das bedeutet kein Abwenden von der Aufnäharbeit mit der Hand aus rationellen Gründen, sondern ein zeitgemäßes Einbeziehen unterschiedlicher Möglichkeiten des Aufnähens, die die Darstellung unterstützen und bereichern. Zudem zeigen sich die Applikationen heute in fast malerischer Art, das heißt, daß nicht unbedingt nur konkrete Formen aufgebracht werden.

Oft unterstützen fließende Übergänge, die auch durch weit flottierende Stiche erzielt werden, diese Stoffbildwerke, wie man sie vielleicht noch treffender bezeichnen könnte. Sie sind mit Collagen vergleichbar. Textile Experimente, meist in kleinem Format, wollen oft nicht mehr sein als eine festgehaltene spontane, schöpferische Idee.

2.5.2. Technische Möglichkeiten, beruhend auf Motivwahl und Einsatz unterschiedlichen Materials

Bei der Applikation ist das *Darstellungsmittel* das *Material*, das entsprechend der Form ausgeschnitten und aufgenäht wird. Von gleicher Bedeutung ist auch das Grundmaterial, auf das die ausgeschnittenen Formen aufgesetzt werden, und der Faden, der neben der zweckdienlichen Funktion des Befestigens meist noch lineardekorativ die Musterung unterstützt.

Bild 2/96. Gedecke mit Borten gestaltet – *Steffi Wendl* †, Michendorf

Deshalb ist es notwendig, die unterschiedlichen Möglichkeiten, die die Applikation bietet, erst einmal textiltechnisch zu erproben und kennenzulernen.

Das Gestalten mit Borten und Litzen

Diese technische Variante ist die einfachste Version. Nimmt man Handarbeitsleinen als Grundmaterial, lassen sich hübsche Raumtextilien herstellen, die sich hauptsächlich für das moderne Wohnen im Grünen eignen. Ob man einen Vorhang für den Bungalow arbeiten möchte oder einen Tischläufer, ob es einige Gedecke sind für die Nutzung im Garten oder den Frühstückstisch in der Küche, immer ist darauf zu achten, an welcher Stelle man auf dem bereits zurechtgeschnittenen Stück Leinen die Schmuckkanten anbringt. Die gestalterische Komposition unterschiedlich breiter Bortenstreifen auf der vorgegebenen Fläche muß mit der zweckdienlichen Absicht des Gegenstandes übereinstimmen. Wir legen einige Borten auf und wählen dann die, die farblich gut zueinander passen. Die Borten werden dann fadengerade aufgeheftet. Bei Gebrauchsgegenständen können die Borten und evtl. die gerade laufenden Litzen, wie Soutache, Hohllitze und dergleichen, mit der Maschine aufgenäht werden. Außen herum festigt man Gedecke und Tischläufer mit dem Maschinen-Zickzackstich und franst 1,5 cm breit aus. Die aufgebrachten Litzen werden evtl. noch mit einem Zierstich geschmückt (Bild 2/96).

Diese einfache Variante der Gestaltung mit Borten und Litzen ist auch modisch anwendbar, wie das der Hirtenbeutel (Bild 2/97) beweist, zumal hier Borten aus Filzstreifen selbst gestaltet wurden. Leuchtend farbige Wollfransen ergänzen ihn jugendgemäß. Aber auch für Kleider, Hosen, Ponchos, Strand- und Gartenbekleidung ist das Aufsetzen von Borten und Litzen eine schnell realisierbare Vezierung (Bild 2/98).

Die Filzapplikation und die Applikation mit wenig fransenden Materialien

Filz ist für die Applikationstechnik ein sehr geeignetes Material, da die Schnittkanten nicht fransen. Man kann Filz gelegentlich über die

Bild 2/97. Hirtenbeutel aus dunklem Stoff, mit farbigen, zu Borten zusammengestellten Filzstreifen verziert, Wollpompons und Fransen ergänzen die Gestaltung jugendgemäß – *Gwendolin Bura*, Kleinmachnow

Trägerbetriebe der Textilzirkel beim Intex-Fachhandel in kleinen Mengen beziehen. Es gibt aber auch Stoffarten, wie Tuch, Loden, Flanell und dergleichen, die sich ebenfalls gut zum Applizieren eignen, vor allem für den Anfänger und seine ersten kleine Werke. Auch feines weiches Leder ist ein gutes Aufnähmaterial sowie Alcantara, eine Waschlederimitation. Diese Materialien kauft man nicht, sondern sucht danach in der Flickenkiste bei sich oder der Freundin, und das ist eigentlich das, was erst richtig Spaß macht. Manches nicht mehr getragene Kleidungsstück läßt sich auch als Grundmaterial verwenden.

Hat man noch wenig Übung im Applizieren, sind die bei den Kindern sehr beliebten Fingerpuppen zu erproben. Sie bestehen aus zwei Teilen (siehe Schnitt, der auf kariertes Schreibpapier übertragen wird), die zusammengenäht auch bequem über Finger von Erwachsenen passen. Bevor man die beiden Teile aber zusammennäht, werden sie gestaltet. Da kann man sich viele lustige Figuren ausdenken, teils aus der Märchenwelt, teils aus bekannter Kinderbuchliteratur, auch Tiere kann man darstellen und hierzu sind die kleinsten Filzreste, kleine Stückchen Borte und ein paar Stickgarn- oder Wollfäden ein geringfügiges Material, mit dem man so sehr viel Freude bereiten kann. Die beiden Grundteile können auch aus Mantel- oder Rockstoff zugeschnitten werden. Bei den Fingerpüppchen sind aber nicht nur die Vorderseiten zu gestalten, sondern auch die Rückseiten. Ein Hut oder eine Krone, die oh-

Bild 2/98. Borten in modischer Anwendung, Bolero aus schwarzem Tuch als Variation zum kleinen schwarzen Festkleid – *Monika Leschik*, Zirkel für künstlerische Textilgestaltung Potsdam, Leitung: *Ingeborg Bohne-Fiegert*

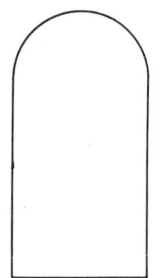

Bild 2 / 99. Fingerpuppen

b) Grundschnitt

Sie werden gern gekauft auf Volkskunstmärkten und Basaren, und was das Allerwichtigste ist, sie sind ein schöpferisches Spielzeug für unsere Kinder, mit dem sie sehr gern umgehen.

Die Anfertigung eines Reisehausschuhes zählt ebenfalls zu den einfacheren Applikationsarbeiten (Bild 2 / 100).

Nach dem Schnitt eines Hirtenschuhes gestaltet, sind sie in ihrer Herstellung wenig zeitaufwendig und erweisen sich als sehr praktisch, zumal sie auch kaum Platz im Koffer beanspruchen. Ein Schuh besteht aus der Sohle und zwei in der Mitte zusammengefügten Oberteilen, dem inneren und dem äußeren, die nur an einer Stelle, am Ballen, schnittgemäß ein wenig voneinander abweichen. Alle Teile des Schuhes werden doppelt zugeschnitten, der Haltbarkeit wegen. Es ist auch ratsam, Tuch oder einen Wollstoff zu nehmen, zumindest für innen, da nicht jede Filzqualität strapazierfähig ist. Der in der vorderen Mitte zusammengenähte Schuh wird zunächst gepaspelt und sparsam mit Applikation und Stickerei geschmückt, wobei man zugunsten der Fasson durch beide Stoffteile hindurchstich. Um

nehin über die Grundform hinausragen, brauchen eine gleichgroße Rückseite und auch die Haare müssen auf der Rückseite weitergehen. Darauf achten Kinder sehr. Das Gesicht und auch der Hinterkopf lassen sich besser applizieren und sticken, wenn die Grundform noch einzeln ist. Danach aber werden die beiden Teile zusammengenäht oder mit Languettenstich zusammengefügt und auch die Kopfbedeckungen mit einem entsprechenden Stich zusammengebracht. Es bereitet sehr viel Freude, solche Fingerpüppchen, wie Bild 2 / 99 einige zeigt, in Zirkelkollektiven zu arbeiten.

120

Bild 2 / 100. Reisehausschuhe aus Tuch bzw. Filz mit schlichter Applikation – *Ingeborg Bohne-Fiegert*

einen guten, festen Sitz des Schuhes zu erzielen, muß er vor dem Fertigstellen anprobiert werden, wozu er entlang der Ferse mit der Hand zusammengenäht wird und die Sohle mit der Naht nach außen angesetzt bekommt. Wenn der Schuh richtig paßt, werden die Nähte mit der Maschine nachgenäht und die Schnittkante der Sohle mit Languettenstichen überstickt. Eine dünne Ledersohle wird dann auf die Stoffsohle, mit feinen Vorderstichen in die Außennaht stechend, zusätzlich aufgebracht, wozu eine Ledernadel und feines, festes, möglichst gewachstes Garn notwendig sind. Wenn diese Stiche recht fest gezogen werden, verhindert man ein rasches Ablaufen derselben. Der Schnitt wurde auf kariertes Schreibpapier aufgezeichnet, um ihn nach der fotografischen Verkleinerung leicht wieder vergrößern zu können (Bild 2 / 101). Andere Schuhgrößen mit dieser guten Paßform lassen sich nach dem einfachen Schnitt leicht selbst herstellen.

Möchte man Blüten applizieren, so muß man sich zuvor mit dem Zirkel genau eingeteilte Schnitte aus festem Zeichenkarton erarbeiten. Es ist ratsam, von Anfang an fünfblättrige, sechsblättrige und achtblättrige Blütenformen zu entwickeln. Möchte man eine Blüte aus zwei oder drei Schichten übereinander bilden, so kann sich die Anzahl der Blütenblätter auch verdoppeln. Wichtig aber bleibt, daß man jede Blüte in einem Farbklang beläßt, sie kann in der Mitte heller sein oder auch dunkler. Die Blüte einer Blume ist nie bunt im negativen Sinne gemeint (Bild 2 / 102).

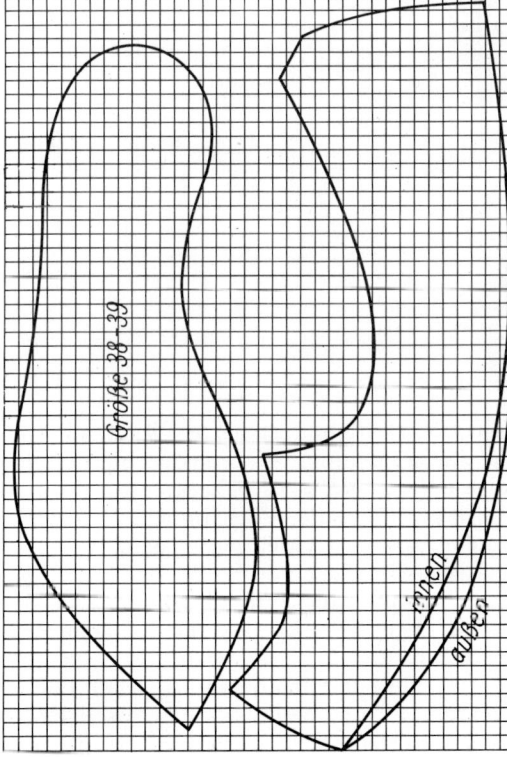

Bild 2 / 101. Schnitt für die Reisehausschuhe, M: 1:2,5 (Durch Übertragen der Formen auf kariertes Schreibpapier erhält man die Originalschnittgröße)

Bild 2/102. Großes Dreiecktuch aus lockerem Wollgewebe, auf das asymmetrisch Blütenformen appliziert wurden – *Ruth Freigang* †, Zeuthen

Das Applizieren figurativer Darstellungen

Bei Ornamentformen, die in unterschiedlichen Größen aufeinander oder ineinander gesetzt werden, schneidet man die einzelnen Formenteile genau schnittgemäß zu.

Das ändert sich bei figurativen Darstellungen. Zur Erläuterung wird eine applizierte Katze vorgestellt (Bild 2/103). Der Applikation geht eine Entwurfszeichnung in Originalgröße voraus. Diese wird in präziser Linienführung auf Transparentpapier übertragen und in zwei-

facher Ausfertigung gebracht. Während man die eine Zeichnung zerschneidet, um die einzelnen Formenteile als Schnittmuster zu nutzen, dient die andere Zeichnung auf transparentem Papier der Orientierung beim Auflegen der ausgeschnittenen Stoffteile. Bevor aber die eine Zeichnung zerschnitten wird, muß sie mit Markierungen versehen werden, die beim Zerschneiden des Materials darauf hinweisen, an welchen Formenteilen bzw. an welchen Linien bestimmter Formenteile sich das Anschneiden eines sogenannten Untertritts notwendig macht. Das Vorbild hierzu ist die Natur, und dem organischen Wachstum muß auch die textile Darstellung entsprechen. Mit der Katzendarstellung ist das veranschaulicht.

Der Kopf sitzt auf dem Körper und bei frontaler Blickrichtung vor der Brust. Die Ohren liegen hinter der Schädelform des Kopfes, die Augen liegen in den Augenhöhlen, von Fell umgrenzt. Demgemäß muß das obere Brustteil nach oben länger geschnitten werden, etwa um 1 cm, das ist der Untertritt, auf den der Kopf aufgesetzt werden kann. Die Ohren bekommen einen Untertritt an der unteren Linie, und die Augenform wird aus der Kopfform herausgeschnitten, so daß das Filzstück für das Auge mit dem Untertritt nach allen Seiten daruntergesetzt werden kann. Die Erläuterungen könnte man noch weiter fortführen, doch sie sind an den abgebildeten Beispielen ablesbar. Sind die Schnittmuster in dieser Weise gekennzeichnet, kann mit dem Ausschneiden der einzelnen Formteile begonnen werden. Es ist ratsam, sie schon bald entwurfsgetreu zusammenzustecken. Wenn man zunächst die größeren Einzelteile zusammengeheftet hat, wie Kopf, Schwanz usw., legt man zur Kontrolle die

Bild 2 / 103. »Katze«, Filzapplikation – *Rosemarie Taube*†, Cottbus

Transparentzeichnung darüber und kann so durchsehen, ob die so weit vorbereitete textile Darstellung mit dem Entwurf übereinstimmt. Ist das nicht der Fall, sind Korrekturen noch leicht möglich. Wenn alle einzelnen Körperteile der Katze zusammengeheftet sind, werden sie auf das Grundmaterial aufgelegt, zur Gesamtdarstellung zusammengefügt und noch einmal in der ganzen Komposition nach der Transparentzeichnung ausgerichtet.

Diese hier ausführlich beschriebene Arbeitsweise ist praktisch für alle Applikationsarbeiten, vornehmlich figurativer Art, eine sichere Methode, um zu einem guten Ergebnis zu gelangen. Darüber hinaus kann auch nach einem flüchtigen Entwurf frei mit dem textilen Material gestaltet werden, doch müssen die Voraussetzungen dafür gegeben sein!

Applikationen werden meist mit kleinen Hohlstichen aufgenäht, jeweils in der Farbe des aufgesetzten Materials. Eine reiche ornamentale Gestaltung in der Applikation erlaubt ein nur sparsames Besticken. Das ist von Fall zu Fall zu entscheiden und auch von der Motivwahl abhängig.

Die reine Schnurapplikation

Die Schnurapplikation ist von stark ornamentaler und lineardekorativer Wirkung. Im Gegensatz zur Applikation mit Filz und anderen Materialien wird die reine Schnurapplikation seltener hergestellt, und vermutlich ist sie auch weniger bekannt. Gegenwärtig trifft man sie ab und zu in modischer Anwendung an, dagegen war sie noch kaum als Raumschmuck zu sehen. Das hängt möglicherweise damit zusammen, daß die Schnurapplikation farblich recht zurückhaltend auftritt, vielleicht auch damit, daß bei einem anspruchsvollen Raumschmuck, der über das Dekorative hinausgeht, die Linienführung zeichnerisches Können bedingt.

Als Arbeitsprobe ist zunächst eine rein ornamentale Gestaltung mit weitestgehend fortlaufender Schnurführung zu empfehlen. Das Material kann geflochtene oder gekordelte Hanfschnur sein, aufgenäht auf naturfarbenes Leinen. Entsprechend dem Entwurf wird die Flächenaufteilung auf dem Leinen leicht mit Bleistift vorgezeichnet oder besser noch mit einer Sichtheftung markiert. (Während das normale Heften zwei Stoffteile probeweise zu-

Bild 2 / 104. Volkskunstmotiv, bei dem das aus Leder aufgenähte Ornament mit einer Schnurapplikation dekorativ bereichert wurde – *Marita Grundmann, Potsdam*

unterschiedliche Sticharten verwendet werden, vornehmlich dann, wenn farbiges Garn die aufzubringende Schnur noch zieren soll. Am besten aber ist es, in kleinen Vorstichen genau entlang der Kreidelinie vorwärtszugehen und zwischen jedem Stich einmal die Schnur zu umschlingen. Die Vorstiche setzt man dicht bei dicht, so daß Ausstich und Einstich eins sind (Bild 2 / 104).

Das Gestalten mit gemusterten Stoffen

Während man bei der Schnurapplikation lineardekorativ gestaltet, ist bei der Arbeit mit gemusterten Stoffen eine neue Gestaltung aus einzelnen Dekorelementen zu schaffen. Das Heraussuchen bestimmter Motivteile aus bedruckten Stoffen und das Zusammenstellen derselben zu einem anderen dekorativen Motiv ist sehr schöpferisch. Einmal müssen die Motivteile formal die neue Darstellung unterstützen, wobei es bei einem Fisch oder einem Vogel auch auf das organische Wachstum desselben ankommt, zum anderen bedingen auch die Farbigkeit und die Art des Materials mit die neue Aussage.

Die Arbeit bei dieser Variante der Aufnähtechniken gleicht sehr der Collage, soweit es um das Heraussuchen der Formenelemente geht. Arbeitstechnisch genügt es, sich die äußere Form des neuen Motivs auf den Untergrundstoff aufzuzeichnen, oder man wählt das bereits beschriebene Sichtheften und fügt dann frei Formenteil an Formenteil, den Untertritt bedenkend. Schnitteile für Detailformen können sich dabei erübrigen, da das herausgesuchte neue Musterteil die jeweilige Detailform bestimmt.

Nach dem Aufheften werden die Stoffteile nur mit feinen Hohlstichen befestigt.

Applikation mit Stoffen unterschiedlicher Struktur (z. B. Leinen, Tuch, Samt, Seide, Tüll und Brokat)

Die Applikation mit Stoffen unterschiedlicher Struktur ist von besonders ansprechender Art. Sie übt auf den Gestalter wie auf den Betrachter einen anziehenden Materialreiz aus. Solche Arbeiten, beispielsweise mit dekorativem Motivgut, wirken durch den Einsatz der unterschied-

sammenfügt und die Heftstiche etwa in gleichen Längen durch die beiden Gewebeteile geführt werden, kommt es bei der Sichtheftung darauf an, an der Oberseite des Gewebes eine Fläche bzw. eine Form zu begrenzen, was mit großen Stichen an der Oberseite erfolgt, die trotz der kleinen rhythmischen Unterbrechungen des Einstichs einer aufgezeichneten Linie gleichen.) Danach kann die Schnur mit gleichfarbenem Nähfaden oder etwas andersfarbig getöntem Stickgarn befestigt werden. Anfang und Ende der Schnur umsticht man dicht, bei dünneren Schnürchen werden die Enden nach rückwärts durch das Gewebe geführt und dort belassen. Zum Annähen der Schnur können

Bild 2/105. »Abend-
sonne«, Applikation mit
Leinen, goldenem Tüll
und anderen Materialien
sowie grober Stickerei –
Ingeborg Bohne-Fiegert

lichen Strukturen immer interessant, zumal sie oft noch mit Stickerei und aufgenähten Perlen bereichert werden können. In modischer Anwendung vermittelt eine Applikation, je nach gewähltem Farbklang, einen festlichen, vornehmen und sogar kostbaren Eindruck. Dabei sollte man aber besonders Stoffteile aus Brokat, Lamé und dergleichen sparsam aufsetzen, um den »kostbaren« Eindruck zu steigern. Bei einer bildhaften Gestaltung ist das Material aussageunterstützend einzusetzen, wobei auch nur eine Auswahl der genannten Gewebe mit unterschiedlichen Strukturen zur Verwendung kommen kann (Bild 2/105). Ist die Darstellung reich an gegenständlichen Formen und Figuren, sollten hierbei wieder Schnitte zum Ausschneiden der einzelnen Formenteile verwendet werden. Sicher müssen auch einige Stoffarten auf Retovlies aufgebügelt oder mit Stärkespray gefestigt werden. Ein Ausfransen kann man weitgehendst vermeiden, wenn die Schnittkanten mittels eines feinen Pinsels mit farblosem Latex bestrichen werden. Es gibt Stoffarten, die mit etwas tiefer eingreifenden Hohlstichen aufgenäht werden müssen. Wenn es die Gestaltung erlaubt, wäre es gut, wenn sie außerdem mit einem Schnürchen umrandet würden oder wenn das Schnürchen zwischen

Bild 2/106. »Borke«, Applikation mit Stickerei – *Monika Möhlmann*, Wildenbruch (Spezialschulergebnis)

zwei Materialien in dekorativer Linienführung vermittelt. Auch eine zusätzliche sticktechnische Befestigung dieser Stoffarten ist möglich, wenn man auf Schnurumrandung verzichten möchte. Dem Anliegen der Darstellung entsprechend kann bei dieser Art der Applikation auch eine reichere Stickerei mit eingesetzt werden (Bilder 2/106 bis 2/109). Auch das sparsame Aufnähen von Perlen und Pailletten ist gegebenenfalls möglich.

Bild 2/110 zeigt eine lustige Maske mit plastischen Elementen, wie sie für ein Kinderzimmer gut geeignet wäre.

Die Lederapplikation

Aufnäharbeiten aus Leder und mit Leder sind gegenwärtig wenig verbreitet. Von Abbildungen ungarischer Hirtenmäntel und Lederwesten von Hirten aus den Karpaten kennt man flüchtig diese Technik. Moderne, pelzgefütterte Ledermäntel zeigen zuweilen schlichte Ornamentkanten, meist in Maschinenstickerei aufgebracht.

Zur Lederapplikation wird weiches, feines Leder benötigt, wie Ziegen- und Gazellenleder, sowie eine Kürschnernadel, deren Spitze

126

Bild 2/107. Runde, transparente Applikation mit Stickerei – *Christine Ertner*, Luckenwalde (Spezialschulergebnis)

Bild 2/108. »Zaubervogel«, Miniaturapplikation mit reicher Stickerei (6,5 bis 7 cm Durchmesser) – *Christel Pohlmann*, Brandenburg

Bild 2/109. »Wald«, Applikation mit Stickerei, textiler Schmuckanstecker (4,5 cm Durchmesser) – *Ingeborg Matschke*, Königs Wusterhausen

Bild 2/110. »Der Räuber«, Maske mit plastischen Elementen, appliziert mit der Maschine und der Hand – *Wolfgang Bohne* †, Neufahrland

dreikantig angeschliffen ist. Die ausgeschnittenen Formen werden ein wenig aufgeklebt, was so sparsam wie möglich geschehen muß, da die Klebstoffflüssigkeit das Leder härtet, und dann mit Näh- oder Knopflochseide in kleinen, aber nicht zu dicht angeordneten Stichen befestigt. Es ist ratsam, den Nähfaden für diese Arbeit durch einen Kerzenrest zu ziehen, wodurch er an Haltbarkeit gewinnt.

Für modische Zwecke kann man die Lederformen auch auf Wollgewebe aufnähen, was durch die mitgestaltende, textile Struktur sehr gut aussieht. Lederformen auf Leder aufzubringen ist schwieriger, und die gesamte Aufnäharbeit muß immer von oben nach unten und dann von unten nach oben stechend, vorgenommen werden, gleich der Arbeit mit Stickrahmen (Bild 2/111).

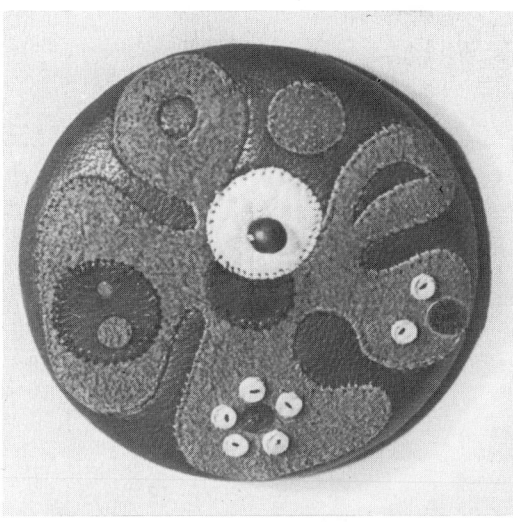

Bild 2 / 111. Anstecker, Lederapplikation – *Christel Pohlmann*, Brandenburg

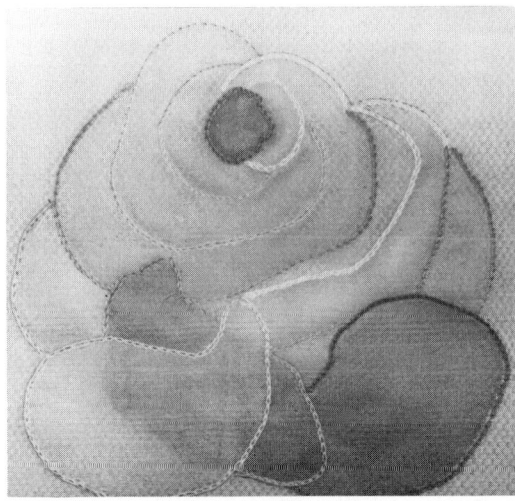

Bild 2 / 112. »Rose«, transparente Applikation aus reiner Seide und Tüll – *Brigitte Kollin*, Eichwalde

Bei anorakähnlichen Kleidungsstücken ist es auch möglich, technisch zu variieren und beispielsweise Lederteile auf Leder oder festen Stoff mittels Ösen aufzubringen, wodurch ein neues, zweckdienliches Schmuckelement aus Metall mit einbezogen wird. Diese Variante ist aber abhängig vom jeweiligen Modetrend.

Auch feine Lederstreifen können zum Befestigen genommen werden, die man musterunterstützend einsetzt, was bereits beim Entwurf der Applikationsarbeit zu bedenken ist. Solche Arbeit muß gelocht werden.

Die transparente Applikation

Eine seltene Art unter den Aufnähtechniken ist die transparente Applikation. Allerdings ist ihr Anwendungsbereich auch nicht so groß wie bei den vorgenannten technischen Möglichkeiten. Hier gilt es, transparentes Material, wie Dederon, Chiffon, Seide, Tüll, Spitze und auch anderes, so übereinander zu ordnen, daß das darunterliegende Material durchschimmert, seine Farbigkeit leicht verändernd. Durch das Übereinanderlegen unterschiedlich farbiger transparenter Gewebe werden nicht nur Zwischentonwerte geschaffen, sondern auch neue Gewebestrukturen können in Erscheinung treten. Zum Beispiel ergibt Tüll in unterschiedlichen Richtungen oder mit unterschiedlichen Feinheitsgraden aufeinandergelegt eine neue Strukturmusterung, wobei Baumwolltüll wegen seiner Bügelfestigkeit dem feinmaschigen Dederontüll in diesem Fall vorzuziehen ist. Aufgelegte feine Spitzenformen können zu einem neuen, bizarren Motiv zusammengestellt werden. Auch feiner Batist, farbige glänzende Seide und durchscheinende glitzernde Gewebe sind Materialien für diese transparente Applikation, die am besten auf feines, durchscheinendes Dederonmaterial aufgesetzt werden. Dabei können auch andere, nicht durchsichtige Gewebe, in kleinen Mengen eingesetzt werden, die den transparenten Charakter des Grundmaterials steigern.

Alle aufgesetzten Formen werden in der Hauptsache mit feinen Hohlstichen befestigt, aber auch der Languetten- und Kettenstich eignet sich für eine haltbare Verbindung der so zarten Gewebe. Gegebenenfalls können die Motive noch bestickt oder mit Schnürchen oder Stickgarnfäden umrandet werden.

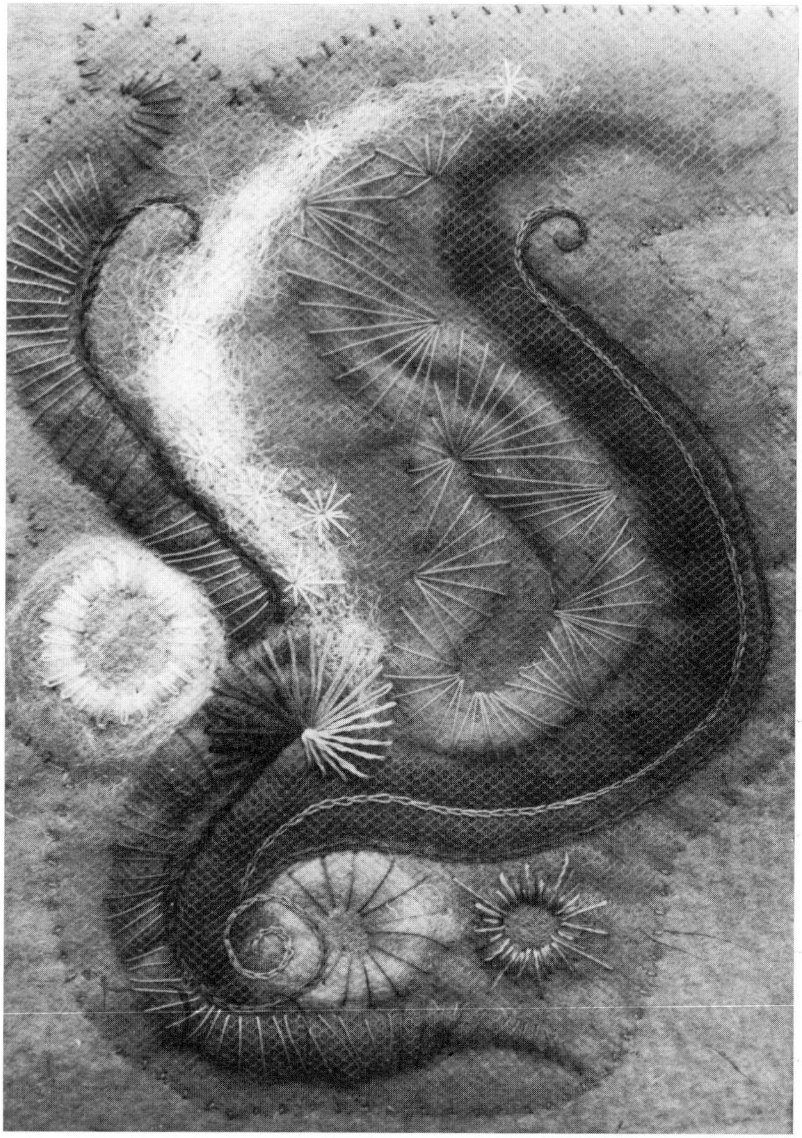

Bild 2/113. Gespinstfaserapplikation (Probe) – *Ingeborg Bohne-Fiegert*

Anwendungsmöglichkeiten für diese technische Variante bieten modische Accessoires, beispielsweise große Tücher und Stolen zur Festbekleidung. Aber auch für die moderne Raumgestaltung ist eine transparente Applikation, in einen feinen Rahmen eingespannt, als Fensterschmuck geeignet.

Diese bezaubernde Art der Aufnähtechniken läßt durch ihre Transparenz zweierlei Reizwirkungen erkennen:

a) Durch das Gegenlicht, bei einem Fensterschmuck am Tage, durch den Lichteinfluß von draußen, treten die Gewebestrukturen mit ihrer neuen Gestaltung deutlich hervor, so daß ein reizvolles Strukturgefüge erfreut;

b) am Abend, wenn künstliches Licht von vorn auf die Applikation strahlt, also bei direktem Licht, wird die schimmernde Seide, das Goldschnürchen sichtbar. Es ist das reizvolle Material, das jetzt besticht (Bilder 2/107, 2/112).

Die transparente Applikation und auch das Aufbringen von Gespinstfasern regen zu weiteren Versuchen an (Bilder 2/113, 2/114 und 2/115). Beispielsweise können großflächige Ornamentformen mit der Maschine angenäht und anschließend großzügig dekorativ bestickt werden, eine Art, die sich für Vorhänge eignen würde.

Gleichartige, aber farblich unterschiedliche Stoffteile aus Wäschestoff oder Seide könnten z. B. mit einem zur Farbigkeit der Stoffe im Kontrast stehenden, maschinellen Zickzackstich befestigt werden, wodurch die Kontur der Gestaltung augenfällig wird.

Auch eine Applikationsspitze wäre der Erprobung wert und könnte zum Akzent eines modischen Ensembles werden.

Ein guter Entwurf ist wichtig für alle Applikationsarten. Unter Einhaltung der spezifischen textilen Gesetze wird er, meist gleich in Originalgröße, nach einer Grobkompositionsskizze aufgezeichnet und angepaßt. Bei mo-

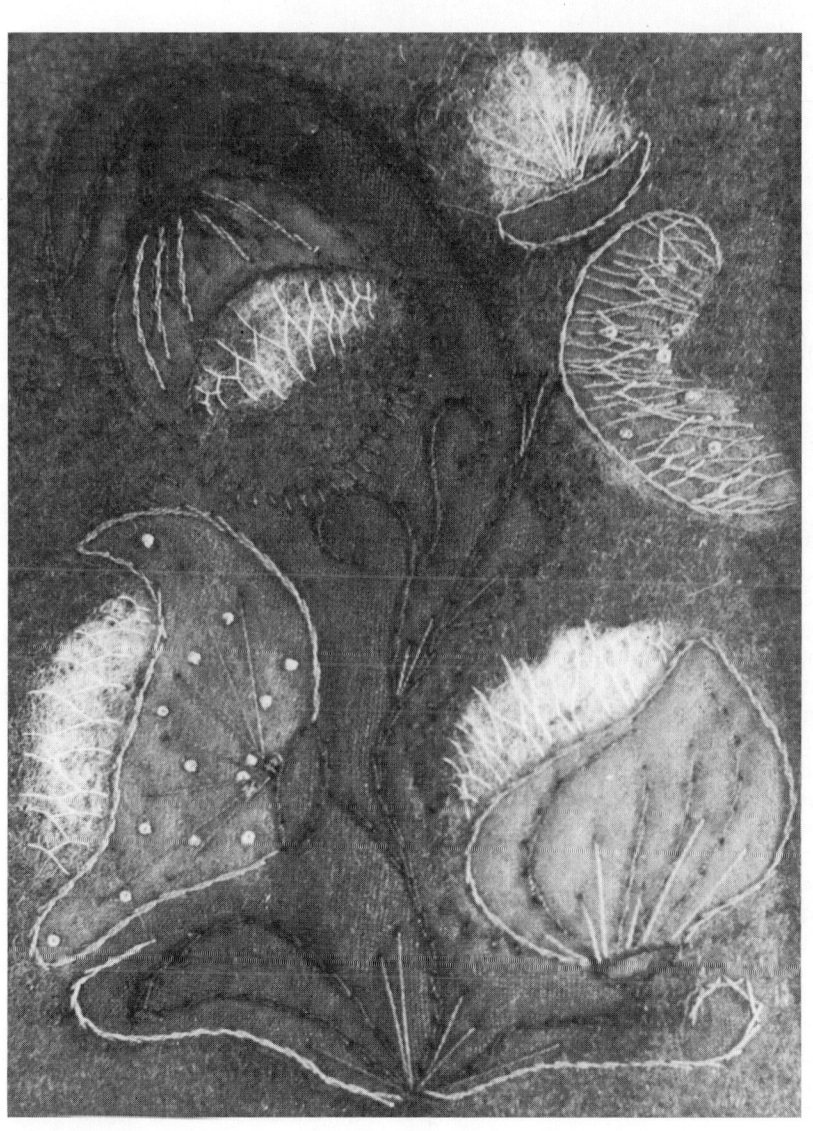

Bild 2/114. »Blumen«, kleine Gespinstfaserapplikation – *Eva Stenschke*, Potsdam (Spezialschulergebnis)

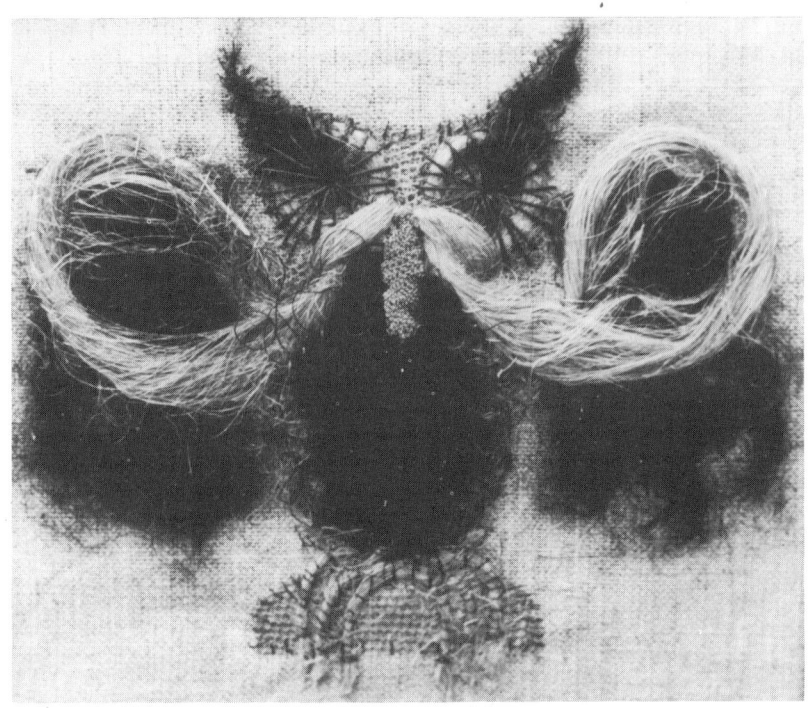

Bild 2/115. »Eule«, Applikationsprobe mit unversponnenem Material – *Ingeborg Bohne-Fiegert*

disch angewendeten Applikationen ist die Schnittführung maßgebend, und der an die Figur angehaltene Papierschnitt klärt Größe und formale Gestaltung der gewünschten Schmuckform. Ebenso ist es auch bei der Gestaltung eines Raumschmucks. Auch hier klärt das Anhalten des Vorentwurfes an die betreffende Wand, ob sich das geplante Exponat zuordnet. Für erste Arbeiten ist ein Befassen mit dekorativem Motivgut angebracht und bringt Erfahrungswerte, die dann genutzt werden können, wenn ein Kollektiv einer gesellschaftlich bedeutsamen Motivwahl zustrebt.

Zu Vorarbeiten für die Entwürfe von Applikationen zählen auch Papierschnitte, wie der Faltschnitt mit einer oder zwei Symmetrieachsen und der Zentralfaltschnitt mit seiner Radialsymmetrie. Beide Arten lassen sich mehrfarbig erarbeiten. Auch die einfache Papierklebearbeit zählt dazu, bei der man aus allerlei farbigem Papier die Motivteile ausschneidet,

auf getöntes Papier auflegt und schiebend die Anordnung derselben erprobt. Bei größeren Vorhaben kann das in maßstäblich verkleinerter Form geschehen, wobei mehrere Vorentwürfe die Gelegenheit geben, den schönsten auszuwählen. Das Vergrößern eines Entwurfs erleichtert das Quadratnetzverfahren. Man legt Transparentpapier auf den Entwurf, auf das ebenso viele Quadrate aufgezeichnet werden wie auf dem Papierbogen in Originalgröße. So kann man leicht, von Quadrat zu Quadrat vorwärtsgehend, die Linien und Formen vergrößernd einzeichnen.

Für eine anspruchsvollere Arbeit in dieser Technik bietet die Papiercollage noch mehr Anregungen für die schöpferische textile Gestaltung. Die aus geschnittenen und gerissenen, farbigen Papierflächen zusammengefügte Collage nimmt dann vergleichend bereits Einfluß auf die Auswahl der Stoffe, den Formenreichtum und andere Darstellungsmittel.

2.5.3. Anwendung von Aufnähtechniken für die Raumgestaltung

Aufnähtechnik mit dekorativem Motivgut

Ein verhältnismäßig einfacher, dem modernen Wohnraum angepaßter Wandschmuck sind die Blumenapplikationen aus Filz, die auf einer runden Fläche aus Handarbeitsleinen angeordnet werden, von einem quadratischen Rand aus Filz oder Tuch umgeben, der farblich der gesamten Raumgestaltung entspricht. Diese formale Gesamtgestaltung scheint der traditionellen Volkskunst entlehnt zu sein. Die optisch sehr wirksame Grundform geht mit der runden

Bild 2/116. »Traum eines Anglers«, Applikation mit Stickerei – *Ursula Heinrich*, Potsdam (Spezialschulabschlußarbeit)

Bild 2/117. »Der alte Baum«, appliziertes, rundes Bild, wobei die Nähmaschinennähte die Baumform sinnvoll und dekorativ unterstützen (13,5 cm Durchmesser) – *Ingeborg Bohne-Fiegert*

Form der Blüten konform, während die senkrechten und waagerechten Linien des Randes, unterstrichen durch die schmale Naturholzleiste des Rahmens, bereits mit den ebenso verlaufenden Linien der Schrankwand korrespondieren. Auf einer runden Grundfläche läßt es sich gut gestalten, sie vermittelt dem Betrachter einen abgerundeten Eindruck (siehe Farbbild 14).

In Zirkeln und Zirkelleiter-Weiterbildungen entstanden in den 70er Jahren eine Vielzahl von Applikationen mit Blumen, Bäumen und anderem Motivgut (Bilder 2/116 und 2/117).

Reiseerinnerungen in Aufnähtechnik für die Raumgestaltung festgehalten, können viel wertvoller sein als jedes mitgebrachte Souvenir.

Themen aus der engeren Heimat, wie *Der rote Hahn vom Stechlin-See* (Bild 2/118) oder „Der Fasan" aus *Fauna und Flora* (Bild 2/119) sind für die private Sphäre wie auch in gesellschaftlich genutzten Räumen nicht nur dekorativ, sondern auch niveaubestimmend. Solch ein Thema, wie *Die hängenden Gärten der Semiramis* (Bild 2/120) ist, gepaart mit einem bestimmten Wissen, besonders phantasievoll zu lösen, in der Gestaltung wie auch in den technischen Möglichkeiten.

Bild 2/118. »Der rote Hahn vom Stechlinsee«, Behang in Applikation nach *Theodor Fontanes* Wanderungen durch die Mark – *Ingrid Lange*, Gransee (Spezialschulabschlußarbeit)

Bild 2/119. »Fasan«, Detail aus dem Behang »Fauna und Flora unserer engeren Heimat«

Bild 2 / 120. »Die hängenden Gärten der Semiramis«,
Behang mit Plastizitäten – *Petra Tröger*, Kirchmöser
(Spezialschulabschlußarbeit)

Plastische Textilarbeiten

Das Gesicht einer halb- oder vollplastischen Figur läßt sich am besten mittels Schnurapplikation gestalten. Zuerst muß die Nase aufgesetzt
und dabei ausgestopft werden, denn sie ist typisch für den Gesichtsausdruck. Die Längsnähte überdeckt man mit einer Schnurapplikation, die sich als Augenbraue fortsetzt. Auch
die Augenform gestaltet man am besten mit
einer aufgenähten Schnur. Augen, Lippen und
Augenbrauen werden mit einem flächenfüllenden Stich, z. B. dem Kettenstich, farbig ausgestickt. Die Haare werden mit Wolle eingeknüpft. Als Krone diente eine Goldspitze. Es
ist also notwendig, die Figur selbst und deren
Ausstattung ins Textile umzusetzen. Ausge

stopft werden solche Arbeiten teils mit Watte
und mit Schaumstoffflocken oder mit unversponnener Schafwolle (Bild 2 / 121).

Patchwork

Ins Deutsche übersetzt bedeutet *Patchwork* Flikkenwerk. Seiner ursprünglichen Bedeutung
nach ist damit eine wärmende und schützende
Hülle gemeint, und demzufolge ist das *Quilten*
(das Zusammennähen von drei oder mehr
Stofflagen) mit dem in Patchworktechnik geschaffenen Oberstoff eng verbunden.

Im alten Ägypten so hergestellte Kleidungsstücke aus mehreren zusammengesteppten
Stofflagen boten Schutz gegen die primitiven

Waffen dieser Zeit. Später in Europa trug man diese Kleidung wegen der kälteren klimatischen Verhältnisse. Auch an den Fürstenhöfen kam Patchwork in Mode, wo es jedoch mehr dekorativen Zwecken diente, was sich sogar bis in die Gegenwart erhalten hat. Königin *Elisa-*

Bild 2 / 121. Plastische Gestaltung des Kopfes zur Märchenfigur »König Drosselbart« mit textilen Mitteln – *Monika Stechbart*, Brück-Mark

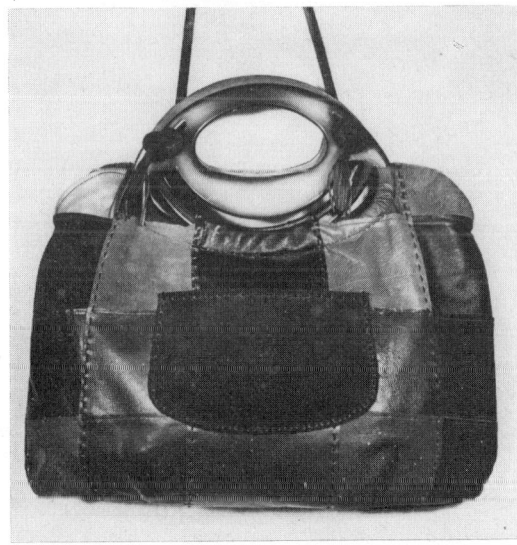

Bild 2 / 122. Ledertasche, Patchwork, teils mit der Maschine und teils mit der Hand genäht – *Ruth Holschumacher*, Gernrode

beth II. bekam zur Erinnerung an die Krönung 1952 ein aus sechseckigen Formen zusammengesetztes Cape aus Seide, Samt und Brokat in Schwarz und Rot-Schattierungen mit Grün, Gold, Elfenbein und Weiß gearbeitet. Aber auch die einfachen Leute begannen, schlicht gemusterte, wärmende Bettüberwürfe in dieser Technik herzustellen, und es waren die Siedler, die im 17. und 18. Jahrhundert die Technik mit nach Amerika brachten. Dort lebte die Technik fort und diente dem Ausbessern der abgenutzten Decken und Kleidungsstücke. Diese notwendige und rein praktische Arbeit, die an warmen Sommerabenden die Frauen eines Dorfes oder einer Gemeinde zum Quilten vereinte, wuchs mit der Zeit zu einem schöpferischen Prozeß. Es entstanden später phantasievolle und dekorative Patchworkmuster, und so gehört der *Patchwork-Quilt* noch heute zur bedeutsamen Volkskunst Amerikas und Englands. Wenn auch Ende des 19. Jahrhunderts diese Arbeit industrialisiert wurde, die Freude am selbstgefertigten Patchwork ist geblieben und erfreut sich nunmehr auch bei uns seit etlichen Jahren immer größerer Beliebtheit [4].

Einige Gruppen haben diese Technik aufgegriffen.

Mit der Hand werden die einzelnen geometrischen Formen des Patchworks zusammengefügt, meist aber mit der Maschine. Obwohl nicht aus der Not heraus gearbeitet wird, kauft man keine neuen Baumwollstoffe für diese Arbeit. Es bereitet Spaß, Stoffreste zu sammeln, in Kommoden und Truhen bei sich und bei Freunden zu kramen, nicht mehr getragene Kleidungsstücke zu verwerten, kurzum aus einem Material, das momentan zu nichts nütze war, etwas zu schaffen, etwas Schönes zu arbeiten. Wenn diese Arbeit in Zirkeln oder Lehrgängen durchgeführt wird, gibt es noch die Möglichkeit des Tauschens, und schon das alles macht so viel Freude, zumal vielleicht an diesem oder jenem Stoffrest eine kleine Erinnerung hängt.

Es entstanden zunächst Taschen mit großen Holz- oder Plastbügeln, die auch als Schultertasche getragen werden können (Bild 2 / 122). Die Patchwork-Quadrate sind 10 cm × 10 cm groß, dazu kommt rundherum eine Nahtzugabe von 1 cm. Man nimmt festere Stoffe, wie Cord, Tuch, oder Leder. Die Taschenbügel wurden aus Sperrholz ausgesägt und gebeizt. Für das Aussuchen der Stoffe entsprechend der gewünschten Patchworkform schneidet man sich am besten aus festem Karton eine genau abgemessene Lochschablone zurecht. Mit einem Bleistift oder einem Fotostift, es kommt auf die Grundfarbe des Stoffes an, zeichnet man am Innenrand entlang die Form auf und schneidet dann 1 cm von der Linie entfernt die Form zu. Zunächst werden die Quadrate gemäß dem Taschenschnitt zusammengestellt, dabei ist darauf zu achten, daß in der Mitte des zu arbeitenden Gegenstandes nie eine Naht, sondern immer ein Quadrat ist. Dann werden die Quadrate, die senkrecht untereinanderliegen, zusammengenäht, so daß ein Streifen entsteht, oder wie man in der Fachsprache sagt, ein *Block*. Im zweiten Arbeitsgang werden nun die Blöcke so aneinandergenäht, daß die Nahtkreuzpunkte nicht verrutschen. Das ist besonders schwierig bei unterschiedlichen Stoffen und erfordert zuvor ein genaues Heften.

Bild 2 / 123 zeigt ein großes Vierecktuch aus feinen Wollstoffen, das auch gefüttert wurde, man kann fast sagen *gequiltet*, weil in den Nähten noch einmal entlanggenäht wurde zur Befestigung des Futters. Zuweilen sind auch kleine Motive eingestickt worden, Blüten, Monogramme usw. Diese Tücher können als wärmende Dreiecktücher zu einem unifarbenen Kleid getragen werden, man deckt sie aber auch gern über eine Truhe (Farbbild 6). Bild 2 / 124 zeigt eine Probe in Quilt Patchwork. Nicht nur Kissen, auch beispielsweise ein Morgenrock kann in Patchworktechnik entstehen (Bild 2 / 125).

Aber nicht nur Stoff, auch Lederreste sind ein gut geeignetes Material für Patchworkarbeiten. Aus einer großen Tüte brauner Lederreste entstand beispielsweise die Jagdweste in Crazy-Patchwork (Bild 2 / 126).

Bild 2 / 123. Vierecktuch in Patchwork – *Ilse Reinitz*, Mellensee (Spezialschulergebnis)

Bild 2 / 124. »Knospe«, Quilt-Patchwork mit etwas Stickerei – *Eva Güntzel*, Zeesen

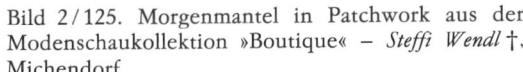

Bild 2/125. Morgenmantel in Patchwork aus der Modenschaukollektion »Boutique« – *Steffi Wendl* †, Michendorf

Bild 2/126. Jagdweste, Leder-Patchwork – *Ingeborg Bohne-Fiegert*

Nähspitzen

Die wenigen Nähspitzen, die hier in diesem Buch das Gebiet der Stick- und Aufnähtechniken abschließen, sind alle von rein experimenteller Art, da die in alten Handarbeitsbüchern beschriebene Reticellaspitze zu konventionell und zu artig war. Farbige Garne wurden für die lineardekorativen Umrisse der Motive gekordelt und auf Karton aufgenäht, *trassieren* ge-

nannt. Die Formen wurden mit der Darstellung entsprechenden Stichen gefüllt. Die abgebildeten Ergebnisse sollen als Anregung dienen (Bilder 2/127 bis 2/130 und Titelbild).

2.6. Drucktechniken

Das Bedrucken von Textilien ist eine örtliche ein- oder mehrfarbige Bemusterung, die dem stellenweisen Einfärben eines Gewebes gleich-

10*

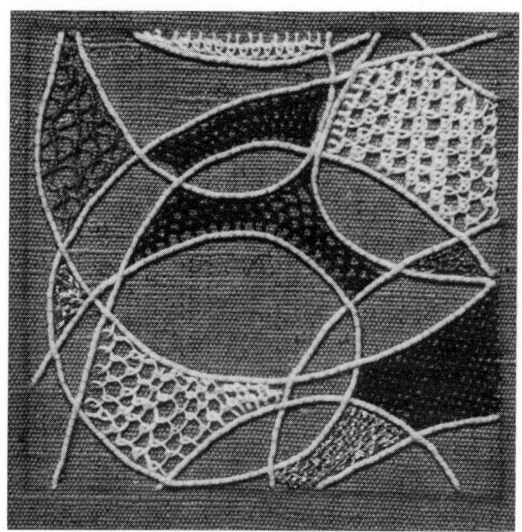

Bild 2/127. Nähspitze, auf Leinen aufgearbeitet –
Erika Drotbohm, Kyritz

kommt. Wir unterscheiden beim Stoffdruck
drei Arten:
1. den Direktdruck
2. den Reservedruck
3. den Ätzdruck.
Der Unterschied zwischen den drei genann-

ten Arten besteht nicht nur in der Musterbildung, sondern auch in der Anwendung unterschiedlicher Farbstoffe.

Beim *Direktdruck* wird der Farbstoff mittels
Models, Schablonen oder Walzen direkt auf
die Gespinstfaser gedrückt, wozu der Farbstoff
pastös sein muß, um einwandfreie Konturen
zu erzielen. Den Druckstöcken entsprechend
wird das Hoch-, Flach- und Tiefdruckverfahren
angewendet.

Beim *Reservedruck* entsteht die Musterung
durch das Auftragen einer *Reservage*, die nach
dem darauffolgenden Färbeprozeß, bei dem
die Gespinstfaser im Tauchverfahren durch
und durch gefärbt wird, wieder entfernt werden muß, damit das Muster klar hervortritt.

Beim *Ätzdruck* werden Chemikalien angewendet, die auf bereits gefärbtem Textilgut die
Musterung entstehen lassen, indem der in der
Gespinstfaser haftende Farbstoff musterbedingt örtlich teilweise oder gänzlich zerstört
wird.

2.6.1. Wissenswertes über die historische Entwicklung

Die historische Entwicklung führt zurück bis
in die Jungsteinzeit und Bronzezeit. Mit aus
Holz oder Bein geschnitzten kleinen Stempeln

a)   b)
Bild 2/128. Nähspitze
a) Skizze b) Beginn der Arbeit auf dem Karton

140

Bild 2/129. Nadelspitze – *Ilse Gommert*, Belzig

Bild 2/130. »Vogel und Blumen«, farbige Nähspitze – *Steffi Wendl* †, Michendorf

musterte man Tongefäße, indem man diese in die noch nicht erhärtete Tonmasse drückte. Es handelt sich um ein Drucken ohne Farbstoffgebrauch, gleich der Anwendung des Siegels, wie sie bereits, mit Schriftzeichen versehen, die Babylonier benutzten und in Ton drückten. In China, wo man zuerst die Papierherstellung kannte, wurde das Siegel unter Verwendung von Farbe zum Stempel, was vermutlich auch der Ausgangspunkt war, Gewänder ornamental mit Stempelabdrücken zu verzieren. Funde derart gestempelter Stoffe sowie einige Stempel selbst aus byzantinischer Zeit deuten darauf hin, daß diese Technik bereits im 6. und 7. Jahrhundert bekannt war, wenn nicht noch früher. Die Stempel waren rund und etwa 4...7 cm hoch. Die schlichte Musterung trat erhaben hervor.

Als Vorläufer des Textildrucks gelten nach Angaben der Forschung auch Stoffe, die mit Pinseln und ähnlichen Instrumenten bemalt wurden. Verfahrensweisen, die man in Persien, Indien, Ägypten und China etwa um 450 v. u. Z. bereits ausübte. In diesem Zusammenhang muß man auch die frühe Kenntnis der Stoffbemalung mittels einer Wachsreservage sehen, die uns nach der Beschreibung des römischen Schriftstellers *Plinius d. Ä.* aus Ägypten überliefert ist.

In der weiteren Entwicklung wurden dann die Muster, gleich ob mit Farbe oder mit einer Reservage, nicht mehr mit der Hand gemalt, sondern mittels Models aufgetragen. So druckte man Muster an Muster, was einen Fortschritt bedeutete, der eine immer rationellere Verfahrensweise zuließ.

Auch im Orient kennt man schon lange die Stoffbemusterung mit Stempeln. Man spricht die Erfindung des Textildrucks mittels Modeln ursprünglich den Indern zu.

Die ersten Druckmodel in Europa mögen etwa um die Jahre 800 bis 1000 entstanden sein. Man verwendete dabei unlösliche Farbstoffe, die Pigmentfarben, das ist gemahlener Ocker, Rötel oder Kienruß, mit Öl angerieben. Sie bleiben auf der Gespinstfaser haften, ohne in sie einzudringen. Um die Farbpigmente auf dem Gewebe zu binden, benutzten die Drukker im allgemeinen Leinöle, weil diese mit der Zeit verharzten und so den Farbstoff an das Gewebe banden.

Lösliche Farbstoffe konnten damals zum Direktdruck nicht verwendet werden, da sie keine scharf abgegrenzte Musterung zuließen.

Da beim Druckvorgang der Farbstoff nur auf die Oberfläche des Gewebes gedrückt wird, muß eine Nachbehandlung des bedruckten Gewebes die Verbindung des Farbstoffes mit der Gespinstfaser bewirken.

Während beim Pigmentdruck Kleber das Zerfließen der Farbe verhindert, sind es bei der späteren Anwendung der wasserlöslichen Farbstoffe zum Direktdruck Verdickungsmittel, die der Saugfähigkeit des Gewebes entgegenstehen.

An den zum Direktdruck verwendbaren Farbstoff werden demzufolge 2 Forderungen gestellt: Er muß das Muster, auch die feinste Kontur, scharf und genau auf dem Gewebe wiedergeben, ohne auch nur stellenweise zu zerfließen, und er muß sich außerdem mit der Gespinstfaser verbinden.

Einerseits stellte der direkte Farbaufdruck technisch einen Gewinn dar, vom Standpunkt des Färbers aber war er ein Schritt zurück, weil man sich wieder der unlöslichen Pigmentfarbstoffe bedienen mußte, obwohl man lösliche Farben bereits kannte.

Im 11. Jahrhundert waren es die Klöster am Niederrhein, die sich dem Zeugdruck widmeten. Besondere Bedeutung kam der Produktion direkt bedruckter Stoffe in der Gotik und Renaissance zu, da sie als Ersatz für die kostbaren Brokate und bestickten Seidengewebe Italiens, Frankreichs und der Niederlande dienen mußten. Die Druckmodel waren ausgezeichnete Kopien von solchen ornamentreichen Geweben. Zuweilen druckte man auch auf gefärbte Stoffe ein Muster mit einer schwärzlichen, klebenden Masse auf und bestreute es mit Gold- oder Silberstaub, der nach dem Trockenvorgang auf dem Gewebe haften blieb. Im 14. Jahrhundert verwendete man dann Holzschnitt-Bildtafeln zum Zeugdruck.

Anfang des 15. Jahrhunderts verfaßte der italienische Maler *Cennino Cennini* eine ausführliche Beschreibung über diese »Art mit einer Form auf Zeug zu malen« und nennt dabei auch den Gebrauch von Holzschnitttafeln in der Größe eines Backsteins. Ein Jahrhundert später schrieb *Margarete Holzschuher*, Priorin des Katharinenklosters zu Nürnberg, eine Anleitung zum Zeugdruck auf, wobei sie ein walzenförmiges Holz nennt, mit dem der Holzschnittblock von oben gleichmäßig stark an das Gewebe gedrückt wird. *Cennini* dagegen schrieb, daß von unten mit einem Holz gegen die linke Seite des Stoffes gerieben wird, um einen guten Abdruck des Models zu erhalten. Man druckte nun auch nicht mehr nur Schwarz und Rot, sondern bereits auch Grün, Gelb und Lichtblau. In der nachfolgenden Zeit des wirtschaftlichen Aufschwungs galt der Zeugdruck bei den begüterten Schichten als »Armeleutekunst« und versiegte, wozu auch die eingeführte Kleiderordnung beitrug.

Der moderne Textildruck nimmt eigentlich in der 2. Hälfte des 17. Jahrhunderts seinen Anfang. Seereisende Kaufleute brachten indische Kattune, feine Baumwollstoffe mit prächtigen Mustern bedruckt, nach Europa. Diese sogenannten *Indiennes* regten drucktechnisch zur Nachahmung an. Das reiche Bürgertum kleidete sich nur noch mit indischen und persischen Stoffen, selbst Gardinen, Kissen, Stühle und auch die Betten mußten aus den großblumigen, in lebhaften Farben gehaltenen Chintzen oder gemalten Kalikos sein. Sie wurden mehr als eine Modeerscheinung und verursachten letzten Endes geradezu einen Modekrieg. Das einheimische Gewerbe war bedroht. Deshalb erließ der englische König ein Gesetz, das die Einfuhr indischer Druckstoffe verbot. Der Schleichhandel blühte – in Frankreich und Deutschland trug sich ähnliches zu. Daraufhin versuchte man die ausländischen Kattune zu imitieren, und so entstand 1678 in Amsterdam die erste Kattundruckerei in Europa. *Jeremias Neuhofer* eröffnete 1689 die erste Kattundruckerei in Augsburg, nachdem er technische und finanzielle Schwierigkeiten überwunden hatte. Er druckte in *holländischer Art* die sogenannten *Porzellandrucke*, ein Reserveverfahren, das der Herstellung blauweiß gemusterter Kattundrucke diente, die farbig an chinesische Porzellane und Delfter Fayencen erinnerten.

Mitte des 18. Jahrhunderts entstanden unter den neuen kapitalistischen Produktionsverhältnissen in Deutschland kleine Manufakturen auf dem Gebiet des Zeugdrucks, und auch in Frankreich entwickelte sich der moderne Textildruck rasch. *Johann Heinrich Schüle* gründete 1759 in Augsburg eine Manufaktur. *Oberkampf* entwickelte in seiner Manufaktur in Frankreich eine Druckmaschine mit hölzernen Druckwalzen, in die die Musterung reliefartig eingeschnitten war. Somit übertrug er die Modeln des Handdrucks auf die Walze.

Der Schotte *Bell* gravierte 1783 die Druckmuster in eine Kupferwalze ein und wurde somit zum Begründer des modernen *Rouleaux-* oder *Walzendruckes*. Mit der Einführung dieser Druckmaschine konnte eine gewaltige Steigerung der Produktion erzielt werden, die bedruckten Stoffe wurden preiswerter. Europa belieferte nun den Orient mit Chintzen.

Neben den vielen Erfindungen, die der Vor- und Nachbehandlung des Stoffes dienen, war der *synthetische Farbstoff* die wertvollste Entdek-kung des 19. Jahrhunderts für den Zeugdruck, wodurch die Stoffe farbenfroher und unempfindlicher gegen Wasser, Luft und Sonne wurden.

Im Gegensatz zu den Buntdrucken auf Baumwolle, die in Manufakturen und Fabriken nunmehr industriell betrieben wurden, blieb der *Blaudruck* bis zum heutigen Tag eine Handarbeit, die in kleinen Werkstätten ausgeführt wird. Er war besonders für die Trachten von großer Bedeutung. In diesen Gegenden ist er zur traditionellen Volkskunst geworden.

In den 20er Jahren des 20. Jahrhunderts spielte der *Spritzdruck* eine große Rolle. Die Musterung entsteht dabei durch Abdecken mit einer Schablone aus PVC-Folie. Die dünnflüssige Farbe wird mit Hilfe einer Spritzpistole und Preßluftdruck zerstäubt auf den Stoff gespritzt. Dabei bestimmen Größe der Düsenöffnung und Stärke des Luftdrucks die glatte, frei von wolkenartigen Schattierungen aufgespritzte Fläche. Vornehmlich Tischdecken und dergleichen wurden im Spritzdruck gemustert. Eine unangenehme Begleiterscheinung bei diesem Verfahren ist der dabei entstehende Farbnebel. Um diesem zu entgehen, befaßte man sich in der Folgezeit mehr mit dem *Bürstdruck*. Dazu wurden die gleichen Schablonen benutzt, nur der Farbauftrag erfolgte mit einer Bürste.

Der *Filmdruck* gehört zu den jüngsten Druckverfahren in Europa. Er entwickelte sich aus dem *Yuzen-Druck* der Japaner, bei dem die Schablonen aus einem besonders verleimten Papier bestehen und der Farbauftrag mittels Rakeln geschieht, und der amerikanischen Erfindung, die anstelle der Schablone ein ganz feines Gewebe nutzt und somit zum Sieb überleitet. Schon in den dreißiger Jahren wurde dieses Druckverfahren bedeutsam für die Textilindustrie. Seitdem sind die Bezeichnungen Siebdruck und Filmdruck gebräuchlich. Der Begriff *Siebdruck* wird vornehmlich im *grafischen Gewerbe* verwendet, der Begriff *Filmdruck* in den *Textildruckereien*. Mit dem Wort Film ist die auf die Gaze aufgetragene Lackschicht gemeint, die nur das zu druckende Muster frei läßt.

Der Filmdruck ist besonders für den Druck geringer Meterzahlen rentabel, da die Herstellung einer Druckschablone billiger ist als die Gravierung der Kupferwalzen. Besonders eignet er sich zum Bedrucken von Vierecktüchern. Man kennt das *Filmhanddruckverfahren* in kleineren Werkstätten und auch den *halbmecha-nisierten Filmdruck*. Große Textildruckereien bevorzugen heute den *vollmechanisierten Filmdruck* mit verschiedenen Typen der Filmdruckmaschinen, an der Automatisierung wird gearbeitet.

Die Originalzeichnung des Stoffentwurfs wird auf elektronischem Wege auf die Druckschablone übertragen.

Neben dem heute inzwischen technisch hochentwickelten Maschinendruck hat sich noch bis ins 20. Jahrhundert auch der Handdruck erhalten. Zwar wird es heute in den 80er Jahren kaum noch einen Handdrucksaal wie vor 50 bis 70 Jahren geben, doch wollen wir noch beschreiben, wie der Handdruck damals allgemein ausgeführt wurde.

Auf langen Arbeitstischen, die wegen der elastischen Druckunterlage mit Filzdecken überzogen waren, lag ausgerollt das zu bedruckende Gewebe, das an den Längsseiten festgesteckt wurde, um ein Verrutschen beim Druckvorgang zu vermeiden.

An den Längsseiten der Tische war je eine Schiene angebracht, worauf der Farbkasten entlangrollen konnte. Ganz früher fuhr darauf der sogenannte *Streicherbub* mit, der als Gehilfe des Handdruckers dafür zu sorgen hatte, daß das Farbpolster immer mit genügend Farbe getränkt war. Später liefen die Chassis mit dem Zubehör auf den Schienen in Greifhöhe über der Stoffbahn mit. Die Bezeichnung *Handdruck* bedeutete, daß der Druckvorgang mit den Händen ausgeübt wurde, andererseits aber auch, daß mehrere Handdrucker an einer Stoffbahn Hand in Hand arbeiteten mit verteilten Rollen. Der eine druckte beispielsweise die blaue Zeichnung ein, der nächste die rote und ein dritter die braune. Dabei mußten die Handdrucker, die schrittweise sich folgten, bei jedem Abdruck sorgfältig darauf achten, daß die Modeln richtig angesetzt wurden. Rapportstifte, in der Fachsprache *Passer* benannt, zeigten den genauen Ansatzpunkt an. Ein Handdrucker mußte sehr geschickte Hände haben und ein sicheres Auge. Der Model, der, wie bereits *Cennini* schrieb, etwa die Größe eines Backsteins hatte, wurde mit der rechten Hand aufgesetzt und links mit dem *Klopfer* angeklopft. Der Klopfer ist eine Art Holzhammer, bei dem man aber nicht mit dem Hammerkopf, sondern mit dessen Stiel klopfte. Nur jahrelange Erfahrung lehrte, wie stark, wie oft und

Bild 2/131. Wandbehang zur Erinnerung an den Frieden von Preßburg 1805, mehrfarbiger Direktdruck – Schloßmuseum Altenburg

an welchen Stellen des Models geklopft werden mußte.

Die Modeln wurden von Formenschneidern geschnitzt, die früher eine eigene Berufsgruppe bildeten. Bild 2 / 131 zeigt einen mehrfarbigen Direktdruck aus dem Jahre 1805.

2.6.2. Direktdruck mit Modeln

Kartoffelstempeldruck

Eine einfache Direktdrucktechnik, die heute schon allgemein bekannt ist, ist der Kartoffelstempeldruck. Mit ihm lassen sich die verschiedensten Gegenstände des täglichen Gebrauchs mustern. Die Kartoffel gehört zu den weichen Materialien, zu denen auch die Rübe, die Kürbisschale, das Radieschen und andere zählen, in die sich leicht Muster einschneiden lassen. Ihre Anwendung auf Papier wie auch auf Stoff ist schon für die Arbeit mit Kindern geeignet und aus dem Werkunterricht bekannt.

An Werkzeugen werden nur wenige Dinge benötigt, um dieses Verfahren auszuführen, die meisten davon finden sich in jedem Haushalt: ein Brett und ein großes, scharfes Küchenmesser, ferner ein Linolschnittbesteck, ein weicher Kopierstift, zwei bis drei Flachpinsel mit weichen Haaren und ein paar Fläschchen Textil-Malfarben, die in Fachgeschäften erhältlich sind. Stecknadeln und evtl. dunklen Faden zur Markierung, ferner eine einfache Schlafdecke als Druckunterlage, über die dann noch eine Lage Fließpapier oder ein altes Bettlaken als Druckläufer gegeben wird. Die Trockenhandtücher in Rollen kann man gut zum Abdrücken der überflüssigen Farbe an den Rändern des Stempels benutzen.

Zum Bedrucken kann leinenbindiger Wäschestoff verwendet werden, aus dem vorher die Appretur (Schönschicht auf dem Gewebe) entfernt worden ist, z. B. Nessel, Linon, Popeline und andere feine Leinen ohne starke Struktur in zunächst hellen oder naturfarbenen Tönen, da auf solchen Stoffen die aufgedruckte Farbe leuchtend stehen bleibt. Auf farbigen Stoffen muß man die Farbmischverhältnisse beachten, da die Stoffmalfarben nur lasieren, nicht decken.

Die Kartoffel wird, mit dem großen Küchenmesser hin und her sägend, aufgeschnitten, und zwar so, daß die größtmöglichen Druckflächen

entstehen. Natürlich müssen die beiden Schnittflächen einwandfrei glatt sein. Poröse oder eingeschnittene Stellen spiegeln sich im Druck deutlich wider! Auf solch eine glatte Fläche zeichnet man sich dann mit dem weichen Kopierstift ein Quadrat oder Rechteck auf, und zwar so groß, wie es die Kartoffelschnittfläche erlaubt, und schneidet dasselbe mit dem Küchenmesser aus der Kartoffel heraus. Das ist notwendig, damit man dann beim Drucken genau die Ansatzstellen sehen kann, was die äußere Kartoffelform nicht ermöglichen würde. In die Druckfläche dieses Stempels schneiden wir nun ein schlichtes geometrisches Ornament ein, welches man zuvor leicht mit dem Kopierstift auf die Kartoffeldruckfläche aufzeichnen kann. Jetzt werden also die Stellen aus dem Kartoffelstempel herausgeholt, die laut Muster nicht drucken sollen. Einem Holzmodel gleich drucken dann die Musterteile des Stempels, die erhaben hervortreten (Bild 2 / 132). Es ist ratsam, zum Schneiden solcher geometrischer Motive die große kantige U-Feder aus dem Linolschnittbesteck zu benutzen. Die Feder darf beim Arbeitsvorgang nur so tief in die Kartoffeloberfläche einschneiden, daß die beiden Seitenkanten der Feder auf der Schnittfläche sichtbar bleiben. Das bedeutet, daß der Schnitt etwa 2 mm tief eingeschnitten wird und die Schnittkanten des Motivs unbeschädigt bleiben. Das ist außerordentlich wichtig. Auch darf beim Stempelschneiden nie ein Stückchen Kartoffel herausgebrochen werden. Linien, die in der Fläche enden, werden mit dem im Linolschnittbesteck befindlichen Messerfederchen sorgfältig angeschnitten, bevor der herausfallende Streifen

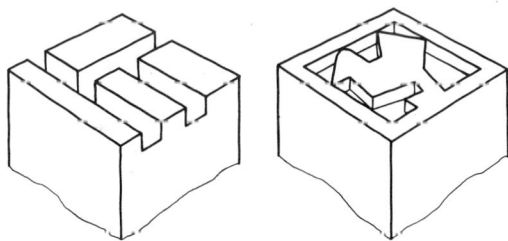

Bild 2 / 132. Kartoffelstempel mit geometrischen Formen und mit figürlichem Muster, das Motiv ist positiv geschnitten

entfernt wird. Auch bei Eckmusterungen innerhalb des Stempels ist ein Anschneiden der Ecke mit dem Messerfederchen notwendig. Eine längere Erfahrung lehrt, daß auch dieses Anschneiden äußerst sorgfältig geschehen muß, denn wenn dabei unnötig weit oder unnötig tief eingeschnitten wird, sammelt sich an diesen Stellen das Wasser der Kartoffel und wird immer unsaubere Stellen beim Aufdrukken zeigen.

Das Stempelschneiden sollte anfangs ein wenig geübt werden, denn ein einwandfreier Stempel ist das A und O des Druckes. Seine Schönheit läßt sich bereits prüfen, wenn der ausgeschnittene Stempel zunächst ohne Farbauftrag auf das Fließpapier gedrückt wird.

Ist das Muster gut, der Schnitt einwandfrei und der Stempel einige Male auf Fließpapier abgedrückt worden, damit das Wasser aus der frisch aufgeschnittenen Kartoffel abgesaugt ist, kann mit dem Druck auf das Gewebe begonnen werden.

Der Stoff, der bedruckt werden soll, wird fadengerecht im rechten Winkel angenadelt und auch eine Probe des Stoffes dazu, denn es empfiehlt sich, Muster und Farbgebung erst in verschiedenen Varianten zu erproben, bevor man mit der Arbeit beginnt. Die Farbe, die zuvor umgerührt wurde, läßt sich gut mit anderen Farbtönen mischen, um Zwischentöne zu erzielen.

Mit einem flachen Haarpinsel wird dann die Farbe auf den Kartoffelstempel aufgetragen, wobei darauf zu achten ist, daß nicht die äußere Form beschmiert wird oder die Farbe sich in die Schnittgruben setzt. Auch das spiegelt sich im Abdruck deutlich wider. Nach jedem Abdruck muß der Stempel neu eingestrichen werden. Wenn die Probe gefällt und die Reihung der Stempelabdrucke den gewünschten Rhythmus zeigt, schneidet man diese vorsichtig aus. Die Probe wird an die erste zu bedruckende Reihe des Hauptstückes angelegt, um Fehldrucke zu vermeiden. Ob man das Muster in geraden Reihen aneinandersetzt oder man es immer auf Lücke versetzt, ob man es zu einer quadratischen oder rechteckigen Flächenmusterung zusammenfügt und dabei auch im rhythmischen Wechsel den Stempel dreht, auf eines ist unbedingt zu achten: Das Muster darf nie schräg über die Struktur des Stoffes gedruckt werden, sondern es muß immer mit der Struktur mitgehen. Will man beispielsweise

nur eine Ornamentkante auf den Stoff abdrukken, so sollte man vorher genau Anfang und Ende des Musters mit Hilfe von Stecknadeln und einem Maßstab festlegen. Von einer Stecknadel zur anderen läßt sich leicht ein Faden spannen, welcher hilft, wesentliche Fehler beim Drucken zu vermeiden. Man achte darauf, daß das Fädchen stets neben dem Druck läuft, denn wenn der Stempel auf diese Markierung aufgesetzt wird, reserviert der Faden an dieser Stelle auf dem Stoff und bleibt als feine unbedruckte Linie stehen.

Die fertig gedruckte Arbeit wird dann abgespannt und möglichst noch am gleichen Tag zuerst von links und dann von rechts mit einem sehr heißen Bügeleisen gebügelt. Durch diesen dabei entstehenden Dämpfprozeß wird die Farbe auf dem Stoff haltbar und somit waschecht und sogar kochfest. In der Fachsprache sagt man dazu »naßecht«. Ungebügelte Drucke lassen sich verhältnismäßig leicht wieder auswaschen. Dazu ist zu bemerken, daß die einzelnen Farben auch in ihrer Naßechtheit unterschiedlich sind. Das liegt meist am Farbton. Im allgemeinen kann man behaupten, daß die Textilmalfarben von einer sehr guten Qualität sind!

Wir können, wie schon beschrieben, den Kartoffelstempel mit einer Farbe bestreichen, es ist aber auch möglich, einzelne Motivteile, die man durch einen Einschnitt voneinander trennen muß, mit einer zweiten oder dritten Farbe einzustreichen, so daß in einem Druckgang ein mehrfarbiger Druck entsteht. Es ist möglich, farbige Flächen ohne Mustereinschnitt zu unterlegen und andersfarbige mit Mustereinschnitt darüber zu drucken. Dabei wird die Farbe des Unterdrucks immer zart und hell und auf das darüber zu druckende Motiv abgestimmt sein.

Die technische Verfahrensweise ist bei den anderen weichen Stempelmaterialien, der Rübe, der Kürbisschale und dem Radieschen, die gleiche wie beim Kartoffelstempeldruck. Die Kohlrübe oder Futterrübe bietet zwar eine größere Druckfläche, ist aber grobporiger als die Kartoffel. Der Kartoffel als Druckstempel sehr ähnlich ist die Kürbisschale. Am besten eignen sich frisch geerntete, dickfleischige Kürbisse, von denen man gerade Stempelflächen abschneiden kann. Mit dem Radieschen kann man je nach Größe nur Pünktchen und Punkte drucken. In der Mitte durchgeschnitten, läßt sich der Stempel gut an den Blätterstielen halten. Man stelle sich aber die Gestaltung eines Pünktchentuches nicht so einfach vor, wenn es wirklich schön sein soll. Ist die Technik des Kartoffelstempeldrucks auch sehr verbreitet, so sind doch die vielfältigen Gestaltungsmöglichkeiten mit dieser einfachen Technik weniger bekannt.

Es wäre unsinnig und würde nicht dem Aufwand entsprechen, den die manuellen Drucktechniken erfordern, wollte man schlechthin Meterware drucken, die die industrielle Fertigung schneller und besser herstellt. So kann es sich bei allen Handdrucktechniken nur um das individuelle Einzelstück handeln, wobei bedruckte textile Gegenstände meist zweckgebunden sind und ihnen eine dienende Funktion obliegt. Zu beachten bleiben auch die spezifischen Gesetze der Textilgestaltung, denen sich alle Schmucktechniken unterzuordnen haben.

Die Druckverfahren leben von der Wiederholung der Motive, und so ist es erforderlich, die unterschiedlichen Rapportierungsmöglichkeiten zu kennen (Bild 2/133). Interessanter werden die Rapporte, wenn man mit Rapportgruppen arbeitet. Man muß wissen, wie man die gegebene Fläche bei Tischläufern, bei Gedecken und Servietten aufteilen kann, wie man die Stempel richtig setzt, wenn eine Mittelfläche, von der Mitte ausgehend, bedruckt werden soll. Wie die Ecken gestaltet werden, wenn figürlich gemusterte Bordüren die Außenkanten bilden, zeigt der im Abschnitt »Weben« abgebildete Teppich von Pasürük (siehe Bild 2/43).

Zu einer guten Flächenkomposition gehört aber auch eine gute Gestaltung des Druckstempels. Ein feines Beispiel für einen Positiv-Negativ-Druck zeigen die Bilder 2/134 und 2/135, die von Skizzen im Tierpark, dem Stilisieren der Formen über den Klappschnitt zum Ergebnis führen.

Ausgezeichnet eignen sich die Druckverfahren zu festtagsgebundenen Arbeiten, weil das Drucken der kurzlebigen Verwendungsmöglichkeit entspricht.

Interessant wird jede bedruckte Textilie, wenn sie mit ungemusterten Farbflächen unterlegt wurde, eine Möglichkeit, die auch nach Vollendung des Musterdrucks durch Überdrucken desselben nachgeholt werden kann. Meist allerdings ist es so, daß die Farbe des Muster-

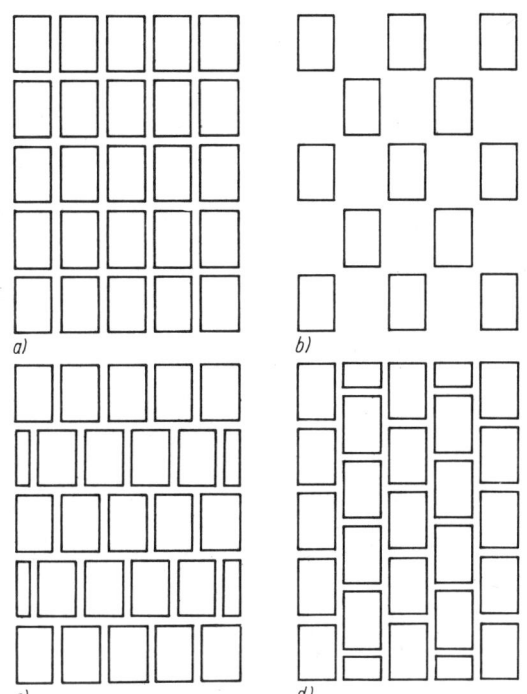

Bild 2/133. Rapportierungsmöglichkeiten bei der Flächengestaltung. a) einfacher Rapport (direkt nebeneinander und direkt untereinander versetzt), b) ausgesparter Rapport (auf Lücke versetzt), c) waagerecht halb versetzter Rapport, d) senkrecht halb versetzter Rapport

drucks durch das Überdrucken etwas leidet. Sie wird an den Stellen, an denen sie überdruckt wurde, milchig, weil man für die darunter liegenden ungemusterten Flächen fast immer eine helle Farbe wählt, die mit Weiß abgetönt wird. Andererseits ist das Aufsetzen der Farbflächen auf den bereits bestehenden Musterdruck leichter. Ein gutes Augenmaß ist ausreichend, die Übereinstimmung der Rapporte zu erzielen. Im Druckverfahren kann auch thematisch gestaltet werden, allerdings nicht in erzahlender Form, sondern in rhythmischer Wiederholung, beispielsweise der typischsten Figur des Themas.

Das Bedrucken getönter oder farbiger Stoffe

Wenn bisher auf weiße oder naturfarbene Stoffe gedruckt wurde, so hat das den Vorteil, daß die aufgedruckten Farben leuchtend und

a)

b)

c)

Bild 2 / 134. Von der Naturstudie zur textilen Gestaltung
a) Skizzen, im Tierpark entstanden, b) stilisierte Form, c) unterschiedliche Gestaltung im Klappschnittverfahren

klar bleiben. Die Verwendung von weißen oder sehr hellen naturfarbenen Stoffen zum Bedrucken hat auch einen Nachteil, der in jedem Fall dann eintritt, wenn das aufgedruckte Material mager ist. Dann dominiert das Weiß, und das Muster wirkt nur spärlich. Weiß verdrängt optisch jede sparsame Musterung. Das ist anders bei getönten Stoffen. Da die Textilmalfarbe lasiert, d. h. den Untergrund durchscheinen läßt, entstehen beim Drucken auf solche Stoffe neue Farbtöne, die mit der Untergrundfarbe verwandt sind. Natürlich ist es ratsam, die gewünschten Farben erst zu erproben. Es gibt Stoffe, auf denen die Farben mehr lasieren, auf anderen weniger. Sämtliche warmen Farbtöne, wie gelblicher, roseefarbener oder sandfarbiger Stoff, verändern die aufgedruckte Farbe nicht so sehr wie bläuliche oder Blau beinhaltende gefärbte Stoffe, nämlich graue, türkisfarbene oder zart olivfarbene Stoffe.

Ein handgedrucktes Kleidungsstück ist etwas Besonderes. Eine solche Bluse oder ein solches Kleid in schlichter Schnittführung gearbeitet, aber mit einem unbedruckten Koller oder einem unbedruckten breiten Saum, kann sehr gut wirken. Man sieht ihm an, daß es von Hand gedruckt sein muß. Dabei ist eine Ensemblegestaltung anzustreben. Originelle Ideen eignen sich hauptsächlich für Strand-

kombinationen. Den Druckstoff kann man auch als Futter bei einem unifarbenen Sommerkomplet oder auch zu einem Schal am unifarbenen Kleid verwenden. Dem Handdruck in modischer Anwendung kommt man mehr entgegen, wenn das Kleidungsstück erst zugeschnitten wird und man es dann, die Form des Schnittes unterstützend, nur partiell bedruckt.

Das Fertigstellen bedruckter Gegenstände soll in diesem Zusammenhang nicht unerwähnt bleiben. Gedecke kann man formal ganz unterstützen, indem die beiden Längsseiten fein mit Hohlstichen gesäumt und nur die Breitseiten kurz ausgefranst werden. Bei bedruckten Decken ist das Befestigen der Ränder mittels dekorativer Zierstiche nicht werkge-

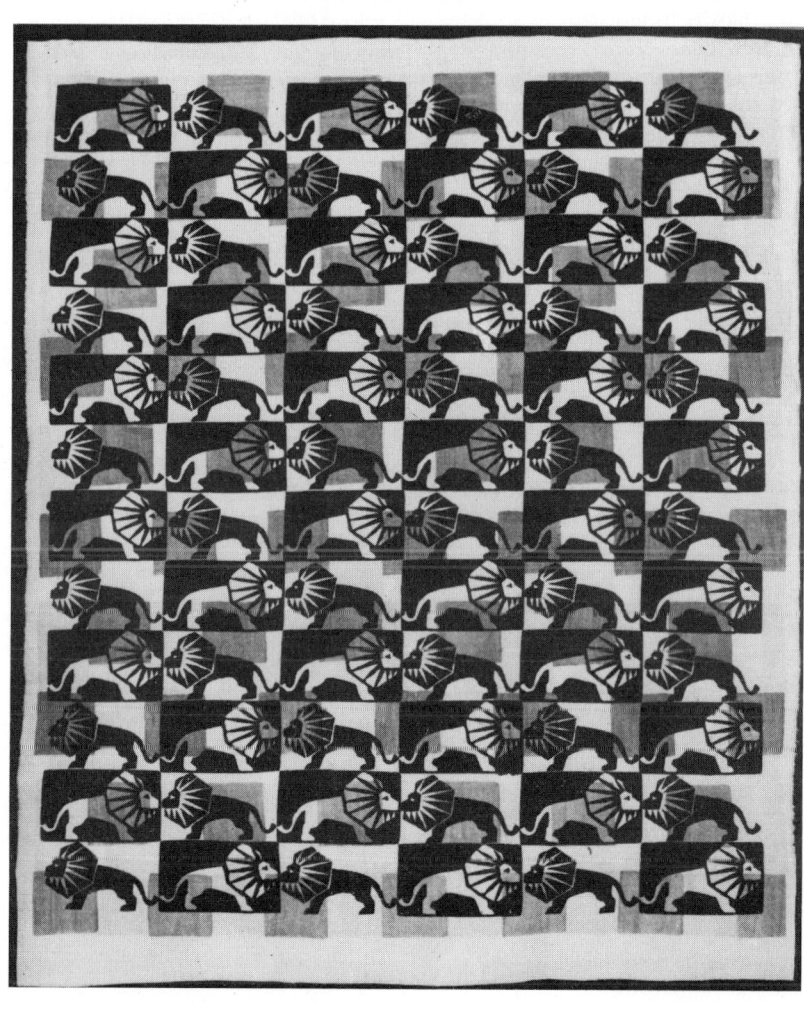

Bild 2/135. Das Ergebnis, ausgeführt in Kartoffelstempeldruck – *Irene Prieß*, Berlin

recht. Selbst ein handgearbeiteter Hohlsaum ist an einer bedruckten Decke zu viel, da zwei verschiedene Techniken an einem Stück nicht angewendet werden sollten. Eine schlichte Maschinennaht, die das weitere Ausfransen der Fäden verhindert, ist möglich, wohingegen man auf eine maschinelle Zickzack-Naht verzichten sollte. Halstücher und Schals wie auch Wandbehänge, so letztere überhaupt gedruckt werden, werden mit der Hand umgesäumt, dagegen näht man Kissenhüllen, Gardinen und dergleichen selbstverständlich mit der Maschine.

Erproben von Stempeln aus anderen Naturmaterialien

Es gibt Materialien, die muß man nehmen, wie sie sind, ohne sie gestalterisch bearbeiten zu können. Dazu gehört das bereits erwähnte Radieschen, vor allem wenn es sehr klein ist, und auch die junge Mohrrübe. Beide ergeben einen Punkt im Abdruck. Es macht viel Spaß, auch andere Naturmaterialien zu erproben. Nimmt man Zwiebeln und schneidet eine längs und eine quer auf, so spiegeln sich im Abdruck die gewachsenen Häute wider, einmal längs (Bild 2/136) und einmal in unterschiedlichen Ringen (Bild 2/137). Wenn man nach dem Aufschneiden noch ein wenig wartet und erst den Zwiebelsaft eintrocknen läßt, vermischt

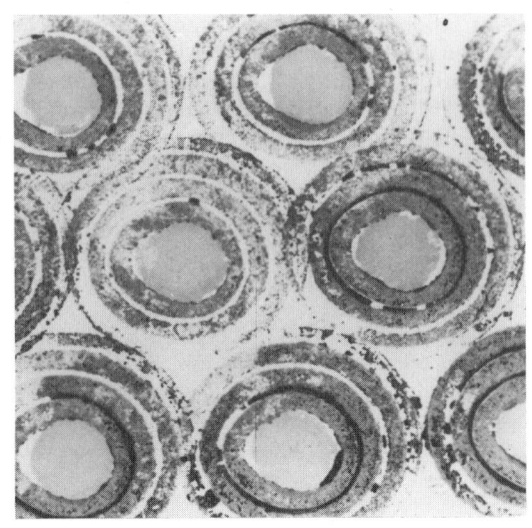

Bild 2/137. Druck mit quer aufgeschnittener Zwiebel und Mohrrübe – *Ursula Schweiger*, Potsdam (Elementarstufe)

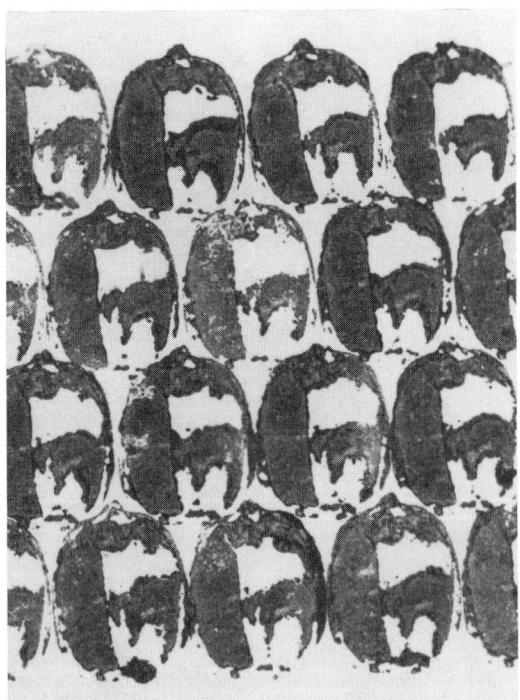

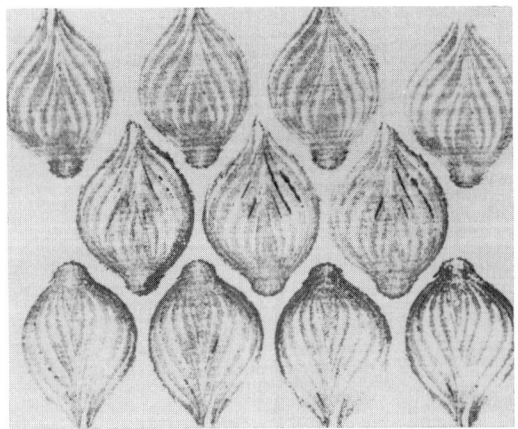

Bild 2/136. Druck mit einer längs aufgeschnittenen Zwiebel – *Helga Krieger*, Potsdam (Elementarstufe)

Bild 2/138. Druck mit aufgeschnittenen Eicheln (Elementarstufenergebnis)

150

sich dieser nicht mit dem Farbauftrag, und die gewachsenen Formenteile werden deutlicher. Ganz interessant ist der Abdruck einer aufgeschnittenen Kastanie. Eichelkäppchen zeigen zarte Ringe beim Abdruck (Bild 2 / 138). Solche Druckmodeln lassen sich sogar richtig stempeln. Dafür bereitet man sich ein Stempelkissen in einem Marmeladendeckel vor, indem man dahinein ein rundes Stück Filz, am besten von einem nicht mehr getragenen Hut, legt und Stoffmalfarbe darüber gießt. Die Farbmenge darf nur den Filz tränken, der Filz darf nicht in der Farbmenge ertrinken. Auch ein neues Stempelkissen kann dazu verwendet werden.

2.6.3. Drucken mit Stempeln aus Holunder, Radiergummi, Porokrepp und Linoleum

Im Gegensatz zu den Stempeln aus weichem Material, die schnell vergänglich sind, sind die Stempel der nunmehr beschriebenen Drucktechniken von Dauer. Aus *Holunderholz* lassen sich viele Stempel unterschiedlicher Größe herstellen, die den garnrollenähnlichen Stempeln des Altertums gleichen. Man sägt rechtwinklig zum Ast jeweils Stücke von 6…8 cm Länge ab, entfernt die Rinde, schmirgelt die Hirnseiten sauber und holt vorsichtig das Mark in der Mitte des Zweiges heraus. Die so entstandenen Stempel, die nur eine dünne Wandung haben, können gleich so als Ring aufgedruckt werden. Es ist empfehlenswert, von dieser einfach herzustellenden Art der Stempel viele in unterschiedlichen Größen und unterschiedlichen Wanddicken zur Verfügung zu haben, da sich mit ihnen durch Zusammensetzen neue Motive gestalten lassen. Aus dickwandigen Zweigen lassen sich nach Vorzeichnung mit einem scharfen feststehenden Messer Rillen herausschnitzen, so daß ein sternförmiges oder blütenförmiges Motiv erhaben aus dem Hirnholz hervortritt. Das Markloch in der Mitte des Zweiges ist stets in die Musterung mit einzubeziehen. Die herauszuholenden Musterteile, zumeist Rillen, sollten schräg zu den stehenbleibenden angeschnitten werden und etwa 2…3 mm tief sein, damit ein präziser Abdruck des Musters gewährleistet ist. Wenn auch das Schnitzen der Stempelform etwas Kraft erfordert, so erfreut man sich doch an ihrer Beständigkeit.

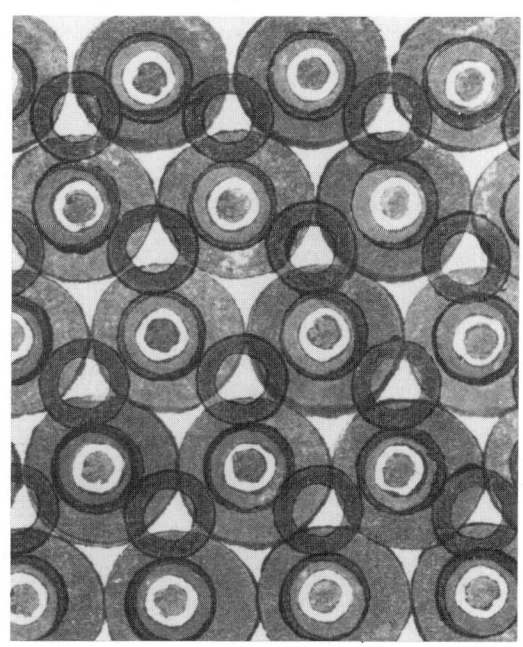

Bild 2 / 139. Proben in Holunderdruck – *Ingrid Reinhold, Ursula Schweiger*, Potsdam (Elementarstufenergebnisse)

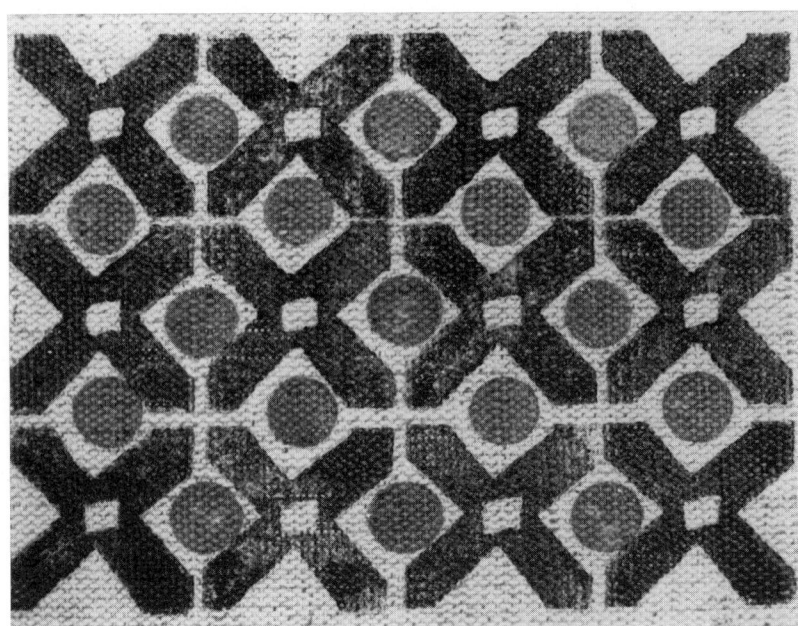

Bild 2 / 140. Radiergummidruck auf grobem Leinen, zweifarbig – *Heike Gutewort*, Potsdam (Elementarstufe)

Bild 2 / 141. Schal, mit Radiergummi- und Holunderstempel bedruckt (Lehrgangsergebnis)

Zum Druckvorgang kann wieder das mit Stoffmalfarbe vorbereitete Stempelkissen genutzt werden.

Nach öfterem Abdrucken des Holunderstempels auf einer Stoffprobe oder Fließpapier (in Geschäften für Fotobedarf in großen Bogen erhältlich) ist das Holz mit Farbe gesättigt und druckt nun einwandfrei (Bild 2 / 139). Bei Farbwechsel wird der Stempel mit einem Lappen gereinigt. Bevor man die Stempel für eine spätere Benutzung aufbewahrt, sollten sie kurz in lauwarmem Wasser gesäubert werden.

Druckstempel lassen sich mit einem spitzen scharfen Messer auch gut aus einem mittleren bis großen *Radiergummi* schneiden. Die Muster können ein klein wenig filigraner werden, als das beim Kartoffelstempel möglich ist, jedoch sind Rundungen zu vermeiden. Medaillonartige Muster genießen den Vorzug. Die Konturen grenzt man mit einem etwa 3 mm tiefen Schnitt ab, der wiederum leicht schräg ausgeführt werden sollte, biegt dann den Gummi ein wenig auseinander, wodurch man die kleinen Flächen oder Rillen, die nicht drucken sollen, bequem herausholen kann. Die Radiergummistempel sollten alle eine gewisse Höhe von etwa 10...15 mm haben, damit man sie gut und sicher anfassen kann. Zum Farbauftrag wird ein Stempelkissen benutzt, wie bereits beschrieben (Bild 2 / 140).

Das Mischen der manuellen Druckfarben miteinander ist möglich, soweit die gleiche Farbsorte benutzt und die Gestaltung unterstützt wird.

Der Holunderdruck ist beispielsweise gut mit runden Radiergummistempelformen zu ergänzen (Bild 2 / 141).

2.6.4. Glasdruck

Bei den bisher beschriebenen manuellen Druckverfahren handelt es sich um ein *Hochdruckverfahren*, d. h., es werden Stempel oder Model gebraucht, bei denen das zu druckende Motiv hoch, noch besser gesagt, erhaben hervorsteht.

Das direkte Mustern von Stoffen ist aber auch im *Flachdruckverfahren* möglich. Hierzu gehören der Glasdruck und der Filmdruck.

Die Verfahrensweise beim Glasdruck gleicht der Monotypie (Einabzug), d. h., es kann jeweils nur ein Abdruck je Farbauftrag erfolgen.

Zum Glasdruck werden die Textilmalfarben verwendet, einige kleine Glasplatten in rechteckiger oder quadratischer Form (sehr geeignet sind die Scheiben von Dia-Rahmen) und zwei bis drei flachgebundene Borstenpinsel. Damit die Glasplatte besser gehalten und auf den Stoff aufgesetzt werden kann, muß sie mit einem Griff versehen werden. Dazu sind kleine Holzklötzchen oder Flaschenkorken brauchbar, die man mit Alleskleber befestigt, und zwar am Tag zuvor, damit sie zum Arbeitsprozeß auch wirklich fest kleben.

Zum Bedrucken ist es ratsam, möglichst feinen Stoff zu wählen, z. B. Batist, feine Kunstseide oder reine Seide, auch leicht transparentes Material. Der Stoff wird sorgfältig rechtwinklig mit Stecknadeln auf der Druckunterlage befestigt. Er muß vor dem Druck noch einmal überbügelt werden, da sich bei diesem Flachdruckverfahren jedes kleine Fältchen wie auch eine nicht ganz einwandfreie Unterlage sofort im Muster widerspiegeln bzw. durch den Farbaufdruck musterstörend werden. Ist der zu bedruckende Stoff durchsichtig genug, daß eine Bleistiftlinie, auf dem darunterliegenden Fließpapier aufgezeichnet, gut erkennbar ist,

kann man sich das Einteilen des Musters wesentlich erleichtern. In diesem Fall wird die Flächenkomposition auf dem Fließpapier mit Bleistift angelegt. Da der Glasdruck sich besonders reizvoll auf zarten Tüchern und Schals ausnimmt, ist für ein Viereichtuch eine Mittelflächenfüllung empfehlenswert. Man kann auf dem Fließpapier die Flächenbegrenzungen festlegen, man kann aber auch noch weiter gehen und die Stempeleinteilung mit den noch sauberen Glasscheiben vornehmen und mit Bleistift markieren.

Für den Druckvorgang wird die Druckfläche der Glasscheibe mit Farbe bestrichen, und zwar verhältnismäßig fett. Durch den Pinselstrich verteilt sich die Farbe nicht gleichmäßig auf der Glasplatte, sondern, von den harten Borsten strichweise verdrängt, sammelt sie sich an manchen Stellen an. Diese deutlich sichtbaren Pinselstriche bilden in diesem Fall die Musterung des Stoffes, da der Abdruck sie genau widerspiegelt. Es ist deshalb empfehlenswert, die Pinselstriche ordentlich von Außenkante zu Außenkante über die Glasscheibe zu ziehen. Erst wenn die Pinselzeichnung auf der Glasplatte gelungen ist, wird der Abdruck lohnend. Bevor aber der Abdruck auf Stoff vorgenommen wird, müssen noch die Ränder der Glasscheibe gesäubert werden, an denen sich durch das Bestreichen Farbe gesammelt hat. Das geschieht am besten durch leichtes Aufsetzen aller vier Außenkanten auf einem weiteren Bogen Fließpapier, der diesen Farbüberschuß sofort aufnimmt und die Pinselzeichnung auf der Druckfläche dabei unbeschädigt läßt. Das Aufsetzen der Glasplatte auf den Stoff muß sicher vonstatten gehen, dabei ist auf den Fadenlauf des Gewebes zu achten. Nach jedem Abdruck muß die Glasplatte neu eingestrichen werden, was in diesem Fall auch bedeutet, daß ebenfalls die Musterung auf der Glasplatte neu hergestellt werden muß. Reiche figürliche Ornamentik im Glasdruckverfahren zu bringen, ist aus diesen Gründen fast unmöglich. Der Abdruck zeigt, wie stark die Pinselstriche die glatt eingestrichene Fläche beleben, und es ist ausreichend, mit ihnen in ganz einfacher Weise dekorativ zu gestalten (Bild 2 / 142). Auch lassen sich auf der bestrichenen Glasplatte mit dem Pinselstiel, einem flach angespitzten Hölzchen oder auch mit einem trockenen, schmalen Flachpinsel oder einem Stück Kartoffel Musterungen einzeichnen, die dann

Bild 2 / 142. Der Glasdruckstempel wird mit veränderter Pinselführung zum zweiten Mal aufgesetzt

im Druck hell erscheinen, weil an diesen Stellen die Farbe verdrängt oder herausgehoben wurde. Andererseits kann man durch das Auftragen einer zweiten Farbe eine dunklere Mischung bewirken. Es ist auch möglich, in zweierlei Farben zweimal übereinander zu drucken und dabei die Pinselführung zu verändern (Bilder 2 / 143 und 2 / 144).

Bild 2 / 145 zeigt, wie sehr der Abdruck vom zu bedruckenden Material abhängig ist. Die Wirkung ist ganz anders und interessant.

Das Glasdruckverfahren kann auch mit anderen manuellen Drucktechniken zusammen angewendet werden. Es ist dabei gut als Unterdruck geeignet, worauf man figürliche Motive, beispielsweise aus Kartoffelstempeln, drucken kann (Bild 2 / 146).

Aber auch die Stoffmalerei läßt sich gut mit dem Glasdruck mischen. Der Glasdruck bildet den Hintergrund der lineardekorativen Zeichnung (Bild 2 / 147).

Bild 2 / 143. Glasdruck, deutlich ist die Pinselführung sichtbar – *Dr. Ute Licht*, Pritzwalk (Elementarstufe)

154

Bild 2 / 144. Proben in Glasdrucktechnik (Elementarstufenergebnisse)

Bild 2 / 145. Glasdruck auf indischen Nessel gedruckt, das Beispiel zeigt, wie sehr der Abdruck vom zu bedruckenden Material abhängig ist – *Christine Ertner*, Luckenwalde (Elementarstufe)

2.6.5. Wissenswertes zum Schablonen- und Spritzdruckverfahren und zum Ätzdruck

Der *Schablonendruck* kann, geschichtlich betrachtet, als Nachfolger der alten Modelhanddrucke angesehen werden. Man fertigte Schablonen aus Karton oder Zink an und benutzte sie, um die Farbe mit dem Pinsel oder besser noch mit Bürsten auf das Gewebe zu streichen, wobei die Schablonen die Musterung aussparten. Vor Jahren gab es noch Handdruckereien, die dieses Verfahren mit ausübten.

Zum Mustern von Stoffen kann man auch den Bürstendruck oder Schablonendruck anwenden. Für die Schablonenherstellung muß ein möglichst haltbares Material dienen, z. B. Aktendeckelkarton oder noch besser PVC-Folie. Die Motive lassen sich daraus mit einem feststehenden Messer herausschneiden, wozu ein Brett untergelegt werden muß.

Als Druckunterlage auf der Tischplatte genügen einige Bogen Zeitungspapier, gut verteilt mit einer Lage Fließpapier. Darüber wird der zu bedruckende Stoff, Leinen oder Nessel, mit Reißzwecken befestigt. Für diese Technik muß die Stoffmalfarbe stark mit Stärke, Pflanzenschleim oder auch Tragant angedickt werden.

Dann wird die Schablone auf den Stoff gelegt und je nach Feinheitsgrad des Musters ab und zu mit einer Stecknadel befestigt, wobei man die senkrecht gehaltene Nadel mit einem kleinen Hammer festklopft.

Zum Farbauftrag benutzt man entweder einen dicken, kurzhaarigen Borstenpinsel oder eine Handbürste. Man taucht die Spitzen davon in die Farbe und tupft diese zunächst um die Kanten der Schablone, damit die Konturen genau werden, und füllt nach und nach die Fläche. Wenn man dazu einen Pinsel verwendet, ist es erforderlich, ihn ganz senkrecht zu halten. Diese Technik kann auch mehrfarbig ausgeführt werden, doch ist für jede Farbe eine neue Schablone erforderlich. Auf das effektvolle Mischen mehrerer Farben in einer Musterfläche wird verzichtet, da dieses sich der gediegenen Handwerkskunst entgegenstellt.

Die *Spritztechnik* ähnelt dem Schablonendruck. Sie ist in einfachster Herstellungsweise allgemein bekannt und wird oft auch von Kindern ausgeführt. Für die Spritztechnik benötigt man auch eine Schablone, die wie beim Schablonen- oder Bürstendruck beschrieben hergestellt wird. Für die Mustergestaltung eignen

Bild 2 / 146. Dekorationsstoff, bei dem der Glasdruck als Unterdruck verwendet wurde. Die darüber gedruckten Motive entstanden im Kartoffelstempeldruck – *Inge Weilepp*, Leipzig

Bild 2 / 147. Tüchlein in Glasdrucktechnik, zusätzlich lineardekorativ bemalt – *Monika Leschik*, Potsdam (Elementarstufe)

sich Ornamente, die sich aus dem Faltschnitt, Reihenschnitt oder Zentralschnitt ergeben, und man kann sie positiv und auch negativ schneiden. Die Schablonen werden auf den Stoff gelegt, der über einigen Bogen Zeitungspapier und Fließpapier aufgespannt ist. Für die Spritztechnik müssen diese aber mit Stecknadeln gut befestigt werden, damit die Farbe nicht durch den Luftdruck unter die Schablonenränder spritzt und die Konturen verwischen. Kinder verwenden zum Spritzen meist nur ein grobmaschiges Sieb und eine Zahnbürste und reiben die Farben damit durch das Sieb. Genauso leicht läßt sich die Farbe aber auch mit einer Fixierspritze aufbringen, wozu man die Arbeit auf ein Reißbrett spannt und an die Wand stellt. Zur anspruchsvolleren Verfahrensweise sollte eine Spritzdüse mit einer Preßluftflasche verwendet werden. Bei der Spritztechnik kommt es darauf an, die Farbspritzer so fein wie möglich zu halten, um den gesamten Farbauftrag gleichmäßig und ohne Wolken zu erzielen. Hierzu wird wieder Textilmalfarbe, aber verdünnt, verwendet. Die fertige Arbeit wird anschließend heiß gebügelt.

Die Spritztechnik ist eine Drucktechnik und als Vorläufer des Filmdrucks zu betrachten.

Bei den Beschreibungen aller handwerklich ausführbaren Druckverfahren soll der *Weißdruck* oder sogenannte *Ätzdruck* nicht unerwähnt bleiben. Er kann mit Holzmodeln ausgeführt werden, die den Stoff in diesem Fall nicht direkt bedrucken, sondern die das Mustern des gefärbten Stoffes durch Ätzmittel erreichen. An den Stellen, wo der Model auf den Stoff aufgedrückt wird, wird die Farbe weggenommen, und das Motiv erscheint weiß. Das anzuwendende Ätzmittel muß in seiner chemischen Beschaffenheit der Farbgruppe entsprechen, die beim vorangegangenen Färbeprozeß verwendet wurde. Außerdem wird die Farbe für den Arbeitsvorgang angedickt, um beim Musteraufdruck die Motivbegrenzungen zu erzielen. Die *Weißätze* kann aber auch mit Farbstoff versetzt werden, so daß man in der Ätzdrucktechnik gleichzeitig auch den Stoff verschiedenfarbig mustern kann.

Diese Verfahrensweise wurde fast ausschließlich industriell angewendet, vornehmlich Buntdrucke auf schwarzem oder anderem dunkelfarbigem Grund sind so hergestellt. Natürlich greift das Ätzmittel auch die Gespinstfaser an. Nach wenigen Jahren kann man beobachten, daß das Gewebe an den Stellen, wo das Motiv auf diese Weise eingedruckt wurde, zerfällt.

2.6.6. Filmdruck

Der *Filmhanddruck* ist das technisch und künstlerisch anspruchsvollste unter den manuellen Druckverfahren. Andererseits ist er relativ einfach und kann ohne komplizierte und teure Einrichtungen durchgeführt werden. In unserem Zeitalter der fortschreitenden, hochentwickelten Technisierung und Automatisierung sollte auch in den qualifizierten Zirkelkollektiven, in denen sich viel mit gestalterischen Aufgaben auseinandergesetzt wird, der Filmhanddruck erprobt werden.

Voraussetzung für dieses Verfahren sind zeichnerische Qualitäten bei den Mitgliedern der Gruppen und ein zirkeleigener Raum mit mindestens einem Drucktisch von 2 bis 2,5 m Länge.

Damit aber meine Erprobungen und Erfahrungen, diese Technik auch im Laienschaffen durchführbar zu machen, den langjährig arbeitenden Zirkeln zugute kommen und man über die spezifische Modifikation orientiert ist, soll die Verfahrensweise ausführlich beschrieben werden. (Die Erprobungen bezogen sich auf die Eigenschaften handelsüblicher Textilfarben und deren Einwirkung auf die Dederongaze und ihre Gewebedichte sowie auf den Verzicht auf aufwendige Farbstoff-Verdickungsmethoden und den damit zusammenhängenden ebenso aufwendigen Dämpfprozeß.)

Wie im Abschnitt über den Schablonen- und Spritzdruck beschrieben wurde, besteht eine Schablone aus einem flachen Papier-, Kunststoff- oder Metallblatt, aus dem das zu druckende Muster ausgeschnitten wird. Dabei kommt es vor, daß Musterteile, wie vollständige Ringe usw., durch irgendwelche Stege gehalten werden müssen, damit sie nicht aus dem Muster herausfallen. Um diese Flächen beispielsweise in der Papierschablone zu halten, verwendete man Haare, und dabei ergab sich die wichtige Beobachtung, daß diese feinen Linien beim Drucken nicht reservierten, wie es bereits Nähfäden tun, was auch mit dem genügend diffundierenden Farbstoff zusammenhängt. Diese Beobachtung leitete über zur Seidengaze, deren feine Fäden im fertigen Druck ebenfalls nicht sichtbar sind. Heute werden Gazen aus verschiedenen Materialien zur Herstellung von Druckschablonen verwendet, und es gibt unterschiedliche Verfahren, wie das Muster aufgebracht wird.

Metallgazen werden durch starken Gebrauch schlaff und straffen sich nicht wieder, wie die elastische Müller- oder Seidengaze. Gegenwärtig werden *Gazen aus synthetischen Fasern* verwendet, die für die einfache Schablonenherstellung keine besonderen Veränderungen in der Arbeitsweise mit sich bringen.

Für die Herstellung der *Filmdruckschablonen* wird hauptsächlich das *fotografische* oder *fotochemische Verfahren* angewendet. Dafür macht sich nach dem Musterentwurf (Dessin) das Malen eines Negativs auf durchsichtiges Papier oder Folie mit Abdeckfarbe erforderlich, und zwar ist für jede Farbe ein separates Negativ notwendig. Des weiteren sind das Profilm-Verfahren und das Reserveverfahren bekannt, und das modernste Verfahren der Dessinübertragung ist das elektronische.

Wir benutzen das einfachste aller genannten Verfahren, das direkte Malverfahren.

In der Industrie sind die Filmdrucktische zwischen 50 bis 100 m lang, mit Wollfilz be-spannt und einem wasserdichten Überzug darüber für das Aufkleben der Gewebe mit Dextrin oder dergleichen. Eine weitere Neuerung, bei der das Gewebe auf ein Untertuch vorgeklebt wird, ist weniger kompliziert.

Wir spannen über den etwa 2 m langen Drucktisch eine Lage Filz und nageln diese unter der Tischplatte fest an. Darüber wird ein einfaches Gewebe, z. B. Hosentaschenfutter oder Fahnenstoff, angenagelt, der sogenannte Druckläufer, der von Zeit zu Zeit erneuert werden muß, weil er viel überschüssige Farbe während des Druckprozesses aufnimmt.

Für den Druckvorgang benötigt man noch eine Rakel. Sie besteht aus einer fast 10 mm dicken Gummiplatte, die in einen Holzgriff eingesetzt ist. Die Gummiplatte ist angeschrägt.

Für die Zirkelarbeit ist die Anschaffung von 2–3 Rakeln von 5 cm, 12 cm und 18 cm Länge ausreichend.

Die *Druckfarbe* muß *pastös* sein. Dazu wird der Farbstofflösung ein Verdickungsmittel zugesetzt, wie Johannisbrotkernmehl, Tragant, Weizenstärke, Senegalgummi oder dergleichen. (Dünnes wird zu Dickem gegeben.) Außerdem muß dem Farbstoff ein Fixiermittel zugegeben werden.

Zum Drucken selbst wird die Schablone in die Rapportschiene gelegt, die seitlich parallel zum Drucktisch läuft, die Druckpaste daraufgegossen und mit der Rakel über die Schablone gezogen. Wie die Rakel dabei gehalten wird, wie oft gerakelt wird, ob die Rakel scharf und hart oder weich mit gerundeter Kante sein muß, das hängt von der Großflächigkeit des Musters oder ihren feinen Details und vom zu bedruckenden Gewebe ab. Wenn die Rakel fast senkrecht gehalten wird, drückt sie weniger Druckpaste durch die Schablone durch als beim Rakeln in einem flachen Winkel. Die Kante der Rakel muß ständig sauber sein und ab und zu mit Sandpapier oder dergleichen nachgeschärft werden. Der mit der Rakel erzeugte Druck muß gleichmäßig und nicht zu stark sein, sonst ergeben sich ungleichmäßige und unscharfe Drucke. Um ein Abflecken des Druckes zu vermeiden, erfolgt in der Industrie das Auflegen der Schablone immer auf Lücke, was nur ein genaues Passen der Markierungen an der Rapportschiene ermöglicht. Das Trocknen des bedruckten Gewebes wird durch heiße Luft oder geheizte Tische unterstützt. Ist das bedruckte Material wenig saugfähig, so wird mit dem Anlegen der Schablone gewartet, bis der vorangegangene Druck trocken ist. *Wichtig ist, daß jede Schablone erst einmal auf einer Stoffprobe oder Papier angedruckt wird, damit sie feucht ist. Nur eine genetzte Schablone sichert einen guten Abdruck. Nach dem Drucken ist sie so bald wie möglich zu waschen, da Druckpaste, die auf der Schablone trocknet, zum Verstopfen der Gaze führen kann, wodurch diese im extremen Fall unbrauchbar wird.* Sie wird mit Wasser, besser noch mit einem Wasserstrahl, gereinigt, dann mit einem Tuch angerieben und zum Trocknen in einen warmen Raum gebracht, wodurch sie sich auch wieder strafft.

Dem Druckvorgang folgt das Dämpfen der bedruckten Gewebe, das dem Färben gleichkommt. Es bewirkt eine Verflüssigung der Verdickungsmittel, wodurch der Farbstoff in die Gespinstfaser eindringen kann. In der Industrie hat man große Dämpfkessel, in Handwerksbetrieben Runddämpfer, um deren Mittelachse der Stoff gewickelt wird. Kleinere Stoffstücke kann man in einem Wäschetopf dämpfen, in den ein Gestell hineingegeben wird, der die zu dämpfende Ware über der dampfenden Wasserschicht hält. Die Dauer des Dämpfens und der Dampfdruck sind von der verwendeten Druckfarbe abhängig. Das Verdickungsmittel hat dabei noch die Aufgabe, das Ausfließen des Farbstoffes auf die unbedruckten Flächen zu verhindern. Es gibt auch Farbgruppen, bei denen sich die Entwicklung und Fixierung der Farbe im Dämpfprozeß vollzieht, wobei sich die aufgetragenen Farbtöne verändern und das Druckmuster erst dann in seiner wirklichen Farbgebung erscheint.

Nachdem das Wesentlichste über den Filmdruck gesagt ist, soll das vereinfachte Verfahren für Textilzirkel erläutert werden.

Der Entwurf, der zunächst eine Größe von 15 cm × 15 cm nicht überschreiten soll, muß auf Zeichenkarton übertragen und mit Deckfarbe und Pinsel sauber gemalt werden. Korrekturen werden mit Deckweiß vorgenommen. Das fertige Dessin muß präzise einen Rapport des Druckmusters zeigen, an den mittels Transparentpapiers noch die *Passer* angesetzt werden. Am besten wählt man dazu ein Musterteil, etwa 3 cm vom Rapport entfernt, mit einer typischen, leicht erkennbaren Form und setzt es bei einem Musterversatz in einfacher Rapportierung einmal über dem Rapport und einmal

links des Rapportes an. Da Meterware von links nach rechts und von oben nach unten gedruckt wird, sind Passer an den anderen Seiten nicht vonnöten. Ist die *Industriezeichnung*, wie man in der Fachsprache sagt, fertig und nochmals auf Genauigkeit überprüft, geht es an die Schablonenherstellung.

Der Rahmen für die Schablone muß rundherum um etwa 5 cm größer sein als der Entwurf, was das Innenmaß des Rahmens betrifft. Wenn also das Dessin 15 cm × 15 cm groß ist, muß der Schablonenrahmen eine lichte Weite von 25 cm im Quadrat haben. Am besten läßt man ihn mit Leisten von 2 bis 2,5 cm Höhe und etwa 3 cm Breite von einem Tischler anfertigen. Die Seitenstücke des Rahmens sind in einem leichten Winkel abgeschrägt, so daß beim flachen Aufliegen des Rahmens auf dem Drucktisch nur eine geringe Rahmenfläche mit diesem in Berührung kommt, was ein *Abflecken der Druckfarbe* beim Druckprozeß weitestgehend verhindert. Die äußere Kante des Rahmens sollte ganz leicht abgerundet sein, damit die Gaze durch die scharfe Kante nicht leidet.

Im Künstlerbedarf besorgt man sich Dederongaze von 180er oder 200er Dichte, den entsprechenden Schablonenlack und den Lacklöser, der zum Reinigen der Pinsel sowie für Ausbesserungen notwendig ist. Die im Künstlerbedarf erhältlichen Schablonenrahmen sind für den Filmdruck nicht geeignet.

Die Dederongaze wird größer zugeschnitten als der Rahmen. Zum Annageln der Gaze verwendet man kleine Täckse, eine Ahle, einen Dekohammer und legt sich dazu auf dem Tisch ein kleines Handtuch zurecht, auf das die zuvor in einer kleinen Schüssel mit Wasser genetzte Gaze gelegt wird, und darauf den Rahmen. Die Reißkante der Gaze schlägt man nach innen und nagelt, mit der Ahle vorbohrend, die Gaze auf einer Seite des Rahmens in Abständen von etwa 6 cm an, wobei man sie gleichzeitig streckt. Darauf folgt die gegenüberliegende Seite. Zu Beginn ist darauf zu achten, daß die Gaze fast fadengerade aufgenagelt wird, dabei wird sie straff um den Rahmen herumgespannt. Bevor wir mit der dritten Seite beginnen, wird erst eine saubere Ecke gefaltet. Ist die Gaze nun am Rahmen befestigt, muß sie bereits straff gespannt sein. Jetzt wird dieses Straffen verstärkt, indem noch einmal herumgenagelt wird, und zwar in die Zwischenräume der bereits eingeschlagenen Nägel. Diese sit-

zen nun höher als die zuerst eingebrachten Täckse, weil wir überall noch einmal an der Gaze gezogen haben. Es ist ratsam, noch ein drittes Mal zu nageln und dabei immer die Gaze nachzuziehen. Dazu sollte man sie noch einmal feucht machen, weil sie sich dadurch besser dehnt. Nur eine sehr straff gespannte Gaze sichert einen einwandfreien Druck.

Der fertige, inzwischen wieder getrocknete Schablonenrahmen wird nun so auf die *Industriezeichnung* aufgelegt, daß der Rapport parallel zum Rahmen in der Mitte derselben liegt. Mit einem HB-Bleistift werden alle Konturen sorgfältig nachgezogen, wodurch auch Linien zu schmalen Flächen mit doppelseitiger Begrenzung werden. Danach drehen wir die Scha-

Bild 2/148. Das Einstreichen der Filmdruckschablone mit Farbe und das Rakeln

Bild 2/149. Tischläufer und Serviette mit Fläming-
muster bedruckt (Filmhanddruck) – *Steffi Wendl* †,
Michendorf

blone um, so daß sie hohl zur Tischplatte liegt,
und von dieser Seite wird mit einem feinen
Pinsel der Schablonenlack aufgetragen. Dabei
müssen all die Formen ausgespart werden, welche die Musterung ergeben sollen.

Nicht nur zur einfacheren Handhabung
gießt man dazu etwas Schablonenlack in ein
kleines Gefäß, sondern auch deshalb, um dem
vorzeitigen Lufttrockenprozeß zu entgegnen.
Der Lack ist zähflüssig und muß sehr sorgfältig
aufgetragen werden, da sich jede Unebenheit
in der Linienführung auf dem Druck widerspiegelt. Hat man sich vermalt, kann man den
Lack auf dieser Stelle mit einem sauberen
Läppchen, das mit Lacklöser genetzt ist, entfernen. Solche Ausbesserungsstellen sollten aber
weitgehend vermieden werden, weil sie dann
beim Drucken schnell Druckfarbe ansetzen,
die sich nur schwer wieder entfernen läßt. Gerade Linien, wie beispielsweise an den Außenkanten des Rapports, werden mit dem Pinsel

am schräg gehaltenen Lineal gezogen. Wir dürfen auch nicht vergessen, die feingezeichneten
Passer auszusparen.

Ist das Muster des Rapports fertig gemalt,
streicht man den Rand und die Auflageseite
des Holzrahmens mit Lack ein, wozu man rentabler einen Flachpinsel nimmt. Nun wird Rol-
lenpflaster von etwa 2 cm Breite so auf die Mal-
seite der Schablone aufgeklebt, daß es mit der
einen Hälfte den Holzrand, mit der anderen
die Gaze deckt. Über das Pflaster wird noch
einmal Lack gestrichen, und dann läßt man die
Schablone flach, wie sie liegt, über Nacht
trocknen. Eine alte Zeitung sollte noch darunter gegeben werden, weil es möglich ist, daß
überschüssiger Lack abtropft. Wenn sich an
manchen Stellen der Schablone Lackverdickun-
gen durch Tropfenansatz ergeben, ist dies für
die Schablone nicht von Bedeutung.

Am nächsten Tag kontrollieren wir die getrocknete Schablone noch einmal, wozu wir sie
gegen das Licht halten. Dabei werden oft noch
kleine und kleinste Löcher in den abgedeckten
Flächen festgestellt. Sie müssen alle mit Lack
nachgedeckt werden, denn durch jedes kleine
Loch dringt beim Druckprozeß Farbe hin-
durch! Ist die korrigierte Schablone wieder getrocknet, freuen wir uns auf die ersten Ab-
drucke auf einer Stoffprobe, die beweisen
sollen, ob Entwurf und Schablone Arbeiten
von Präzision sind.

Auf dem Drucktisch mit dem Druckläufer
wird der Stoff, z. B. Linon, aufgenadelt und die
Schablone links oben genau winklig daraufge-
legt.

Zum *Drucken* benötigen wir die entsprechende *Rakel*, Textilmalfarben, jetzt in großen
Schraubgläsern, und einen Ringpinsel von we-
nigstens 3 cm Durchmesser. Auch sollte ein Ei-
mer Wasser zum Waschen der Schablone be-
reitstehen und einige saugfähige Lappen dazu.
Zu diesem Arbeitsprozeß ist unbedingt ein
Kittel zu tragen. Wenn es möglich ist, den
Druckvorgang an einem kühlen Ort vorzunehmen, sollte man dies tun, weil durch Wärme
die Schablone sich schneller zusetzt.

Da die Druckfarbe pastös sein muß, ist es
ratsam, schon einige Tage zuvor den Deckel
vom Farbbehälter abzunehmen und ein Rühr-
holz hineinzustecken, mit dem man von Zeit
zu Zeit die Farbe umrührt. Dadurch verfliegt
der Flüssigkeitsgehalt der Farbe, und sie wird
dick, wobei das Umrühren verhindert, daß sich

eine Haut bildet. Eine Messerspitze Tragantpulver beschleunigt den Verdickungsprozeß.

Die *Druckfarbe* wird mit dem *Pinsel aufgetragen* und schnell auf der Schablone verstrichen. Danach wird zwei- bis viermal gerakelt (Bild 2/148), die Schablone hochgehoben und von rückwärts mit einem Tuch schnell übergerieben, um sie gleich wieder für den nächsten Abdruck aufzulegen. Das Drucken muß schnell und zügig vonstatten gehen. Es erfordert einige Übung im Rakeln wie auch im Farbauftrag, bis ein *tadelloser Druck* das Ergebnis ist.

Wird die Schablone beiseite gestellt, beispielsweise um den Stoff umzunadeln, was bei

Bild 2/150. Vierecktuch, bedruckt mit einem Muster aus Kasachstan, hier bilden die positiven und die negativen Ornamentformen ein gleichwertiges Muster (Filmhanddruck) – *Lottka Bauer*, Potsdam

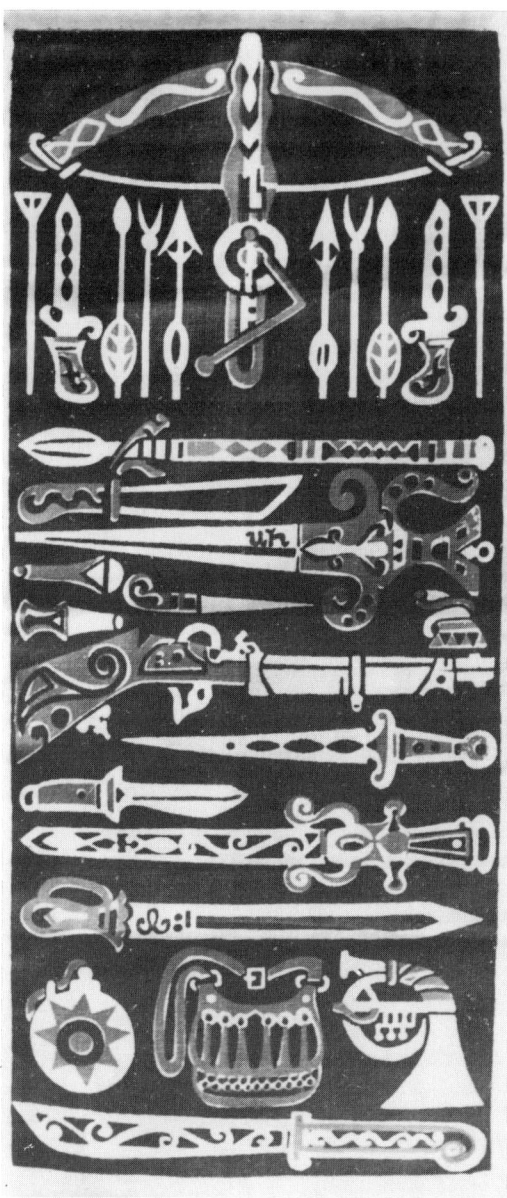

Bild 2/151. »Jagd-Waffen«, kleiner Wandbehang in zweifarbigem Filmhanddruck – Entwurf: *Ursula Heinrich*, Potsdam

kleineren Drucktischen öfter erforderlich ist, muß sie zuvor unbedingt mit Wasser abgewaschen und zum Trocknen weggestellt werden.

Schwierigere Rapportierungen müssen entsprechend dem Probedruck vor dem gesamten Druckprozeß durch Hilfsmittel markiert werden.

Möchte man einen zweifarbigen Filmhanddruck schaffen, sind dazu zwei Schablonen vonnöten, die genau übereinander gelegt, stimmen müssen.

Die fertig gedruckte Arbeit wird an der Luft getrocknet und von links gebügelt. Das möglichst heiße Einbügeln der Farbe ersetzt völlig den Dämpfprozeß.

Es bereitet beispielsweise viel Freude, sich auf diese Weise Glückwunschkarten zu drucken, indem man ein hohes, schmales Motiv wählt, das dann auf ein breites Seidenband gedruckt und auf eine Klappkarte, passend für lange Couverts, geklebt wird.

Der Filmhanddruck läßt sich ausgezeichnet für Bekleidungstextilien wie auch für Wohnraumtextilien anwenden.

Man kann diese Technik auch mit anderen Druckverfahren mischen, sowie mit der Stoffmalerei oder Stoffgrafik.

Die Bilder 2/149 bis 2/152 zeigen die verschiedensten Filmhanddruck-Ergebnisse.

2.6.7. Reservedruck

Der *Blaudruck* gilt als eine besondere Art des Zeugdrucks und gehört noch heute zu den Techniken des textilen Kunsthandwerks. Seine Ausführung war von jeher mehr der handwerklichen Erzeugung unterworfen. Die Bezeichnung Blaudruck ist übrigens wörtlich genommen nicht ganz richtig, denn es handelt sich um ein *Blaufärben* eines vorher mit Reservage bedruckten Leinen- oder Baumwollstoffes.

Der Reservedruck kann auf eine ebenso bewegte Vergangenheit zurückblicken wie der Direktdruck. Seine Geschichte führt zurück bis ins 4., 5. und 6. Jahrhundert v. u. Z., und Funde beweisen die frühe Kenntnis, mit Wachs oder einer anderen Reservage Musterungen auf Stoff zu erzielen.

Heute gibt es nur noch ganz vereinzelt Werkstätten, in denen der Blaudruck ausgeführt wird, obwohl er sich gegenwärtig mit seinem reichen Formenschatz allgemeiner Beliebtheit erfreut. In der modernen Wohnraumkultur und auch in der modernen Kleidung trifft man immer häufiger Blaudruckerzeugnisse an, wobei man sich auch gern eines slowakischen Blaudrucks bedient. In Trachtengebieten, wie bei den Sorben, wird Blaudruck in reichem Maße verwendet.

Die Beschreibung der Technik soll nicht außer acht gelassen werden, obwohl ihre Ausführung im Laienschaffen allein schon durch das Modelschneiden mit erheblichen Schwierigkeiten verbunden sein dürfte, abgesehen von der werkstattbedingten Küpenfärberei. Die Technik ist aber in ihrer Verfahrensweise sehr interessant, und jeder, der sich mit künstlerischer Textilgestaltung beschäftigt, muß das Wesentlichste wissen, auch wenn es der Vergangenheit angehört. Außerdem sind viele alte Model in ihrer Einfachheit und Strenge so schön, daß sie für andere textilkünstlerische Aufgaben zur Anregung dienen können (Bild 2/153).

Der Blaudruck zählt zu den Hochdruckverfahren, denn man verwendet dazu Modeln, genau wie beim Direktdruck, deren Muster erhaben aus dem Holz hervortreten. Die Größe eines Models richtet sich nach dem jeweiligen Rapport des Musters und nicht zuletzt nach der üblichen Stoffbreite, überschreitet aber, um handlich zu bleiben, das Format von 20 cm × 25 cm nicht. Es gibt auch Modeln, die mit Messingstiften und mit Messingstreifen versehen sind, um eine feinere Musterung zu erzielen. Das Leinen, das für den Druck gekocht und wieder getrocknet wurde, wird auf einem gepolsterten Tisch glatt aufgelegt. Der *Papp*, dessen Zusammensetzung immer ein Ge-

Bild 2/152. Dekorationsstoff nach sorbischem Motivgut (Filmhanddruck) – *Petra Tröger*, Kirchmöser

Bild 2/153. Blaudruckmodel aus dem Heimatmuseum Jüterbog

heimnis der Färber war, befindet sich in einem Kasten, auch *Chassis* genannt, neben dem Drucktisch. Darin wird der Papp mit einem Streichholz dünn ausgestrichen, der Model vorsichtig hineingetaucht und dann auf den Stoff abgedrückt.

Die Zusammensetzung des Papps hat sich im Laufe der Zeit immer wieder verändert, und die praktischen Erfahrungen haben diese Rezepte ergänzt und verbessert. Diese verschiedenen, doch ähnlichen Zusammensetzungen werden auch heute noch von den Blaudruckern verwendet.

Aus dem Wanderbüchlein von *Diederich Buddeberg* stammt folgendes Rezept, mit dem man besten weißen Druck erzielen konnte (zit. nach *Plotzki*):

4 Pfund Ton
2 Pfund Blaustein
1 Pfund Grünspan
⅛ Pfund Weinsteinsäure
1½ Pfund Gummi

Der mit dem Papp bedruckte Stoff wird dann im Färberaum an einem Reifen befestigt, und zwar in nebeneinander herlaufenden Bahnen, in einem gewissen Abstand voneinander entfernt. Dieser Reifen ist an einem Seil befestigt, das über eine Rolle läuft, und unter dem Reifen befindet sich die Farbküpe. Die Färbeflüssigkeit wird in einem Holzbottich von etwa 1,5 m Durchmesser und 2,5 m Tiefe, der zu ⅔ im Boden versenkt ist, angesetzt und aufbewahrt.

Es gibt viele Rezepte für die Farbküpe, eines sei hier genannt. Es stammt aus der Niederschrift des Hauptlehrers *Friedrich Spörer*, Handwerklicher Färbereibetrieb in Höhenburg / Opf. (zit. nach *Plotzki*):

4 Pfund guter Klinkerstückkalk werden in kochendem Wasser gelöst, hierzu werden langsam unter stetem Rühren 2 Pfund in kaltem Wasser aufgelöster *Indigo* dazugegeben, und dieser Mischung werden schließlich 6 Pfund in kochendem Wasser gelöster Kupfervitriol beigefügt. Alles wird mit einigen Eimern Wasser verdünnt und bleibt zu wiederholtem Gebrauch im Bottich.

Heute werden anstelle des Indigos die lichtechten *Anilinfarben* benutzt. An dem Seil werden die am Reifen befestigten Stoffbahnen in die Farbküpe gesenkt, worin sie ein bis drei Stunden verbleiben. Danach werden die Bahnen an dem Reifen durch das Seil wieder hochgezogen und eine Viertelstunde an der Luft verhangen. Beim Herausziehen aus der Küpe wird der Stoff zunächst grün, färbt sich an der Luft jedoch schnell blau. Ist der gewünschte Farbton noch nicht erreicht, wird der Färbeprozeß mit der dazugehörenden Lüftung wiederholt, ein Arbeitsgang, den man in der Fachsprache »Zug« nennt. Nach dem Färben kommt der Stoff in ein Bad, dem Schwefelsäure zugesetzt wurde, worin er so lange verbleiben muß, bis der Papp sich gelöst hat. Dann wird der Stoff gründlich gewaschen und möglichst in fließendem Wasser gespült, wobei das mit dem Papp aufgedruckte Muster weiß auf blauem Grund erscheint. Der dann wieder getrocknete Stoff wird gemangelt und auf Wunsch noch geglättet.

Es ist vielleicht interessant zu wissen, daß beispielsweise in der Werkstätte der Zentrale für Kunsthandwerk in Prag danach gestrebt wird, wie man, die historischen Beschreibungen der Verfahrensweise nutzend, den Blaudruck als modernen handwerklichen Textildruck bringen kann.

2.6.8. Stoffmalerei

Die *lineardekorative Art*, Stoff zu bemalen, bringt eine Zeichnung auf den Stoff, wohingegen der Farbauftrag naß auf naß ähnlich der Aquarellmalerei eigentlich ein Färben des Stoffes ist. Man kann beide Arten mischen und spricht

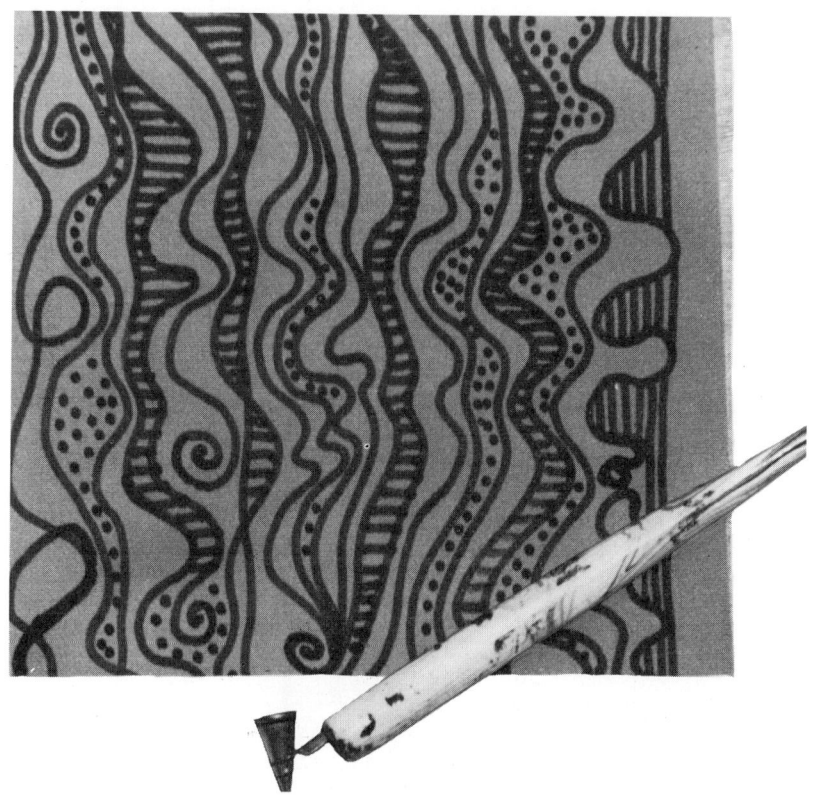

Bild 2/154. Lineardeko-
rative Stoffbemalung
mittels Trichterfeder
und IFA-Textilmalfarbe
auf Popeline – *Ingeborg
Bohne-Fiegert*

von Stoffmalerei, deshalb sollen beide Arten
unter diesem Kapitel beschrieben werden.

Zur lineardekorativen Art, Stoff zu bemalen
benötigt man wieder die übliche gespannte
Druckunterlage, auf die man Fließpapier na-
delt und darauf den zu bemalenden Stoff. Das
kann Seide sein oder ein Baumwollgewebe,
man kann aber auch Leinen und andere gewebte Stoffe bemalen, sogar Jersey. Wichtig ist
nur, daß die Stoffe fein sind, d. h. ohne grobe
Struktur. Es ist möglich, mit einem feinen Pinsel die Linien auf den Stoff zu malen, noch
besser ist eine Trichter- oder Röhrchenfeder,
die für diese Technik mit einem Liniendurch-
messer von 1 bis 1,7 mm zu gebrauchen sind.
Man steckt sie in einen einfachen Federhalter
und benutzt sie ohne Verschlußkappe
(Bild 2/154). Die Stoffmalfarbe füllt man mit
einer Pipette nach, noch ratsamer ist es, diese
Stoffmalfarbe, die für diese Maltechnik nur
ganz wenig verdickt sein muß, gleich in ein

Plastölkännchen zu geben und diese durch das
Ausflußröhrchen in die Feder nachzufüllen.

Es ist aber auch möglich, gleich mit dem
Plastölkännchen auf den Stoff zu malen. Man
gibt die Verschlußkappe nach hinten und hält
sie zusammen mit dem Kännchen fest und
kann auf diese Weise ohne die leidliche Unter-
brechung durch das Nachfüllen malen, wobei
in jedem Falle eine lange Linienführung ohne
abzusetzen empfehlenswert ist.

Hat man etwas durchsichtigen Stoff, so ist
eine Grobkomposition auf dem darunterliegenden Fließpapier möglich, ansonsten muß man
eine entsprechende Einteilung mit Bleistift
oder Fotostift vorher direkt auf dem zu bemalenden Stoff vornehmen. Vor fast jedem neuen
Ansetzen einer unterbrochenen Linie sollte
man über ein altes Stückchen Stoff mit der Feder streichen, damit man ohne tropfenden An-
satz beginnen kann. Mit der Feder wie auch
mit dem Plastölkännchen lassen sich ebenso

kleine Flächen füllen, so daß man in der Musterung auch mit Hell-Dunkel-Kontrasten arbeiten kann (Bild 2/155, Tuch). Auf beispielsweise braunem Stoff läßt es sich ebenfalls gut mit dem »Deckweiß« der Stoffmalfarben malen (Bild 2/156, Jungenhemd).

Nach Fertigstellung der Arbeit wird diese von links heiß gebügelt und ist somit waschecht.

Auch ist es möglich, eine Stoffmalerei mit Goldmalerei zu bereichern. Dazu verwendet man jetzt besser einen feinen rundgebundenen Haarpinsel, mischt in Bronzemalmittel Gold-, Silber- oder Kupferstaub und trägt diese Mischung ebenfalls in feinen Linien auf. Es empfiehlt sich, dafür nur ganz kleine Mengen anzurühren, z. B. in einem Kronen-Korken, da das Malmittel verhältnismäßig schnell trocknet. So

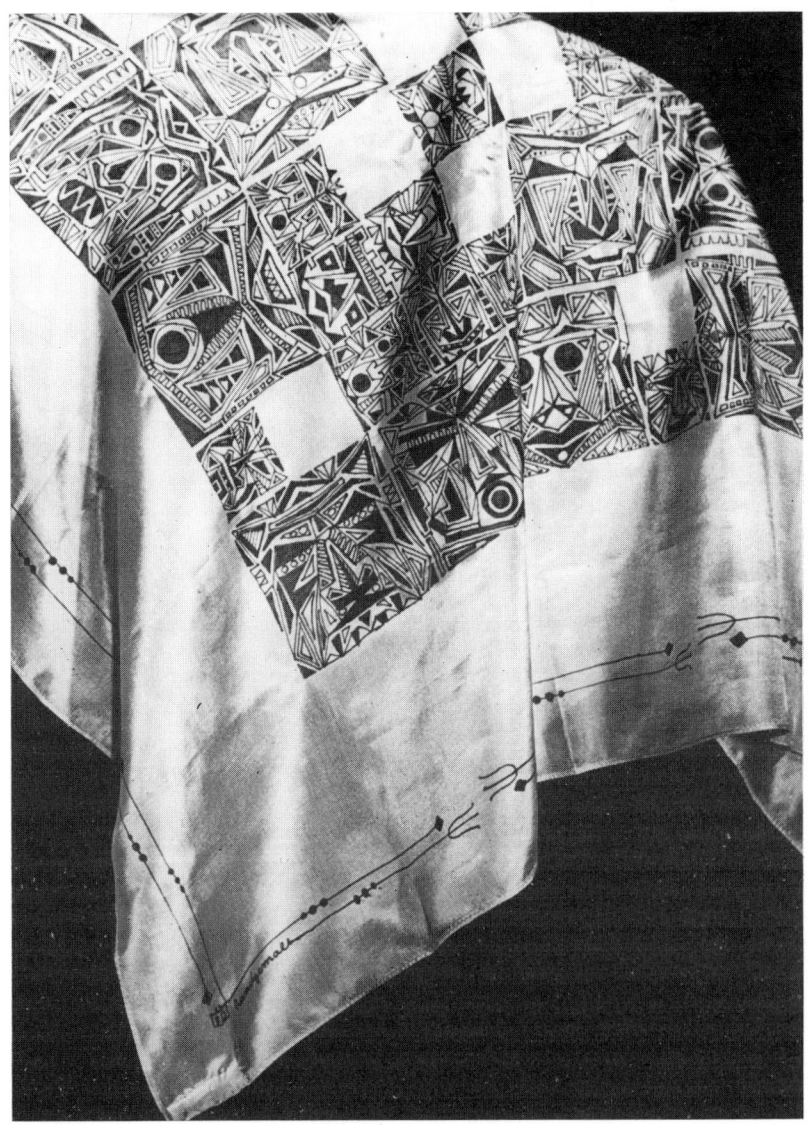

Bild 2/155. »Teufelsmasken«, grafische Stoffmalerei auf reiner Seide – *Beate Reinitz*, Ludwigsfelde (Spezialschulergebnis)

Bild 2 / 156. Knabenhemd in Plangitechnik mit einer Ausschnittpasse und Taschenblenden in Stoffmalerei – *Ingeborg Bohne-Fiegert*

Bild 2 / 157. Hausanzug mit bemalten Vorderteilen – *Ingeborg Bohne-Fiegert*

würde es auch schnell die Ausflußtülle der Feder oder des Ölkännchens zusetzen. In Farbdrogerien gibt es Bronzetinkturen, die ebenfalls für das Auftragen von Gold-, Silber- oder Kupferstaub auf Stoff verwendbar sind. Natürlich sollte man sie immer erst erproben.

Kleine Flächen dieser lineardekorativen Muster lassen sich auch mit Steppke-Stiften, von denen es auch nichtwasserlösliche zuweilen gibt, unterschiedlich farbig füllen (Bild 2 / 157, Hausanzug).

Eine technisch andere Verfahrensweise sei noch erwähnt, die die Autorin bereits vor 50 Jahren kennengelernt hat: Man kann auch mit den handelsüblichen verschiedenfarbigen Ausziehtuschen dünnen Stoff bemalen, wie reine Seide, wenn diese zuvor in ein Bad, dem essigsaure Tonerde zugesetzt wurde, gegeben wird. Dieser Zusatz schließt praktisch die Poren des Gewebes bzw. zieht einen feinen unsichtbaren Film darüber, der aber wieder verfliegt. Deshalb muß sofort nach dem Trocknen mit dem Malen begonnen werden, und man sollte darauf bedacht sein, diese Arbeit noch am gleichen Tage zu beenden. Dieser Zusatz bewirkt, daß die aufgetragene Tusche nicht breit verläuft, sondern eine exakte Kontur erhalten bleibt. Mit Ausziehtusche bemalte Stoffe sind relativ naßecht. Für diese Verfahrensweise legt man den vorgezeichneten und vorbereiteten Stoff über die hohle Hand und bemalt ihn so, Stück für Stück.

Die *aquarellartige Stoffmalerei*, naß auf naß, kann mit unterschiedlichen Mitteln und in unterschiedlichen Verfahrensweisen ausgeführt werden. Diese Technik ist in jedem Falle ein örtliches Einfärben des Gewebes. Man netzt das Gewebe, spannt es in einen alten Holzrahmen oder zwischen zwei Tische und trägt mit einem breiten Pinsel oder mit Wattebäuschen die Farbe gemäß der Musterung auf. Entweder setzt man einige Extrakte von den handelsüblichen Stoff-Färbetabletten an. (Damit erzielt man feine, ineinander verlaufende Farbtöne, diese Malerei ist auch relativ naßecht.) Man kann auch mit teils verdünnter Ausziehtusche auf Stoff malen, was weniger für Kleidungsstücke zu empfehlen ist, oder man nimmt die Stoffmalfarben und verdünnt sie sehr mit Wasser. Hier bilden sich Farbkonzentrationen an den Rändern der aufgetragenen Farbfläche, was in die Gestaltungsabsicht mit einbezogen werden kann, und dieser Farbauftrag ist naßecht nach dem Einbügeln.

Wichtig ist, daß der hohl aufgespannte Stoff nicht durchhängen darf, damit sich keine »Farbpfützen« bilden, die in jedem Fall eine Farbkonzentration ergeben. Es ist aber auch möglich, diese Naß-auf-naß-Malerei auf dem Drucktisch vorzunehmen und reichlich Fließpapier unterzulegen. Auf keinen Fall entstehen dann Farbpfützen, im Gegenteil, durch das Aufspannen über dem Fließpapier trocknet der Stoff rascher, und so kann man beim Pinselauftrag zuweilen noch die Pinselführung erkennen, wenn auch nicht so deutlich wie beim Glasdruck.

Mit einer Stoffmalerei, resp. Färberei dieser Art, läßt sich sehr viel anfangen (Farbbild 8). Man kann mit der Röhrchenfeder oder dem Plastölkännchen die malerische Komposition konkretisieren wie beim Festkleid, das ein Tulpenmotiv zeigt (Bild 2/158). Bei der Probe »Schmetterling über Kapuzinerkresse« ist die lineardekorative Zeichnung freier, schwungvoller geblieben (Bild 2/159).

Man kann heute sogar noch weiter gehen und aquarellartige Stoffmalerei als Untergrund für eine Applikation mit nutzen, wie es die große Applikation (siehe Bild 4/4) zeigt. Hier zieht die Malerei die vielen Einzelmotive zu einem Gesamtwerk zusammen.

Auf bemalten Stoff kann man auch lineardeko-

Bild 2/158. Festkleid aus reiner Seide, stufenweise gefärbt und mit phantasievollen Tulpenformen bemalt – *Ingeborg Bohne-Fiegert*

korativ sticken, auch flächig die durch die Malerei entstandenen Formen stickend unterstützen, so daß auch thematische Gestaltungen entstehen. Solche Proben oder miniature Wandgestaltungen brauchen auch nicht naßecht zu sein, außerdem sollen sie auch nicht Jahrzehnte überdauern. Es ist viel wichtiger, das schöpferische Spiel zu nutzen.

Bild 2/159. »Schmetterling über Kapuzinerkresse«, Malerei auf reine Seide, ausgeführt mit Pinsel, Ölkännchen und Textilmalfarben – *Ingeborg Bohne-Fiegert*

2.7. Färbetechniken

Das Färben ist ein Verfahren, das der Fixierung von Farbstoffen auf der Gespinstfaser dient. Man benötigt dazu gelöste natürliche oder künstliche Farbstoffe, die das Gewebe durch und durch färben, wenn man es darin tränkt. Wir sprechen von *löslichen Farbstoffen.*

Definieren wir diesen Begriff, so sind diese Farbstoffe zum Färben geeignete Stoffe, die im Gegensatz zu den Pigmentfarben löslich sind oder leicht in eine zum Färben geeignete lösliche Verbindung überführt werden können. Solche farbigen chemischen Verbindungen fär-

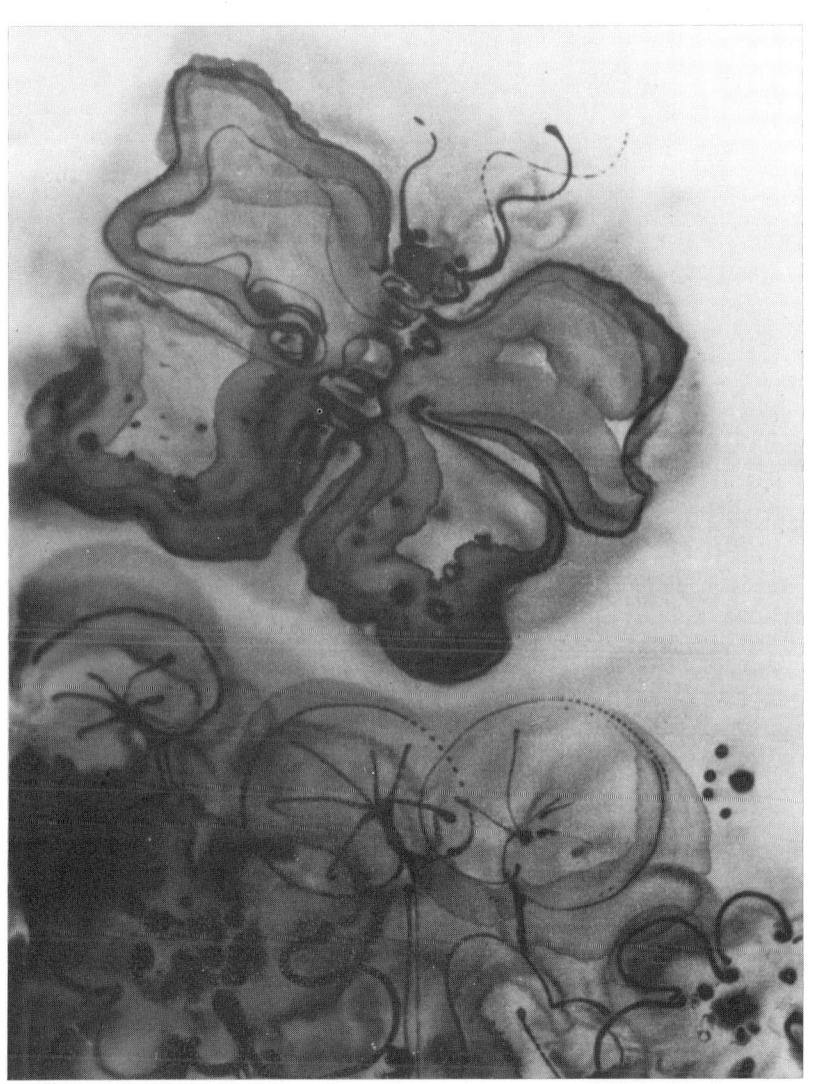

ben in gelöster Form tierische, pflanzliche und auch Chemiefasern, oder sie bewirken deren Färbung durch chemische Reaktion.

2.7.1. Wissenswertes über die historische Entwicklung

Die historische Entwicklung der Färberei führt zurück bis ins Altertum. In der Vergangenheit wurden färbende Substanzen aus bestimmten Pflanzen gewonnen. *Waid, Krapp* und *Wau* zählten viele Jahrhunderte zu den gebräuchlichsten europäischen Farbstoffen. Bereits der römische Schriftsteller *Plinius* (23 bis 79 u. Z.) schreibt von Blaufärbungen mittels Waid *(Isatis tinctoria)*. Bis zum Mittelalter verfügte man über keinen anderen blauen Farbstoff. In Thüringen und am Oberrhein wurde Waid besonders reichlich angebaut. Erfurt, Gotha, Langensalza, Tennstedt und Arnstadt waren bekannt als die »fünf Waidstädte«. Die getrockneten rotfärbenden Wurzeln des Krapp *(Rubio tinctorium)* wurden als »Alizari« aus dem Orient nach Europa eingeführt. Bis zum Jahre 1869, dem Jahr, in dem das künstliche Alizarin aus Steinkohlenteer erfunden wurde, war die Krappkultur ein bedeutender Erwerbszweig unseres Kontinents. Die Wurzeln der Curcuma *(Curcuma longa)* enthalten einen gelben Farbstoff, der Baumwolle und Seide direkt gelb färbt, aber nicht sehr lichtecht ist. Er spielte im alten China eine bedeutende Rolle. *Safflor*, der lichtempfindliche Blütenfarbstoff der Färberdistel *(Carthamus tinctorus)*, lieferte ein zartes Rot. Durch die Entdeckung fremder Länder und Erdteile lernte man später viele weitere Farbstoffe kennen, vor allem den Indigo *(Indigofera tinctoria)*. Er wird aus der Indigopflanze, einem in Indien wachsenden Strauch, gewonnen. Andere exotische Pflanzenfarbstoffe sind das Gelb- oder Brasilholz des tropischen Färbermaulbeerbaumes und das mittelamerikanische Blauholz *(Haematoxylon campechianum)*.

Im Altertum war der *Purpur*, ein tierischer Farbstoff, eine der beliebtesten Textilfarben. Er galt aber auch als eine sehr kostbare Farbe, die nur höchsten weltlichen und geistlichen Würdenträgern vorbehalten war. Für die Gewinnung des Farbstoffes aus dem Saft der Purpurschnecke war eine aufwendige Verfahrensweise notwendig. Nach Angaben der Forschung wurde der Purpur bereits 1 600 v. u. Z.

auf Kreta gewonnen, und die Färber und ihre Nachkommen übten die Kunst bis gegen Ende des 12. Jahrhunderts aus.

Ein weiterer tierischer Farbstoff von Bedeutung war das *Karmin*, das aus getrockneten Cochenilleläusen (Nopal-Schildläusen, *Coccus cacti*) gewonnen wurde. Mit der Erfindung des synthetischen Karmins waren jedoch auch sie uninteressant geworden.

Das Ausgangsmaterial für künstliche Farbstoffe sind fast ausnahmslos die Verbindungen des Steinkohlenteers, weshalb die organischen Farbstoffe auch als Teerfarbstoffe bezeichnet werden.

Mit der Erfindung der synthetischen Farbstoffe ab 1834 (*Friedlieb Ferdinand Runge* 1795–1867) mußten die genannten pflanzlichen und tierischen Farbstoffe den viel besseren und einfacher anzuwendenden chemischen Erzeugnissen weichen. Um 1856 wurden die *basischen Farbstoffe* (Salze von Farbbasen) hergestellt, 1884 entdeckte man den ersten *substantiven Farbstoff* Kongorot und etwa gleichzeitig den ersten *Schwefelfarbstoff* Schwefelschwarz. Anfang des 20. Jahrhunderts wurden die Küpenfarbstoffe entwickelt und in der Folgezeit weiter verbessert. Allgemein bekannt sind die 1901 durch *René Bohn* synthetisierten *Indanthrene*. Bei der großen Bedeutung der Chemie für unser gesamtes Leben bildet die Farbchemie einen wichtigen Wirtschaftszweig, der unzählige weitere Farbstoffe entwickelt hat und noch entwickeln wird. Sie finden Einsatz in unzähligen Anwendungsgebieten, besonders aber dienen sie der ästhetischen und damit qualitativen Verbesserung der pflanzlichen, tierischen und im steigenden Maße der modernen synthetischen Faser.

Nach diesem kurzen historischen Überblick sollen erst einige *Rezepte zum Färben mit natürlichen Extrakten aus Pflanzen* genannt werden. Sie sind wortgetreu einer Abschrift der Rezeptesammlung der Webmeisterin *I. Prahm*, Aachen, entnommen.

Einige davon wurden von der Autorin zum Färben von Wolle erprobt, und es konnten hervorragende Farbtöne erzielt werden. Sie sind aber auch gleichermaßen zum Färben von Seide zu verwenden.

Vorbehandlung (für 100 g Wolle)

Einweichen: 4...5 l Wasser
1 g (½ Teelöffel) Soda auf 1 l Wasser (für 100 g Wolle also 2½ Teelöffel), die Wolle 20 min darin bewegen und ausdrücken, nicht reiben

Waschflotte: 2 Teelöffel Feinwaschpulver auf 5 l Wasser
Die *Vorbehandlung mit Alaun* (Beize) ist im ersten Rezept erläutert.
Zum *Färben mit Rinde* ist selbstverständlich nur die Rinde von gefällten Bäumen bzw. Ästen zu nehmen! Gut spülen bei fallender Temperatur.

Gelb mit Knöterich (Polygonum)

100 g Wolle, etwa 800 g Knöterichblätter, 30 g Alaun. Alaun in lauwarmem Wasser auflösen. Wolle dazulegen und langsam zum Kochen bringen, 1½ h kochen (beizen), abgekühlt leicht ausdrücken und lagenweise mit den Blättern in den Farbtopf schichten, mit kaltem Wasser bedecken und 1 h kochen, Wolle im Farbbad erkalten lassen, Blätter abschütteln, waschen und gut spülen!
   Rohwolle während des Färbens ab und zu leicht bewegen!
   Fertig gespülte Lagen über Stäbe hängen, die über dem Rand des Topfes liegen, Lagen regelmäßig umziehen!
   Bei Alaunbeize (Färben) ist Umziehen und Rühren nicht so nötig. Bei Zusatz von Eisen- und Kupfersulfat ist das Umziehen und Rühren unbedingt erforderlich, sonst wird das Färbegut fleckig! Wenn man keine Zeit hat, die Färbung an einem Tag durchzuführen, kann man die Wolle beizen und einige Tage, in einem Tuch eingeschlagen, feucht lagern. Es ist überhaupt gut, nicht zu hastig zu arbeiten, sondern die Wolle zwischendurch ruhen zu lassen, damit sie geschmeidig bleibt.

Rot mit Labkrautwurzeln (Rad. galii)

100 g Wolle, 15 g Alaun, 8 g Weinstein, 200 g trockene, zerkleinerte Labkrautwurzel
   Die Wolle wird mit Alaun und Weinstein 1½...2 h kochend gebeizt und zum Erkalten bis zum nächsten Tag feucht gelagert. Wenn man sie etwa 8 Tage lang lagert, wird die Farbe weniger bräunlich. Die eingeweichten, in ein Tüllsäckchen gebundenen Labkrautwurzeln werden erwärmt, die gebeizte Wolle dazugelegt, langsam erhitzt, etwa in ¾ h zum Kochen gebracht und noch ¼ h leicht gekocht. Die Wolle wird während der ganzen Zeit ständig bewegt. Am besten beizt man vorher gleich die doppelte Menge Wolle und verfährt mit der zweiten Partie beim Färben genauso wie bei der ersten, nachdem man die Farbflotte abgekühlt hat. Man erhält eine besonders schöne hellrote Farbe, die sehr haltbar ist. Der Farbstoff in den Wurzeln ist vor der Blüte, also März/April, am kräftigsten. Später gesammelte Wurzeln ergeben einen bräunlichen Ton. Man nimmt am besten die Wurzeln von den Pflanzen, die abgemäht und nicht zur Blüte gekommen sind.
   Wie mit Labkraut kann man auch mit den Wurzeln des Färberwaldmeisters färben (nicht so rot, mehr rosenholzfarbig). Die meiste Farbkraft haben die Labkrautwurzeln, wenn man sie im Frühjahr gesammelt hat und mit Wasser besprengt, wobei sie eine Art Gärung durchmachen (zudecken und aufbewahren). Labkraut enthält denselben Farbstoff wie Krapp, aber mit bedeutend schwächerer Farbkraft als dieser, etwa ein Drittel.

Gelb mit Birkenlaub (Fol. betulae)

Verwendet werden frische oder getrocknete Birkenblätter. Vor Ende Juni gepflückt, wird der Farbton heller und freundlicher als der vom voll entwickelten Laub im August.
   100 g Wolle, 400 g frische oder 100 g getrocknete Birkenblätter, 15 g Alaun, 15 g Pottasche (für einen rötlichen volleren Ton). Die Blätter werden eingeweicht, 1...1½ h ausgekocht und durchgeseiht. In dieser Farbflotte wird das Alaun gut aufgelöst, die feuchte, ungebeizte Wolle hineingelegt und langsam zum Kochen gebracht. Nach ½...1 h ist die Farbe gut. Dieser freundliche Ton kann rötlich werden, wenn man erkaltete Wolle einige Stunden über Nacht in kalte Pottaschenlauge legt. Man löst dazu die Pottasche einfach in Wasser auf. Die Wolle muß anschließend gut gespült werden. Die gelben Farbtöne sind sehr haltbar. Aus dem zuerst gefärbten, freundlichen Gelb

kann ein Moosgrün erhalten werden. Soll die Farbe recht dunkel und kräftig sein, sind 100 g Wolle, 200 g trockene Wolle, 600...800 g Birkenblätter, 15 g Alaun, 6...8 g Eisensulfat erforderlich. Nach dem Gelbfärben wird die Wolle aus der Farbflotte entnommen, in der das Eisensulfat sehr gut verrührt wird. Die Wolle wird in den Kessel gelegt und $\frac{1}{4}$...$\frac{1}{2}$ h kochend gefärbt, wobei sie ständig bewegt werden muß. Man darf nie zu viel Eisensulfat nehmen, denn sonst wird die Wolle spröde und brüchig. Nach dem Färben wird sie sofort gründlich gewaschen und gespült, sie darf nicht im Farbtopf erkalten.

Grün mit Möhrenkraut (Daucus carota Herba)

100 g Wolle, 800 g Möhrenkraut frisch, 5...8 g Kupfersulfat. Das Möhrenkraut wird zerkleinert und $1\frac{1}{2}$ h ausgekocht. In der durchgesiebten Farbflotte verbleibt die Wolle 1...$1\frac{1}{2}$ h, dann nimmt man sie heraus und löst das Kupfersulfat in der Flotte. Darin kocht man die Wolle noch $\frac{1}{4}$...$\frac{1}{2}$ h, wobei man sie bewegt. Nach dem Färben ist sie sofort zu waschen. Nimmt man anstelle von Kupfersulfat Eisensulfat, wird die Farbe graugrün. Um an Kochzeit zu sparen, kann man die Wolle mit dem Kraut einschichten, mit Wasser übergießen und bis zum gewünschten Farbton vor dem Zusetzen von Kupfersulfat einfärben.

Braun mit Kartoffelkraut (Solanum tuberosum Herba)

Hier färbt man genauso wie bei Grün mit Möhrenkraut. Das Kartoffelkraut kann auch noch benutzt werden, wenn es im Herbst braun und welk ist.

Bronzebraun und Kaffeebraun mit Walnußblättern (Fol. juglandis)

100 g Wolle, 500 g frische oder 200 g getrocknete Walnußblätter, 15 g Alaun. Die zerkleinerten Blätter werden 1 h aufgekocht und die gebeizte Wolle 1 h in der geseihten Farbflotte gefärbt. Trocknet man die Wolle, ohne sie zu waschen, und wiederholt die Färbung, erhält man ein tiefes, dunkles Kaffeebraun. Wenn

man nochmals gebeizte Wolle in der schon benutzten Flotte kocht, ergibt sich eine schöne hellbraune Nachfarbe, die weniger gelblich ist.

Violettbraun mit Walnußschalen (Cort. frct. juglandis)

Grüne Walnußschalen sind sehr ergiebig. Man kann mehrere Färbungen in der gleichen Flotte ausführen:
1. Die Walnußschalen 1...2 Tage in kaltem Wasser stehen lassen, ungebeizte Wolle 1...2 Tage dazulegen, die Wolle erhält die Farbe hauptsächlich beim Trocknen an der Luft. (Nicht so gut, evtl. fleckig!)
2. Die Farbflotte wird erwärmt, die Wolle hineingegeben und das Ganze einige Stunden auf der Temperatur von 50...60 °C gehalten.
3. Die Wolle mit der Farbflotte kochen (Lichtechtheit gut). Walnußschalen färben ohne Alaunbeize, jedoch nimmt gebeizte Wolle kräftiger an. Die ersten Färbungen sind sehr gelbbraun, die letzten violettbraun. Diese Farbe entsteht auch, wenn die Schalen zugedeckt unter Wasser aufbewahrt werden.

Das Farbbad wird mit einigen Löffeln von diesem Extrakt bereitet, der mit Wasser aufgekocht wird. Die gebeizte oder ungebeizte Wolle (15 g Alaun) färbt darin etwa 1 h.

Gelbbraun mit Eichenrinde (Cortus quercus)

100 g Wolle, 15 g Alaun, 200...800 g trockene Rinde. Diese wird zerkleinert und 3...4 h ausgekocht. Der durchgeseihten Flotte werden 5...8 g Kupfer- bzw. Eisensulfat zugesetzt, und die Wolle wird 1 h kochend darin gefärbt, wobei sie bewegt wird.

Mittelblau mit Indigo (Indigofera tinctoria)

Marke: Indigo MLB, 60 % Stückchenküpe, fest, 3 cm³ Ammoniak (Salmiakgeist), 3...5 cm³ Essigsäure.

Der Farbstoff wird mit 0,5 g Hydrosulfit und etwas kochendem Wasser angerührt. Man läßt das Gemisch 5...10 min stehen. Die Farbflotte wird mit 3 % Ammoniak und 2 g Hydrosulfit bereitet. Sie hat eine Temperatur von 55...60 °C, die sie während des Färbens beibehalten muß. Am besten erreicht man das, indem man die Flotte in einem Wasserbad warm erhält.

Man färbt vorher angefeuchtete Wolle 20...30 min, wobei man sie ständig vorsichtig bewegen muß, damit sie nicht an der Oberfläche an die Luft kommt, wodurch die Färbung ungleichmäßig wird. Die Flotte muß, bevor die Wolle hineingelegt wird, geprüft werden, ob sie hellgrün aussieht. Ist das nicht der Fall, wird etwas Hydrosulfit dazugegeben. Nach dem Färben legt man die Wolle 20 min an die Luft, wobei sie ihre blaue Farbe annimmt. Ist sie nicht dunkel genug, kann die Färbung wiederholt werden. Man kann in dieselbe Küpe noch verschiedene Male neue Wolle hineingeben. Die Farbe wird allmählich heller.

Wenn die Wolle an der Luft vollkommen blau geworden ist, wird sie mit Essigsäure nachbehandelt. Man erhitzt klares Wasser, dem die Säure zugesetzt ist, auf 30 °C, legt das Färbegut ein, bringt es zum Kochen und kocht 5...10 min. Durch diese Behandlung wird die Wolle reibecht.

Violettgrau mit Birkenrinde (Cortus betulae)

100 g Wolle, 300 g trockene ganze Rinde, 5...8 g Eisensulfat. Das feuchte ungebeizte Garn kocht 1 h in der Farbflotte, nach dem Zusatz von Eisensulfat noch $\frac{1}{4}$...$\frac{1}{2}$ h und wird anschließend gewaschen.

Ebenso kann Mittelgrau mit Kiefernrinde gefärbt werden. Soll die Farbe dunkler werden, wird mehr Rinde, aber nicht zu viel Eisensulfat (nicht mehr als 10 g) genommen.

Ist der Farbton zu dunkel, wird die Wolle aus der Farbflotte genommen und in gewöhnlichem Wasser fertig gekocht. Die Färbezeiten dürfen nicht abgekürzt werden!

Es ist interessant und auch lehrreich, einmal nach alten, aber immer noch gültigen Rezepten Färbungen durchzuführen. Für die Bildweberei sind die mit Pflanzenfarbstoffen gefärbten Wollen von besonderer Schönheit.

Aber auch Batikarbeiten können auf diese Weise, besser gesagt, mit diesen Naturfarbstoffen, gefärbt werden, wenn man reine Seide gewählt hat. Allerdings ist die Farbtiefe etwas geringer, da man sie nur kalt färben kann, d. h. bei maximal 40...50 °C, des Wachsauftrages wegen.

Die Reservetechniken, die mittels Abbindens, Reihstichen und dergleichen mustern, können nach den vorgenannten Rezepten gefärbt werden, wenn sie auf Seide oder Wollstoff vorgenommen wurden. Der Gebrauch von feinen Wollstoffen wäre für diese Techniken möglich, ist aber weniger üblich, da die modernen, industriellen Nachbehandlungen darunter leiden.

Ausgezeichnet eignen sich diese Rezepte auch für unversponnene Schafwolle, die nach dem Färben zum Teppichknüpfen verwendet wird.

2.7.2. Farbstoffe für das Kaltfärben von Textilien

Für die Färbetechniken werden am besten die handelsüblichen Citocol-Haushaltfarbstoffe [R], die der *VEB Farbchemie Quedlinburg* in Tablettenform herstellt, verwendet. Mit diesen Farbstoffen, die für das Färben unterschiedlicher Gespinstfasern kombiniert sind, kann man Wolle, Seide, Baumwolle, Leinen, Viskosekunstseide, Zellwolle, Halbwolle und sogar Textilien aus Polyamidfasern, wie Dederon, Nylon und Perlon, färben. Diese Citocol-Haushaltfarbstoffe in Tablettenform ersetzen die ehemaligen Citocol-Batik-Farbstoffe, Citocol-P-Farbstoffe und Stoffarben. Sie werden vor allem für den kochenden Färbeprozeß empfohlen, eignen sich aber auch für den handwarmen, womit das sogenannte *Kaltfärben* gemeint ist, welches die Batiktechnik erfordert. In dieser neuen Qualität lassen sie sich allerdings je nach Material nur mit mehr oder weniger Erfolg ätzen. Außerdem sind intensive Färbungen mit den wasserlöslichen Holzbeizen, die der gleiche Betrieb herstellt, im Kaltfärbe-Verfahren für Batiken möglich. Man richtet sich dabei nach den auf den Verpackungen vermerkten Färbestoffvorschriften. Holzbeizen sind auch nur bedingt ätzbar.

Der für die Wachsbatiktechnik typische Färbeprozeß und die additive Färbefolge werden in der spezifischen Verfahrensweise beschrieben.

In ein geeignetes Gefäß, möglichst Emailleeimer oder Emailleschüssel, wird soviel Wasser mit einer Temperatur von 60 °C gegeben, daß sich die zu färbende Textilmenge hierin gut bewegen läßt. Auf je 100 g Textilgut wird ein gehäufter Eßlöffel Kochsalz zugesetzt. Bei Polyamidfasern wird außerdem noch auf 100 g ein Eßlöffel Essig zugegeben.

Getrennt hiervon wird die erforderliche Farbstoffmenge in etwa $1/2$ l kochendem Wasser aufgelöst und dem vorbereiteten Bad durch ein feines Sieb zugesetzt. Nun bringt man das gewaschene bzw. gespülte Textilgut hinein. Unter ständigem Bewegen des Färbegutes erhitzt man die Farbflotte auf etwa 90...95 °C und färbt bei dieser Temperatur etwa 30...60 min, bis der gewünschte Farbton erreicht ist.

Die angegebene Tablettenmenge bezieht sich auf 350 g zu färbendes Material. Textilien, die aus 100 %iger Wolle, Seide, Baumwolle, Leinen, Viskosekunstseide oder Zellwolle bestehen, erfordern den Einsatz der doppelten Tablettenmenge!

Für das Färben mit Holzbeizen setzt man nach alter Regel beim Färben tierischer Fasern (Wolle und Seide) dem Färbebad ein wenig Essig zu und bei Gespinsten aus Pflanzenfasern (Leinen, Baumwolle) etwas Salz. Besonders zu empfehlen sind Farbtöne wie Mahagonibraun, Nußbaum-dunkel, Eiche dunkel, die als flüssige Holzbeizen im Handel erhältlich sind.

2.7.3. Batiken

Die Batiktechnik ist ein Reserve-Färbeverfahren. Die Stoffmusterung entsteht durch die Wachszeichnung. Nach dem darauffolgenden Färbeprozeß wird die Reservage gelöst, und das Muster tritt hervor. Zu den Reserve-Färbeverfahren gehören die bereits beschriebene Blaudrucktechnik und auch der Batikdruck, der ebenfalls mit Stempelbatik bezeichnet werden kann.

2.7.3.1. Wissenswertes zur historischen Entwicklung und über die traditionelle Verfahrensweise

Das Reservieren eines Musters mittels Wachszeichnung ist sehr alt. Geschichtliche Funde von so gemusterten Gewändern aus Leinen und Fragmente zwei- und mehrfarbig gemusterter Seidenstoffe weisen nach Nordafrika und China, Zentralasien, Japan und Alt-Peru. *Plinius* schrieb von Leinengeweben, die im alten Ägypten von Färbern mit Wachs und Reiskleister reserviert wurden. Auch ägyptische Funde aus dem 6. und 7. Jahrhundert sind auf Leinen gearbeitet, während man zu späteren Arbeiten fast ausschließlich Baumwolle verwendete. Aus den Kaukasusländern Armenien, Georgien und Aserbaidshan kennt man mehrfarbige Kopftücher aus feiner Seide, die in kombinierten *Batik/Beizen-Reserve-Verfahren* gemustert wurden. Die Reservemasse war nicht reines Wachs, sondern eine Mischung aus Wachs, Harz, Tierfett und anderen Substanzen. Aus Persien sind verschiedene Formen von batikartigen Techniken belegt.

Man vermutet, daß der Ursprung der Batiktechnik in China zu suchen ist.

Auf Java ist diese Technik noch heute beheimatet. Begünstigt vor allem durch die klimatischen Verhältnisse, hat sie dort eine Entwicklung durchgemacht, mit der sich kein anderes Land auf der Welt messen kann. Hand- und Stempelbatik sind noch heute ein wichtiger Handwerkszweig, dessen Erzeugnisse auf der ganzen Insel aktuell sind und auch in andere Gebiete exportiert werden. Das beliebteste Kleidungsstück der Javanerin ist ein prachtvoll gebatikter Sarong (Hüfttuch oder Wickelrock), zu dem sie oft auch eine gebatikte Kabaja trägt.

Das Wort *Batik* wird von dem javanischen Verbum ambatik abgeleitet mit der allgemeinen Bedeutung: zeichnen, schreiben, malen. Die Silbe tik hat die Bedeutung: Punkt oder Tropfen. Die Malaien batikten bereits auf Rindenstoffe. Als dann später Gewebe aufkamen, übertrugen sie die technologische Verfahrensweise auf dieselben. Die von Generation zu Generation weitergegebenen feingliedrigen Muster ihrer Batikarbeiten sind identisch mit dem traditionsgebundenen Lebensstil der Javaner. Die Motive sind der reichen Blütenpracht der Tropen entnommen, die Tierwelt erscheint in sehr ornamentaler Stilisierung, entspre-

Bild 2 / 160. Detail einer javanischen Batik der Gegenwart

chend dem mohammedanischen Prinzip, das die Darstellung von tierischen und menschlichen Figuren untersagt; dazu kommen Symbole des Glücks, der Fruchtbarkeit und des Lebens. Die Darstellungen von Figuren göttlichen Ursprungs finden in Tempeln Verwendung, sie sind auf den Textilien den beliebten Schattenspielfiguren gleich. Mit ihnen ist der Wajangstil erhalten geblieben. Bild 2 / 160 zeigt eine javanische Batik.

Die klassische Batik wurde ursprünglich von vornehmen jungen Javanerinnen geschaffen, die mehrere Monate an einem einzigen *Sarong* arbeiteten. Noch heute obliegt der künstlerische Arbeitsprozeß, der Wachsauftrag, den Frauen.

Zunächst wird das zu batikende Gewebe einer langwierigen Vorbehandlung unterzogen. Durch Kochen und Auswaschen wird die Appretur entfernt. Die Meterware wird in Stücke des gewünschten Formats geteilt und gesäumt. Ein Sarong ist etwa 2 m lang und 1 m breit. Darauf folgt das Verkleben des Baumwollgewebes mit Öl und Laugenwasser aus

Reisstrohasche und das Stärken mit Reiskleister. Danach wird der Stoff mit schweren Holzhämmern geklopft, wodurch er geschmeidig und die Oberfläche ganz glatt wird.

Die Haupteinteilung des Musters wird mit Kohlepulver oder Bleistift fein angegeben, auf jegliche weitere Vorzeichnung verzichtet eine gute Batikerin.

Das Auftragen des Wachses geschieht mit dem typisch javanischen und nur dort bekannten Auftraggerät, dem *tjanting*. In einem Bambusgriff ist ein kleiner Kupferbehälter befestigt, der die Wärme des geschmolzenen Wachses sofort annimmt. Durch ein oder mehrere dünne Ausflußröhrchen fließt das Wachs auf den zu reservierenden Stoff, wobei der tjanting (Bild 2 / 161) das Gewebe nicht berühren darf. So entstehen einzelne bzw. parallel laufende Linien. Das Wachs wird in einer eisernen Pfanne gleichmäßig warm gehalten.

Der zweite, mehr technische Teil des Arbeitsprozesses, das Färben, wird von Männern ausgeführt. Aber auch der Färbeprozeß eines mit Wachszeichnung reservierten Stoffes erhebt Anspruch auf meisterliches Können, denn nicht nur das Ansetzen des Farbbades ist wichtig, das mit den verschiedenen Farbstoffen auch unterschiedlich ist, sondern das Einwirken der Sonnenstrahlen auf das frisch gefärbte Stück ist dabei von Bedeutung, da ja, wie schon beschrieben, Indigo erst an der Luft zur blauen Farbe oxidiert.

Bei einer traditionellen javanischen Batik herrschen braune und blaue Farbtöne vor. Um zeitlich rentabler zu arbeiten, entwickelte sich seit 1850 auf Java immer mehr auch der Batikdruck, genannt *tjap*. Er wird mit großen Holz-, meistens aber Metallstempeln hergestellt. Ein

Bild 2 / 161. Indonesischer »tjanting«, zur Verfügung gestellt vom Koninklijk-Institut voor de Tropen, Amsterdam

doppelt gefalteter Stofflappen wird dazu mit dem geschmolzenen Wachs getränkt, von ihm nimmt man mit dem Stempel das Wachs für den Druck ab. Das zu bedruckende Stück Stoff liegt dabei über einem Kissen bzw. auf einem gepolsterten Tisch. Die auf diese Verfahrensweise hergestellten Muster werden mit der Hand vervollständigt und verbessert. Das Drucken ist Männerarbeit, während wieder Frauen die Handzeichnung einsetzen. Der tjap wird mit gegengleichen Stempeln auch von rückwärts bedruckt. Es ist schwer, Handbatiken von Stempelbatiken zu unterscheiden. Im 19. Jahrhundert entstanden in Europa, vornehmlich in Holland, Batikimitationen, nach Originalen im Direktdruckverfahren hergestellt, wobei auch die unregelmäßigen Äderchen in der Wachszeichnung mit eingedruckt wurden. Diese Pseudobatiken führte man auf Java ein, um damit am Tourismus zu verdienen. Daraus resultierte keine Negation der einheimischen Batikindustrie, im Gegenteil, sie entwickelte sich daraufhin immer mehr. 1930 zählte man auf Java 4384 Batikbetriebe, die teils Handbatik, teils Stempelbatik anfertigten. Nach wie vor spielen Batikgewebe eine wichtige Rolle in der javanischen Frauenkleidung.

In Europa war der Blaudruck der Vorgänger dieser erst im Jahre 1900 bekannt gewordenen Technik. Holländische Kaufleute brachten javanische Batikgewebe mit und zeigten sie auf der Weltausstellung in Brüssel. Bedingt durch andere klimatische Verhältnisse, die von großem Einfluß auf die Verfahrensweise sind, und dem anderen europäischen Geschmack, entstanden nun europäische Batiken. So kam es, daß in den 20er Jahren unseres Jahrhunderts Batiken »Mode« waren und sehr schnell den Bereich der angewandten Kunst eroberten. Später aber verschob sich der Anwendungsbereich dieser Technik insofern, daß sie fast überwiegend der Raumgestaltung dienlich wurde. Waren es nach dem 1. Weltkrieg vornehmlich Gegenstände dienender Funktion, wie Kissen, Tischdecken, Kleider, Röcke und dergleichen, die aus gebatikten Stoffen hergestellt wurden, so verwendete man die Technik jetzt mehr mit dem Anliegen, über das Ornament hinaus zu einer freien, bildhaften Gestaltung figürlicher Art zu gelangen. Dabei handelte es sich um Einzelstücke, die in ihrer Bildfunktion eine konkrete Szene widerspiegeln.

Dieses gestalterische Experiment, nämlich die Batiktechnik für den Wandbehang zu nutzen, ist vor allem *Richard Dölker* zu verdanken. Mit Recht gilt er noch immer als der bedeutendste Batikmaler Europas, nicht nur, weil er sich große Verdienste mit dem Erproben dieser Technik in anderen klimatischen Verhältnissen erworben hat, sondern weil er die bildhafte Darstellung in dieser Technik schuf. Seine Arbeiten zeigen meist eine friesartige Aneinanderreihung der Szenen, wobei seine Darstellungen überwiegend humorvoll sind, großes zeichnerisches Können beweisen, verbunden mit genauem Beobachten auch der kleinsten Begebenheiten in der Natur. Man kann behaupten, daß diese Batiken in ihrer eindrucksvollen Schönheit selten wieder erreicht wurden.

Die Erfahrungen, die von einzelnen professionellen Künstlern in dieser Technik gemacht wurden, sind unterschiedlich, alle aber sind an eine feste Werkstatteinrichtung gebunden.

In diesem Buch soll die Verfahrensweise beschrieben werden, die die Kunsthandwerkerschulen in den 40er Jahren lehrten, erprobt mit den gegenwärtig im Handel erhältlichen Farbstoffen. Sie erscheint mit als die geeignetste für die Arbeit im bildnerischen Volksschaffen. Dabei wird in der Hauptsache auf reine Seide gebatikt, um das weniger aufwendige direkte Färben im sauren Bade zu nutzen, wobei unterschiedliche Farbtöne von steigender Farbtiefe nach additivem Verfahren erreicht werden. Die Licht- und Naßechtheit dieser Arbeiten ist zwar nur mäßig bis gut, so daß sie in Waschbenzin gereinigt werden müssen. Wenn sie nicht andauernd intensiver Sonnenbestrahlung ausgesetzt sind, erhalten sie über Jahre hinaus ihre Farbfrische.

Die *reine Seide* eignet sich ausgezeichnet für modische Dinge, wie Halstücher, Schals, große Vierecktücher und dergleichen, es können dazu die zartesten Seidengewebe verwendet werden. Dagegen wird man einen Wandbehang aus etwas stärkerer Seide arbeiten, wozu Taft, Schappeseide, Toile oder Rohseidengewebe empfohlen werden. Gegenwärtig, im Zeitalter der Chemiefaser, ist es nicht so einfach, reinseidene Gewebe in Weiß oder Rohweiß im Einzelhandel zu erhalten. Wer schon einige Erfahrungen im Färben gesammelt hat, kann auch zartfarbige Seide zum Batiken nehmen.

Das *Wachs* muß für den reservierenden Auf-

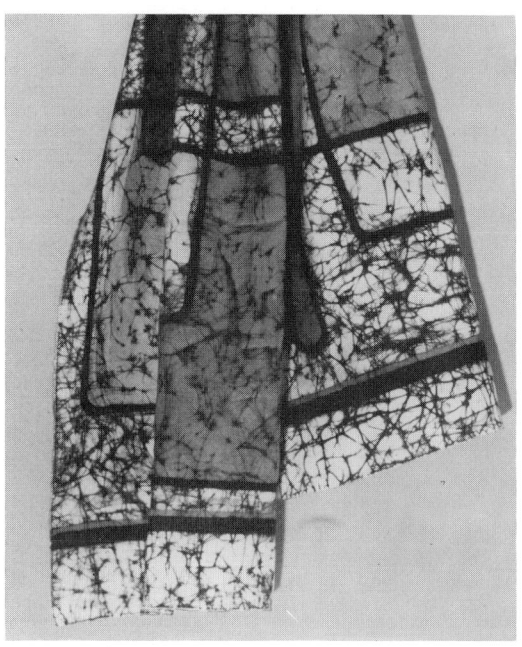

Bild 2/162. Schal mit großflächiger Musterung und ausgesparten Linien, Ätzbatik – *Ingeborg Bohne-Fiegert*

trag gemischt werden. Eine klar bleibende, lineardekorative Musterung wird erzielt, wenn man eine Mischung wählt, die hauptsächlich aus Bienenwachs besteht, dem etwas Paraffin oder Stearin beigemischt wird, z. B. $\frac{2}{3}$ Bienenwachs + $\frac{1}{3}$ Stearin. Das Bienenwachs verfügt über Klebkraft, das Stearin ist spröde. Je höher der Anteil an Stearin, um so spröder wird die Reservage und um so ausgeprägter wird der Craquelé-Effekt, der durch das Brechen der Wachsschicht entsteht, in die die Farbe beim Färbeprozeß eindringen kann.

Bei einer guten Batik wird mit fest haftendem Wachs gearbeitet und auf den Craquelé-Effekt verzichtet. Er entsteht bei einer Ätzbatik (Bild 2/162), aber auch nach längeren additiven Färbeprozessen ohne Absicht und Zutun. Zu kalte Spülbäder und zu kleine Färbegefäße forcieren das Brechen der Reservage, deshalb benutzt man auf Java große flache Färbeschalen oder auch Küpen (Bottiche) von solcher Tiefe, daß die Sarongs frei in der Farbflotte hängen können. Eine Vielzahl von Wachsbrüchen kann sich störend auf die Musterung auswirken. Auf keinen Fall sollten sie

bewußt als Effekt eingesetzt werden! Durch den gesamten Arbeitsprozeß entstehen ohnehin Wachsbrüche in mäßiger Anzahl, das ist typisch für gebatikte Gewebe und somit schön.

Die Wachsmischung wird in einem kleinen Topf im Wasserbad geschmolzen und verbleibt darin gut verrührt bei gleichbleibender Temperatur. Es ist eine tropische Technik, und so ist es gut, wenn der Raum, in dem gebatikt wird, auch warm ist. Das Wachs hat die richtige Temperatur für den reservierenden Auftrag, wenn das Wasserbad ständig kochend gehalten wird. Das wiederum erzeugt Luftfeuchtigkeit, die sich auf die Technik günstig auswirkt. Dabei verdunstet das Wasser von Zeit zu Zeit, und es ist ratsam, ständig warmes Wasser zum Nachgießen zur Hand zu haben. Wachs, das direkt auf der Erhitzungsmöglichkeit steht, siedet und wird braun. Dadurch wird der Wachsauftrag zu dünnflüssig und reserviert nicht entsprechend. Außerdem verbrennt das siedende Wachs die Rindshaare des Pinsels, den wir zum Wachsauftrag gebrauchen. Es verliert seine Klebkraft, die es auch nach dem Erkalten nicht wieder zurückgewinnt.

Der *Entwurf* für eine Batikarbeit wird gleich in Originalgröße angefertigt und am besten mit Zeichenkohle oder einem Filzmalstift erarbeitet. Sehr eckige, spitzwinklige Formen widerstreben der Batiktechnik, wohingegen runde Formen und lange Linien ihr gemäß sind. Über diesen Vorentwurf wird ein großer Bogen Transparentpapier gelegt und das ganze Muster noch einmal genau überarbeitet, bis die Zeichnung auf dem Transparentpapier präzis Linie für Linie der Musterung zeigt. So erhält man die *Werkzeichnung*, die für jede Batikarbeit unbedingt notwendig ist. Sie wird mit einem Bleistift (2 B) gezeichnet, evtl. mit Ausziehtusche nachgezogen.

Das *Übertragen der Werkzeichnung auf das Gewebe* ist bei dünner Seide sehr einfach. Man legt einen glatten weißen Bogen unter die Transparentzeichnung und spannt die Seide fadengerade darüber. Die durchscheinenden Linien werden nun wiederum mit einem Bleistift (HB – 2B) nachgezogen, wobei man für lange gerade Linien, wie Randbegrenzungen, ein Lineal zu Hilfe nimmt.

Das *Auftragen des Wachses* (Batiken) geschieht mit einem rundgebundenen Rindshaarpinsel, beispielsweise Nr. 4–8. Beim Einkauf wählt man die Sorten mit langem Stiel, die auch über längere Pinselhaare als die normalen Malpinsel verfügen. Das Arbeiten mit einem tjanting ist in unseren Breitengraden weniger üblich, da das Wachs schnell erkaltet und das Ausfluß-röhrchen verschließt. Sie sind im Handel nicht erhältlich. Findige Bastler haben solche, elektrisch beheizt, nachgeschaffen und vereinzelt wird der Wachsauftrag damit vorgenommen. Um die Wachszeichnung mit dem Pinsel vorzunehmen, plazieren wir uns so nahe wie möglich um den Wachstopf, der dazu am besten auf einem Hocker steht. Wir legen die Seide über die Innenfläche der linken Hand und ziehen nun langsam mit sicherer Pinselführung Linie für Linie nach. Dabei muß das flüssige Wachs völlig durch das Gewebe hindurchdringen, so daß das Gewebe auch auf der Rückseite mit Wachs beschichtet ist. Bei der Batiktechnik ist es so, daß die jetzt mit Bleistift gezogenen, dunkel erscheinenden Linien hell stehen bleiben, weil sie zuerst mit der Wachszeichnung bedeckt werden. Es ist ratsam, recht viele und vor allem schwierige Linien gleich zuerst abzudecken, denn es arbeitet sich auf einem glatten, noch ungefärbten Stoff etwas leichter, und außerdem sind die Bleistiftlinien jetzt noch genau zu erkennen, was nach mehreren Färbeprozessen nicht mehr der Fall sein kann.

Das Färben nehmen wir mit den Citocol-Farbstofftabletten vor, die wir in etwas kochendheißem Wasser lösen, den Extrakt verrühren und durch ein Haarsieb dem handwarmen Färbebad zusetzen, das sich in einer Emailleschüssel oder einem Emailleeimer befindet. Vor dem Färbeprozeß, der mindestens 10 min, besser 30 min betragen sollte, muß das zu färbende Gewebe in handwarmem Wasser genetzt werden. Zum Färben sollte man Gummihandschuhe tragen und das Gewebe ständig in der Farbflotte bewegen, ohne dem Wachsauftrag zu schaden.

Zum *Kaltfärben* kann ein geringer Prozentsatz Farbstoffmenge mehr verwendet werden als zu kochenden Einfärbungen. Die Farbstoffmenge richtet sich auch nach der Menge des Färbeguts. Ist dem Färbebad zuviel Farbstoff zugesetzt worden, wird dasselbe als »übersättigt« bezeichnet. Die überflüssigen Farbkörperchen werden vom Farbbad und vom Färbegut nicht mehr aufgenommen und setzen sich beim nachfolgenden Spülbad wieder ab. Das Spülwasser wird farbig. Bei einer guten Färbung bleibt das Spülwasser klar.

Gefärbt wird stets von der helleren Farbe zur dunkleren! So werden verschiedenerlei Farbtöne von steigender Farbtiefe durch Übereinanderfärben (Addieren der Färbungen) erreicht. Eine solche Batik ist Ton in Ton gefärbt.

Beispielsweise wird zuerst hellblau gefärbt. Nachdem das Gewebe gefärbt und gespült wurde, hängt man es zum Trocknen auf. Nun werden all die Linien und Flächen mit Wachs abgedeckt, die hellblau bleiben sollen. Darauf folgt das zweite Färbebad: mittelblau. Auch diese Farbe wird durch erneuten Wachsauftrag im Muster erhalten. Die dritte Färbung könnte mit Rubinrot, Krapprot oder Rotviolett durchgeführt werden, mit dem bereits gefärbten Mittelblau entsteht ein Blauviolett. Ist die Batikarbeit damit beendet, zeigt sich als Ergebnis ein violettes Batikgewebe mit hellblauer, mittelblauer und weißer Musterung.

Andere additive Färbevorschläge sind: Grundfarbe: weiß

1. Färbung: Gelb
2. Färbung: Hellrot = Orange
3. Färbung: Giftgrün = Oliv
4. Färbung: Zinnoberrot = Braun
1. Färbung: Rosa
2. Färbung: Karminrot = Karminrot
3. Färbung: Blau = Violett
4. Färbung: Gelb = Braun

Durch das Tauchverfahren der Färbungen, die übereinander erfolgen, stehen die Farbtöne immer in einem verwandschaftlichen Verhältnis zueinander und sind aus diesem Grund auch immer aufeinander abgestimmt.

Das *Entfernen des Wachses* wird mit einem gut warmen Bügeleisen vorgenommen. Dazu legt man über eine Schicht Zeitungspapier eine oder mehrere Lagen Fließpapier. Auch die saugfähigen Papierhandtücher, die es rollenweise zu kaufen gibt, sind dafür geeignet. Das wieder getrocknete Batikgewebe wird mit der linken Seite nach oben aufgelegt und mit dem Bügeleisen wird das Wachs abgebügelt. Dabei wechselt man mehrere Male das Fließpapier und achtet darauf, daß man nicht unmittelbar auf dem Zeitungspapier bügelt. Es könnte möglich sein, daß sich die Druckerschwärze dadurch fest mit der Gespinstfaser verbindet.

Die noch in der Batik verbleibenden Fett-
ränder um die Wachszeichnung herum werden anschließend durch Waschen der ganzen
Arbeit in Waschbenzin oder Spezialbenzin,
Stelle für Stelle leicht reibend, entfernt. Ist das
Benzin davon sehr schmutzig geworden, wird
noch einmal mit frischem Benzin kurz nachge-
waschen. Dünne Gewebe kann man ausschla-
gen, wobei sie sofort trocknen, andere hängt
man für kurze Zeit zum Trocknen auf die
Leine. Nun muß das Gewebe wieder so weich
sein, wie es ehedem war, und es darf auch kei-
nerlei Fettspuren mehr aufweisen.

Der letzte Arbeitsgang ist dann das Säumen
des fertigen Gegenstandes, das möglichst mit
der Hand ausgeführt werden sollte. Hat man
durch eine erste Batikarbeit die Verfahrensweise kennengelernt, so werden weitere Arbeiten ein Vertiefen der einzelnen Arbeitsgänge
mit sich bringen.

Für komplizierte Muster wird eine Farb-
skizze notwendig, die man in Sichthöhe in der
Nähe des Wachstopfes anbringt, damit sie während der einzelnen Arbeitsvorgänge als Ge-
dächtnisstütze dient. Die Werkzeichnung wird
aufgehoben, um gegebenenfalls noch einmal
verwendet werden zu können. Grundsätzlich
arbeitet man aber nur ein bis zwei Gegenstände nach der gleichen Werkzeichnung und
diese sogar möglichst in unterschiedlichem
Farbkolorit. Die Batiktechnik ist zu edel, um
aus ihr ein Routineverfahren zu machen, das in
»Serie« aufgelegt wird. Außerdem ist es viel
schöpferischer und interessanter, etwas Neues
zu schaffen, als Altes neu aufzulegen. Dabei
geht oft die Ursprünglichkeit verloren. Es ist
ratsam, erst mal mehrere kleinere Arbeiten mit
vielen feinen Linien zu batiken, um Erfahrungen zu sammeln und die *Kunst der Wachszeichnung* zu erlernen. Innerhalb einer Fläche oder
auch um eine Fläche herum kann man Linien
aussparen, d. h. nicht mit Wachs abdecken. Sie
färben dunkler und ergeben eine dunkle line-
are Zeichnung. Das ist schwierig, denn die Linien müssen exakte Ränder aufweisen
(Bild 2/163). Ebenso spart man Linien zwischen Flächen von wenig unterschiedlicher
Farbgebung aus. Die Arbeit wird kontrastrei-
cher, wenn dazwischen eine dunkle Linie
bleibt, natürlich ist das Anwenden solcher ausgesparten Linie auch von der Gesamtmuste-
rung abhängig.

Dadurch, daß man bei Batikarbeiten immer

Bild 2/163. »Yachthafen«, Ätzbatik – *Ingeborg Bohne-
Fiegert*

von den hellsten zu den dunkelsten Farbtönen
färbt, ergibt es sich, daß die Grundfläche einer
jeden Arbeit immer den dunkelsten Farbton
bekommt. Möchte man aber einmal ein helles
Tuch haben, so kann beispielsweise auch die
Grundfläche zuerst abgedeckt werden, so daß
sie weiß bleibt, oder sie wird ganz nach den roten oder Orangefärbungen abgedeckt, so erhalten wir ein dementsprechend helles Tuch mit
einer ebenfalls hell umzogenen Kontur der
Motive. Das so gestaltete Endergebnis wäre zu
kontrastarm und somit wenig schön. In diesem
Fall spart man um die äußere Kontur der Motive herum noch eine breite Linie aus, wodurch die Musterung durch die Dunkelfärbung
hervorgehoben wird. So verfährt man auch bei
Wandbehängen, die einen nicht zu dunklen
Grundton bekommen sollen.

Das örtliche Einfärben von Batikarbeiten ist
stark verbreitet. Es geschieht mit einem
Schwämmchen oder einem Pinsel. Durch das

181

Einmalen der Farben wird einer Batik gern eine mehr malerische Wirkung gegeben. Sie werden mit *Batikmalereien* bezeichnet. Der Kenner erkennt diese Verfahrensweise am fertigen Stück sofort, einmal an dem Schimmer, der sich um die eingemalte Stelle herum ausdehnt, aber auch an den Brüchen. Ist die Grundfarbe des Stoffes weiß gewesen, so zeigen die vor dem ersten Farbbad abgedeckten Flächen Brüche in all den Farbtönen, mit denen das Arbeitsstück gefärbt wurde, außer solchen, die die Farbtöne zeigen, die durch das Übereinanderfärben entstanden sind. Natürlich deckt man vor jedem neuen Färbeprozeß aufgerissene Wachsbrüche wieder zu, um das Farbenspiel zu erhalten, das von handwerklichem Können zeugt.

Sehr interessant wird das Färbeverfahren, wenn ein oder zwei Ätzvorgänge mit einbezogen sind.

Ätzbatiken werden heute seltener hergestellt, doch liegt das wahrscheinlich an der Mühe, die damit verbunden ist, sicher auch an mangelnden Erfahrungswerten. Doch reine Seide mit Citocol-Farbstofftabletten gefärbt, läßt sich gut ätzen. Durch das Ätzverfahren ist es beispielsweise möglich, daß ein Batikgewebe rot gefärbt wurde und außerdem ein gleichgewichtiges Grün oder Blau zeigt. Das ist durch additives Färbeverfahren ohne Zwischenätzung nicht möglich, da Rot und Grün ja ein Braun ergäbe oder Rot und Blau ein Violett. Das Ätzen geschieht mit Entfärber.

Ist ein *Ätzvorgang* in den Färbevorhaben einer Batik mit eingeplant, so ist es wichtig, zunächst all die Farbtöne zu färben, die nicht *Blau* beinhalten, denn Blau läßt sich nicht ätzen und wird, scheinbar im Ätzbad gelöst, an der Luft immer wieder zur blauen Farbe oxydieren. Das Arbeitsstück färbt man also mit allen gelben und roten Farbtönen ein. Wenn dann alle Stellen der Musterung, die diese Farbtöne behalten sollen, mit Wachs abgedeckt sind, richtet man vor der nächsten Färbung ein Ätzbad an. Auch das geschieht in einer Emailleschüssel. In 5 l gut handwarmes Wasser schüttet man den Inhalt eines Päckchens Entfärber und rührt das Bad sorgfältig um. Nach vorangegangener Netzung wird die Batikarbeit nun in das Ätzbad gelegt und darin so lange bewegt, bis dasselbe milchig wird. Diese Veränderung zeigt an, daß die Ätzkraft verbraucht ist. Die Arbeit wird in das Spülbad zurückge-

hoben. Der rote Farbton ist aus dem Gewebe gewichen und zeigt sich jetzt in einem ganz zarten Rosa oder einem zart gelblichen Farbton. Das Spülen muß mehrfach wiederholt werden. Dem Ätzbad entsteigt ein unangenehmer Geruch, sollte das nicht der Fall sein, ist der Entfärber überlagert und ätzt auch nicht mehr. Das *Ätzbad* greift weder den Stoff noch das Wachs an. Aber durch das ständige Bewegen der Arbeit entstehen erneute Wachsbrüche.

Es ist durchaus möglich, den Farbton, den man durch das Ätzbad erhalten hat, mit in die Farbskala einzubeziehen oder versäumte Linien damit nachzuholen. Dazu muß das Arbeitsstück aber zwischendurch wieder getrocknet werden. Ist das nicht der Fall, kann anschließend sofort die nächste Färbung, beispielsweise Blau, vorgenommen werden.

Auf das Blau könnte man wiederum Gelb färben und erhält Grün, darauf Scharlachrot, und es entsteht ein schönes, warmes Braun.

Bei einer Batikarbeit kann auch zwei- bis dreimal geätzt werden, was bei modischen Vierecktüchern oder beispielsweise einem gebatikten Abendkleid aus reinseidenem Chiffon durchaus möglich wäre. Das große Blumentuch (Bild 2/164) ist zweimal geätzt. Die erste Farbe ist Silbergrau, sie wurde weggeätzt, darauf ein Zitronengelb gefärbt, darauf Altgold und darüber Scharlachrot. Dann wurde das Tuch wieder geätzt, dann mit Brillantgrün gefärbt und als Schlußfarbe Giftgrün genommen.

Das *Batiken eines Gesichts* ist nicht so leicht. Bei kleineren Figuren, die man batiken möchte, genügt es, wenn die Augen durch zwei Punkte dargestellt werden, gegebenenfalls kann man die Einzeichnung der Nase bei einer frontalen Darstellung völlig weglassen und bringt beim Mund hauptsächlich die Mittellinie der aufeinander treffenden Lippen. Ist die Figur aber größer, so sollte eine Batik- und Färbeprobe des Gesichts vorausgehen. Dasselbe darf, um gut gebatikt werden zu können, auch nicht kleiner sein als 12 cm. Es muß sorgfältig auf dem Stoff vorgezeichnet werden, noch besser: Es wird nach der Werkzeichnung auf dem Stoff nachgezogen, wobei es fürs erste ratsam ist, alle Linien doppelreihig zu ziehen. Zuerst wird das Weiß in den Augen abgedeckt. Nach der ersten Färbung, die meist hellgelb sein wird, deckt man das Haar selbst mit ausgesparten Konturen oder nur die Konturen desselben ab. Auf dieses zarte Gelb wird Braun mit

Bild 2/164. Großes Blumentuch, Ätzbatik, zweimal geätzt und 6mal gefärbt – *Ingeborg Bohne-Fiegert*

Bild 2/165. Gesicht einer Zigeunerin, Batikprobe

einem winzigen Schuß Scharlachrot, das man auch gleich in der Extraktform mischen kann, daraufgefärbt. Beim Abdecken der so erhaltenen Gesichtsfarbe ist jetzt um alle Gesichtsteile, um die Augen, die Nase, den Mund, wie auch zwischen Gesicht und Hals und zwischen Gesicht und Ohren eine Kontur auszusparen. Nun färbt man noch einmal in reinem Scharlachrot und erhält somit die Farbe der Lippen. Sie werden wiederum so abgedeckt, daß zur Hautfarbe und auch zwischen den beiden Lippen eine Kontur stehen bleibt. Wenn man eine braune Farbe für die Iris haben möchte, erübrigt sich ein Ätzen, für blaue oder grünliche Augen aber muß die Batik jetzt geätzt werden. Nach der Blaufärbung werden die Augen gebatikt. Für eine braune Haarfarbe muß nun Orange darauf gefärbt werden. Sie gilt auch für die Augenbrauen. Bild 2/165 zeigt, welchen Ausdruck man mit der Batiktechnik einem Gesicht geben kann.

Stempelbatik

Die Möglichkeit, eine Stoffmusterung durch das Aufdrucken von Formen, die in Wachs getaucht wurden, zu erzielen, ist im bildnerischen Volksschaffen bisweilen schon genutzt worden. Es ist eine Technik, die zu dekorativ reizvollen Ergebnissen führt, und es ist empfehlenswert, sie noch viel öfter zu erproben.

Ob es leichter ist, eine Stempelbatik oder eine mit einer feinen Wachszeichnung zu erproben, bleibt dahingestellt, denn gerade das Aufdrucken der in Wachs getauchten Stempel erfordert sehr viel Geschick, bleibt aber im manuellen Bereich handwerklicher Fertigkeit.

Diese Technik sollte nicht benutzt werden, um die Wachszeichnung zeitlich rentabler aufzubringen, wozu diese Technik in ihrem Heimatland gebraucht wird, sondern sie ist eine weitere Möglichkeit, die zu dekorativen Stoffmusterungen führen kann, die sich durchaus von der Wachszeichnung mit dem Pinsel unterscheidet. Das ist einmal in der etwas anderen technischen Verfahrensweise begründet, die mit dem anderen Stempelmaterial zusammenhängt, das dazu verwendet wird.

Zur *Stempelherstellung* werden beispielsweise einfache Flaschenkorken genommen, die noch unbenutzt sind. Von den ganz großen Korken für Thermosflaschen werden mit einem heißen Messer etwa 6...7 mm dicke Scheiben abgeschnitten, aus denen man ganz schlichte Formen herausschneidet, wie ein Dreieck, ein Quadrat oder eine einfache Blütenform und dergleichen mehr. Es lassen sich auch figürliche Formen aus Kork schneiden und auch aus ein bis zwei solchen Teilen zusammensetzen. Des weiteren kann man Holz zum Stempeln nehmen, es gibt kleine Holzkorken in unterschiedlichen Größen, und aus Sperrholz kann man schlichte Formen mit der Laubsäge heraussägen. Außerdem kann man aus Metallbändern Formen selbst zurechtbiegen. Wer schöne Gebäckformen aus Metall hat, kann evtl. auch diese für eine solche Arbeit verwenden. Ideale Stempel entstehen aus 3 cm oder 4 cm großen Stücken von Kupfer oder Messingrohren, die mit einem Holzgriff versehen werden. Auch Stecknadeln mit Glaskuppen, Reißbrettstifte oder zurechtgeschnittene Gänsefederposen, wie man sie zum Schmücken von Ostereiern nimmt, können verwendet werden. Auch durch das Aufstecken vieler Stecknadeln auf einen großen Korken, die alle in gleicher Höhe stehen müssen, können schöne Motive erzielt werden. Alle Stempel müssen mit einem Griff versehen werden, damit man sie angreifen und gut abdrücken kann. Die Griffe können lange Stecknadeln, Klammern, Streichholzstäbchen oder zurechtgeschnitztes Holz sein.

Zum Stempeln wird eine *sprödere Wachsmischung* als die zur Handzeichnung mit dem Pinsel meist verwendete genommen, nämlich 100 g Bienenwachs und 200 g Stearin. Die Mischung wird geschmolzen und durchgesiebt. Für die Stempelbatik sollte das Wachs ausnahmsweise direkt auf einem zu regulierenden elektrischen Kocher mit geschlossener Heizfläche stehen. Während des Arbeitsprozesses muß man aber ständig darauf achten, daß das Wachs nicht zu heiß wird, es wird dann zu dünnflüssig und reserviert nicht mehr gut. Außerdem läuft es dann beim Aufdrucken sehr breit. Dieses überhitzte Wachs kann nicht mehr zur Wachszeichnung mit dem Pinsel genommen werden, auch dann nicht, wenn es dazu wieder ins Wasserbad gegeben würde, denn es verliert mit der Zeit an Klebkraft!

Der Stoff, den man in dieser Stempelbatik schmücken möchte, muß jetzt aufgespannt werden. Wenn es sich um eine kleinere Arbeit handelt, benutzt man dazu einen einfachen Holzrahmen. Ist die Arbeit größer, spannt man

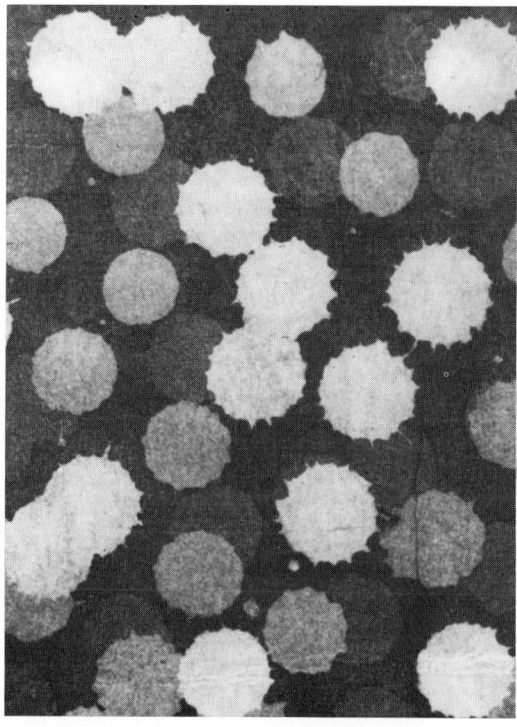

Bild 2/166. Tropfbatik auf Papier, mehrmals gefärbt – *Christel Grothmann*, Kirchmöser

den Stoff zwischen zwei Stühle, besser noch zwischen zwei Tische. Er muß hohl gespannt sein, und die Spannung muß dem Druck, der beim Aufdrücken des Stempels entsteht, nachgeben.

Bei größeren Arbeiten gibt man noch ein *Rapportnetz* an, das genau abgemessen wird. Diese Hilfslinien können mit Bleistift gezogen werden, einfacher aber ist es noch, sie mit einer Schnur und verbranntem Zeitungspapier aufzutragen. Dazu läßt man Zeitungspapier auf einer Müllschippe verbrennen und gibt dieses verkohlte Papier in ein doppelt gefaltetes Zeitungsblatt. Eine ganz dünne Schnur wird dazwischen entlanggezogen, so daß sie von dem verkohlten Papier schwarz wird. Dann legt man sie auf den Anfangs- und Endpunkt der zu ziehenden Linie auf – das macht man am besten zu zweit – und hält sie gestrafft ganz fest. In der Mitte nimmt man sie mit zwei Fingern vorsichtig hoch und läßt sie wieder fallen. Durch dieses Aufprallen auf den Stoff entsteht die Linie aus verkohltem Papier. Meist kann

man zwei bis drei Linien auf diese Weise aufbringen, ohne den Faden neu schwärzen zu müssen.

Das Wachs wird mit dem Kocher ganz in die Nähe des aufgespannten Stoffes gestellt, am besten auf einen alten Hocker. Nun kann man mit dem Stempeln beginnen. Es ist ratsam, dabei einige Bogen Zeitungspapier auf die Stofffläche zu legen, die momentan nicht gestempelt wird. Beim Stempelvorgang muß der Stempel ganz waagerecht gehalten werden, denn das heiße, flüssige Wachs sammelt sich am Tiefpunkt schräg gehaltener Stempel rasch, tropft ab und beeinträchtigt so die Musterung.

Zur Stempelbatik verwendet man Gewebe aus reiner Seide oder feinem Batist, damit beim Färbeprozeß leuchtende Farben erzielt werden. Der Färbeprozeß und auch die weiteren Arbeitsvorgänge, wie das Ausbügeln des Wachsauftrages und die Wäsche in Benzin, gleichen den bei der Handbatik beschriebenen Vorgängen. Stempelbatiken kann man natürlich auch zwei- oder dreimal einfärben, aber auch nur einmal gefärbte können sehr schön sein.

Zu Stempelbatiken, die nur einmal gefärbt werden sollen, wird Batist genommen. Bild 2/166 zeigt eine Tropfbatik auf Papier, mit Schwamm oder im Tauchverfahren gefärbt.

2.7.4. Reserve-Färbeverfahren auf Textilgut

Es gibt noch ein anderes Reserve-Färbeverfahren, das durch Falten, durch Reihstiche oder durch Abbinden mit festem Faden mustert, die *Plangi-* bzw. *Tritiktechnik*.

Dieses Verfahren ist ebenfalls sehr alt und in Indonesien, aber auch in Afrika, vor allem in Guinea, sowie in Japan beheimatet. Auf europäischem Boden kannte man es bereits in der ČSSR, wo es in der Slowakei zur Musterung von Trachtenteilen, wie Schürzen, Tüchern und Bändern, verwendet wurde. Hierbei handelt es sich um rein dekorative Musterungen, wie sie durch die Verfahrensweise, die auch *Bandanatechnik* genannt wird, nur möglich sind. Dazu wird der noch ungefärbte Stoff an bestimmten Stellen fest zusammengeschnürt, und zuweilen bindet man kleine Kieselsteine oder Muscheln mit ein. Häufig entstehen auch Muster nur durch besonderes Falten des Stoffes oder dadurch, daß andere Stoffteile fest aufge-

185

näht werden. Nach dem Färbeprozeß in kochendem Färbebad werden sie wieder abgetrennt. Es wird auch Rohr, Stroh oder Schnur aufgenäht bzw. eingeknotet. Die Herstellung der auf diese Weise geschmückten Stoffe erfordert sehr viel Geduld, weil man nach dem Färbeprozeß die jeweiligen Reservagen vorsichtig und oft mühevoll wieder entfernen muß, bevor sich ihre Musterungen zeigen.

Nachdem vor etlichen Jahren in Europa dieses Abbindeverfahren durch improvisiertes, öffentliches Vorführen eine starke Verflachung erfuhr, ist es neuerdings in die Folklorekleidung der jungen Mode gekonnter wieder mit einbezogen worden.

Diese Technik soll nicht übergangen und ihre richtige *Herstellungsweise* beschrieben werden, da bei strenger Anordnung des Dekors und nur ein- oder zweimaliger Färbung interessante Ergebnisse zu erzielen sind.

Man verwendet dazu gute Baumwollstoffe, wie Batist, Popeline, oder auch Leinen. Zum Abbinden wird weißes, festes Garn (Schulgarn oder Perlgarn) genommen, zum Nähen weißes Häkelgarn oder fester Zwirn. Zunächst wird die Anordnung des Musters mit Bleistift genau aufgezeichnet. Runde Formen werden mit dem Zirkel auf Zeichenkarton vorgezogen, ausgeschnitten und dann aufgelegt. So kennt man ihren Mittelpunkt und ihre äußere Begrenzung. Der Rundung wird mit kleinen Reihstichen nachgegangen, um eine präzise Form zu schaffen. Dann zieht man den Mittelpunkt mit einer Stecknadel hoch, verknotet den Reihfaden und umwickelt mit den langen Fadenenden die so entstandene Tüte bis zur Stecknadel in unterschiedlichen Abständen. Arbeitet man ein Vierecktuch, so wird der äußere Rand um das Tuch an allen vier Seiten einzeln auch mit Stichen eingeriehen und dann noch ein wenig umwickelt. Das Umwickeln muß in jedem Fall sehr fest geschehen, damit beim nachfolgenden Färbebad der gelöste Farbstoff nicht eindringen kann. Wie man beispielsweise bei einem Vierecktuch die äußeren Ecken mit umwickelt, bleibt zu erproben. Sie können an allen vier Seiten vor dem Abbinden gleichmäßig eingeschlagen werden, oder man umwickelt zuerst nur die beiden gegenüberliegenden Seiten und dann die anderen, indem man ein kleines Stück neben der Ecke beginnt. Es ist auch möglich, den ganzen Rand rundherum etwa 1 cm umzuschlagen und so in gleichgroßen Stichen durch den doppelten Stoff den ganzen Rand aufzureihen und fest zu umwickeln. Dann ist der Rand zwar breiter, aber sehr gleichmäßig (Bild 2 / 167). Des weiteren ist es möglich, hübsche Streifenmuster nur durch Reihstiche zu erreichen oder vorgezeichneten Zickzacklinien nähend nachzugehen. Solche Muster werden wirkungsvoll, wenn man den Stoff an den vorgezeichneten Linien umknickt und mit der Nadel auch hier durch den doppelten Stoff sticht. Interessant sind auch die schlichten Musterungen, die sich durch Falten des Stoffes ergeben. Dann wird der gefaltete Stoff in Brettchen eingebunden. Schmale Falten können auch in strenger Musterfolge mit Büroklammern, Zeichenblockklammern und dergleichen befestigt werden. Die Bilder 2 / 168 und 2 / 169 zeigen ein Reservieren zwischen Brettchen.

Nach dem Reservieren wird der *Färbeprozeß* kochend vorgenommen. Dazu wird Citocol-Haushaltfarbstoff verwendet und nach der angegebenen Färbevorschrift verfahren. Unter ständigem Rühren mit einem Holzstab wird die Arbeit mindestens 30 min, besser 60 min, im Farbbad gekocht, damit eine tiefe fleckenlose Färbung garantiert ist, zu der die Musterung in einem starken Kontrast steht. Sollte eine Arbeit nach der ersten Färbung noch einmal reserviert, d. h. zusätzlich umwickelt, benäht oder mit Klammern besteckt werden, wird nach dem ersten Färbebad gespült und die Reservierung naß vorgenommen. Die zweite Färbung wird im additiven Verfahren gleich der vorangegangenen Beschreibung darübergefärbt. Nach mehrmaligem Spülen wird die Reservage gelöst, worauf man die fertige Arbeit noch einmal in klares Wasser, dem ein Schuß Essig beigegeben wird, legt und dann zum Trocknen aufhängt. Noch leicht feucht bügelt man die Arbeit von links trocken, weil die eingekochten Falten sich wieder glätten müssen. Es ist ratsam, so gemusterte Stoffe zu mangeln, damit sie auch den Glanz wieder erhalten. Dem letzten Spülbad kann auch ein Appreturmittel zugesetzt werden.

2.7.5. Reserve-Färbeverfahren auf anderem Material

Das Schmücken von Flächen durch Auftragen einer Wachsreservage ist auch auf anderen Materialien möglich.

Bild 2/167. Zwei Viereckertücher
links: in Tritik-Technik – *Steffi Wendl* †, Michendorf
rechts: in Plangi-Technik – *Ingeborg Bohne-Fiegert*

Bild 2/168. Reservieren durch Falten der Stoffe und Einbinden derselben in Brettchen

Bild 2/169. Detail aus dem Tuch, reserviert mit Brettchen

Bekannt sind die sorbischen Ostereier, wovon eine der dort üblichen Schmucktechniken auch auf dem Reserve-Färbeverfahren beruht.

Mit Wachs kann man auf Pergament, Leder und Holz malen und dieses örtlich mittels Schwämmchens und Pinsels oder im Tauchverfahren färben. Das Pergament eignet sich für Bucheinbände, so gemustertes Leder beispielsweise zur Anfertigung von gepolsterten Ledersitzen. Für anspruchsvolle Tischplatten und Türfüllungen kann das Reserve-Färbeverfahren auf Holz angewendet werden.

Reserve-Ätzverfahren sind dagegen weniger bekannt. Auf Linoleum läßt sich durch Wachszeichnung eine Musterung reservieren, die nachfolgend vorsichtig mit Schwefelsäure bestrichen wird, wodurch die negativen Musterteile wesentlich dunkler erscheinen. Kupfer- und Messingplatten lassen sich ebenfalls mit Reserve-Ätzverfahren gestalten. Dabei wird Messing mit Salzsäure, Kupfer dagegen mit Salpetersäure geätzt. Metalle können zum Lösen des Wachses erwärmt werden.

Das *Glasätzen* schafft Ergebnisse von sehr reizvoller Wirkung. Es ist für die Veredlung von Flach- wie auch Hohlglas geeignet. Zunächst wird das Glas gründlich mit Fettentferner von Fingerspuren usw. gereinigt. Danach trägt man auf die Glasfläche eine säurewiderstandsfähige Deckmasse, beispielsweise Wachs oder Asphaltlack, mit einem breiten Pinsel auf. Eine erste Schicht läßt man ordentlich eintrocknen und gibt eine weitere, schon dickere Schicht darüber. Diese Beschichtung wird so oft wiederholt, bis eine zusammenhängende, das Glas vollkommen schützende Deckschicht entstanden ist. Diese Deckschicht aus Asphaltlack muß 6...7 h trocknen. Wird die Trockenzeit verlängert, splittert die Oberflächenschicht beim Einritzen (Gravieren) der Musterung ab und beeinträchtigt dieselbe.

Die Entwurfzeichnung übertragen wir mit Transparentpapier auf die schwarze Fläche. Jetzt beginnt die eigentliche künstlerische Gestaltung des Glases, das *Ritzen* oder *Gravieren* der Motive in die Deckschicht, wodurch das Glas stellenweise wieder freigemacht wird. Das geschieht mit einer Nadel, die in einem Holzgriff befestigt ist. Sehr gut eignen sich auch grafische Werkzeuge oder eine Häkelnadel, deren Haken abgeschliffen wurde. Nach dem Eingravieren des Motivs in die Deckschicht wird auch die andere Seite des Glases vollkom-

Bild 2/170. Geätztes Glas – *Ingeborg Bohne-Fiegert*

men mit der Asphaltschutzschicht oder mit Wachs bedeckt.

Da Glas mit Fluorwasserstoffsäure im Tauchverfahren geätzt wird, und zwar möglichst in einer Säurekonzentration von 75 % bei 18...20 °C, die so konzentriert oder wenig mit Wasser verdünnt 5...10 min einwirken muß, ist unbedingt zu empfehlen, das vorbereitete Glas in ein chemisches Labor zu bringen und den Ätzvorgang dort ausführen zu lassen. Fluorwasserstoffsäure ist Gift der Gefahrenklasse I.

Nach Beendigung des Ätzbades wird das Glas unter fließendem Wasser gespült und mit einer Bürste gut vom angesetzten Salz gereinigt. In heißem Wasser löst man die Wachsschicht. Ist eine Asphaltbeschichtung gewählt worden, taucht man das Glas in Petroleum oder Naphtha und wäscht es darin so lange, bis auch die letzten Reste der Asphaltschicht entfernt sind. Zuletzt wird es in warmem Seifenwasser gereinigt und anschließend trocken gerieben. Bild 2/170 zeigt ein Glas, das auf diese Weise geätzt wurde, wobei aber der Asphaltlack bereits absplitterte, was bei dieser Motivwahl von Reiz ist.

3.

Arbeiten mit anspruchsvoller Bild-funktion

Im künstlerischen Volksschaffen ist die Textil-gestaltung in ihrer ganzen Breite zu finden. Hier werden auch immer Gegenstände mit die-nender Funktion ihren Platz haben und behal-ten. Sicher beginnen in der Mehrheit die Zirkel damit, Gestaltungsprinzipien und Techniken an solchen Dingen zu erproben, deren Nutz-barkeit für den persönlichen (oder gesellschaft-lichen) Gebrauch bestimmt ist, wie Kissenhül-len, Decken und Gedecke, Kleidungsstücke, Schmuck u. a. mehr.

Erprobungen außergewöhnlicher Gestal-tungsmöglichkeiten in textilen Techniken mit den ihnen entsprechenden und auch unge-wöhnlichen Materialien aber können zu asso-ziativen Momenten führen, die den Betrachter auf Wirkliches hinweisen und zudem in ihm eine phantasievolle und poetische Sicht wek-ken, die einen großen Spielraum eröffnet.

Man hat die Bedeutung des Textilen in der Umwelt erkannt und damit verbunden die Möglichkeit der individuellen künstlerischen Aussage. Ihr Stellenwert ist gewachsen, eine Expansion der Textilkunst ist allerorts festzu-stellen.

Besucht man zentrale und internationale Ausstellungen des professionellen textilen Schaffens, so kann man auch einen Trend ver-folgen, der über großformatige Interpretatio-nen, über textile Objekte, die Umgang mit Um-gebung im Raum konnotieren, inzwischen zum kleinen Format, der *textilen Miniature*, gefunden

hat. Sie ist weniger bedeutungsvoll, was den Eindruck durch das Ausmaß im Gegensatz zum großformatigen Objekt betrifft, aber nicht bedeutungslos. Sie ist vielleicht anziehender durch das kleine Format und bietet den ästheti-schen Genuß im Konzentrat, dem zugleich meist etwas »Liebevolles« gemein ist. Aber auch sie kann geistige Auseinandersetzungen und Probleme unserer Zeit widerspiegeln.

Gerade dieses kleine Format, das eine vorge-schriebene Größe von 20×20 cm nicht über-schreiten sollte, regte auch erfahrene Volks-kunstschaffende zu experimentellen, schöpfe-rischen Gestaltungen unterschiedlichster Art an (Bilder 3 / 1 bis 3 / 7).

Außerdem aber haben alte Techniken und Ausdrucksformen Existenzberechtigung. Bei solchen Exponaten wie die Bildweberei »Zi-geuner-Musik« von *Christamaria Meyer* bewir-ken das verwendete Material und die ein-drucksvolle farbige Gestaltung eigene Vorstel-lungen beim Betrachter (Bild 3 / 8). Über die »Hängenden Gärten der Semiramis« gibt es Re-konstruktionsversuche, die nur das Allgemeine erfassen, so kann man eigene Vorstellungen schaffen, abstrahieren und somit weitere Asso-ziationen beim Betrachter wecken (Bilder 3 / 9 und 3 / 10).

Interessant sind auch die reine Stickerei (Bild 3 / 11) oder die plastischen Arbeiten (Bil-der 3 / 12, 3 / 13 und 3 / 14) sowie die mit Spit-zencharakter (Bilder 3 / 15 und 3 / 16).

Stoffdrucke als Unikate vorgestellt, sind we-niger bekannt, doch sollen die Bilder 3 / 17, 3 / 18 und 3 / 19, die ethnographischen Inhalt haben, auch in dieser Technik zu Experimen-ten mit der Technik des Filmhanddrucks und Mischungen mit dem Direktdruck und der Stoffmalerei anregen.

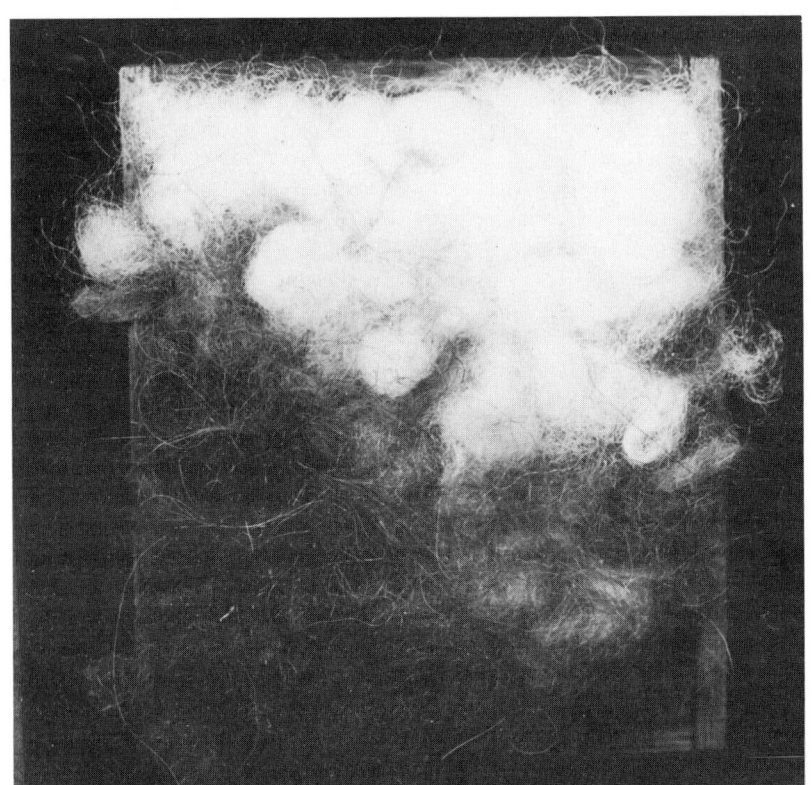

Bild 3 / 1. Textilminiatur, geknüpft mit unversponnener Schafwolle – *Ursula Krause*, Falkensee

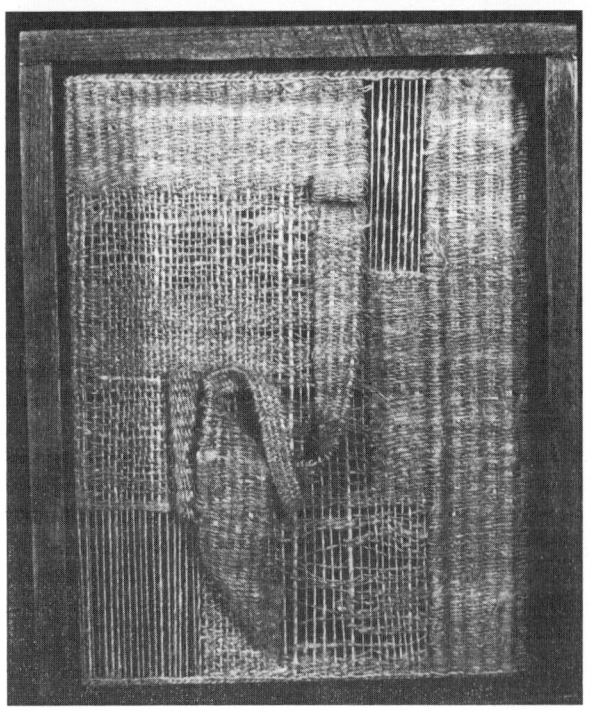

Bild 3 / 2. Interessante schöpferische Webarbeit in einem kleinen Rahmen – *Helga Duttke*, Zernsdorf

Bild 3/3. »Käfer«,
Applikation mit reicher
Stickerei – *Hannchen
Franzke*, Falkensee,
Martina Hälsig,
Kleinmachnow

Bild 3/4. »Baum«, Textil-
miniatur, Mischtechnik –
Ingrid Ganzer, Falkensee

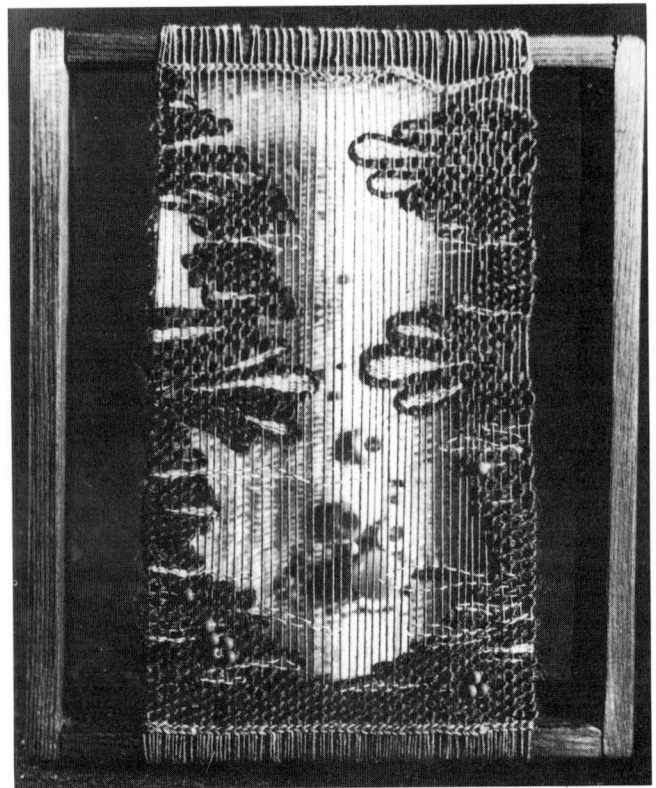

Bild 3/5. Kleine experimentelle dreidimensionale Webarbeit mit Vorder- und Rückseite; der Kettfaden wurde um den Rahmen rundherum gewickelt und beidseitig genutzt – *Liselotte Poleska*, Rathenow

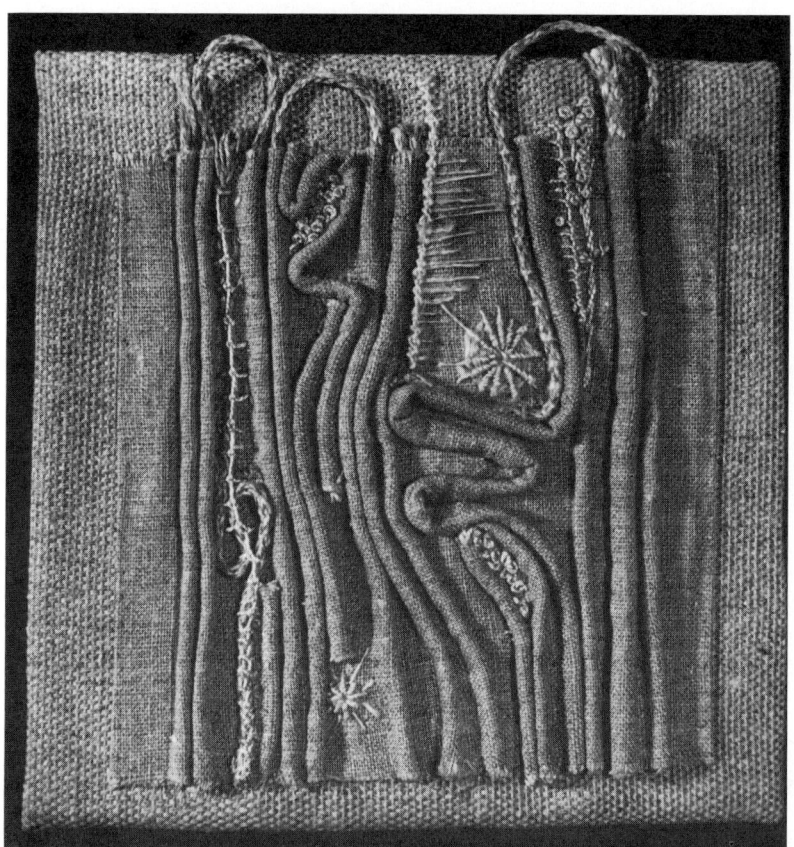

Bild 3/6. »Furchen«, Textilminiatur, Biesen, Schnüre und Stickerei – *Heike Gutewort*, Potsdam

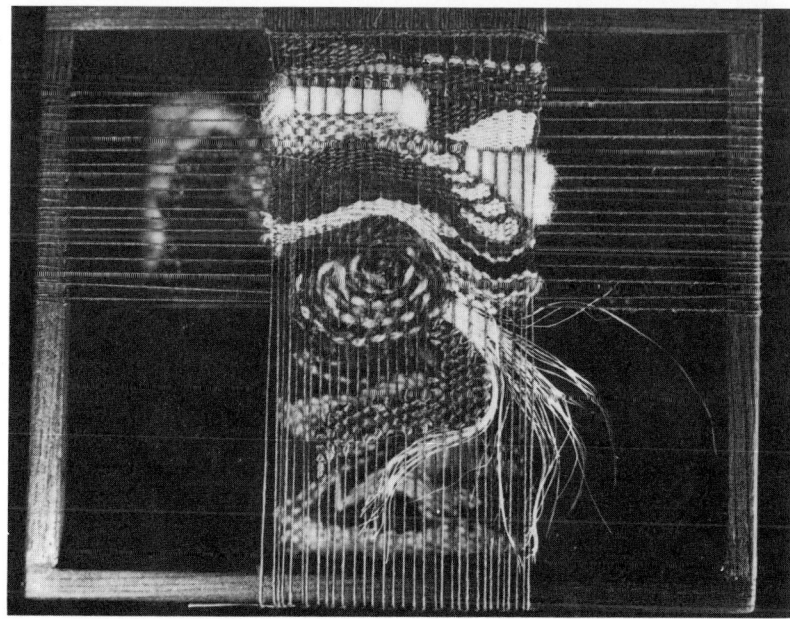

Bild 3/7. Kleine, experimentelle Webarbeit mit interessantem Material *Erika Hanisch*, Falkensee

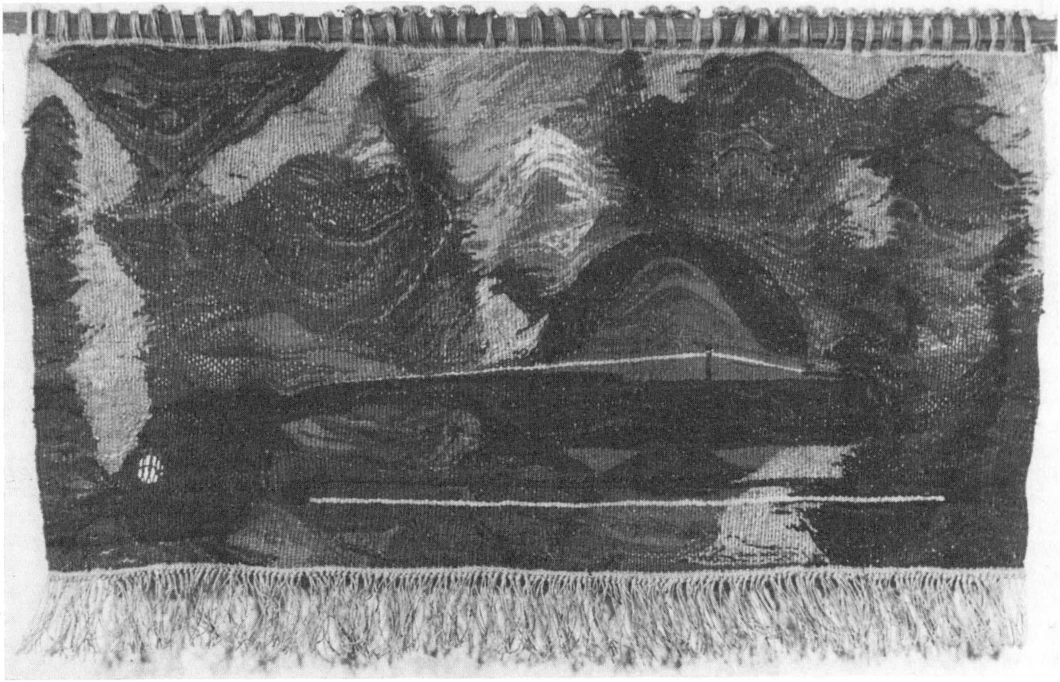

Bild 3/8. »Zigeunermusik«, Bildweberei mit handgesponnenem und gefärbtem Flachs, Rips- und Leinenbindung unterstützen das Thema – *Christamaria Meyer*, Püggen

Bild 3/9. »Die hängenden Gärten der Semiramis«, experimentelle Applikation – *Christa Friedrich*, Teltow

Bild 3/10. »Die hängenden Gärten der Semiramis«, Mischtechnik – *Heidrun Gräser*, Ludwigsfelde

Bild 3 / 11. »Susdal«, Stickerei in Rottönen – *Ruth Freigang* †, Zeuthen

Bild 3 / 12. »Frieden«, Applikation mit reliefartiger Plastizität – *Gwendolin Bura*, Kleinmachnow

Bild 3 / 13. Plastische Arbeitsprobe, bei der den Eigenschaften des Materials gefolgt wird – *Ingeborg Bohne-Fiegert*

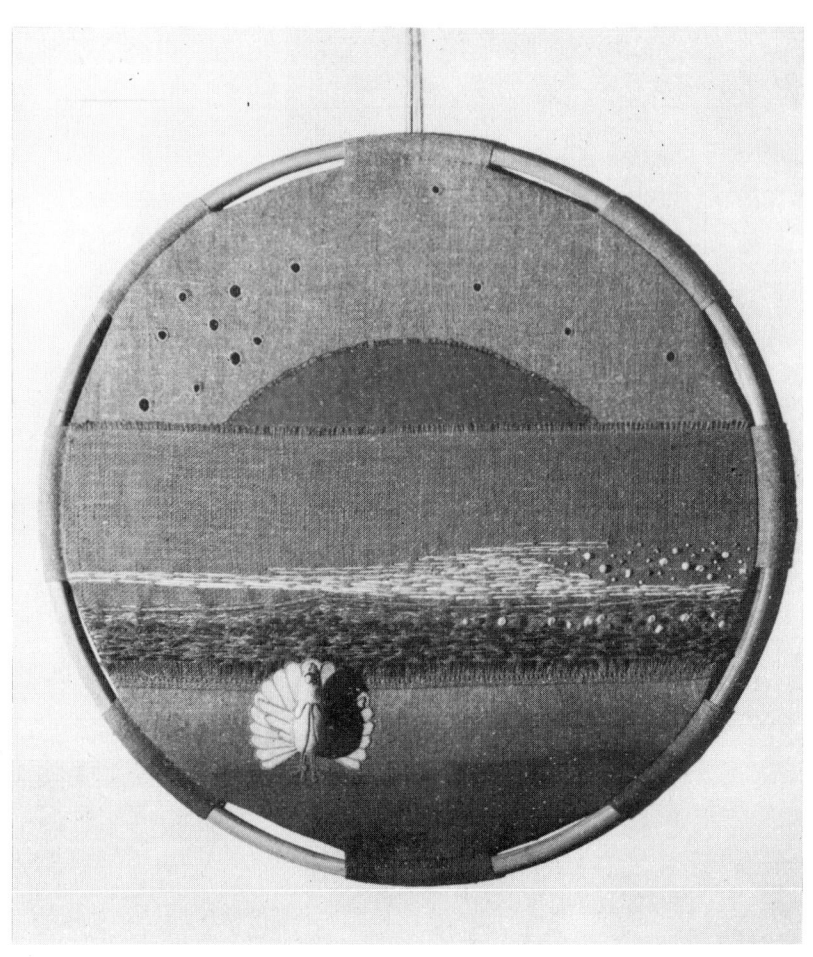

Bild 3 / 14. »Immer eine schöne Welt«, dekorative Stickerei mit Vorder- und Knötchenstichen sowie Löchern auf unterschiedlichem Leinen – *Ingeborg Bohne-Fiegert*

Bild 3 / 15. »Der Einsame«, Gewebe aus unterschiedlichen, naturfarbenen Bindfadensorten im Charakter einer Webspitze auf Karton gearbeitet – *Ingeborg Bohne-Fiegert*

Bild 3 / 16. »Fische«, Mischtechnik – *Otti Gimmler*, Brandenburg

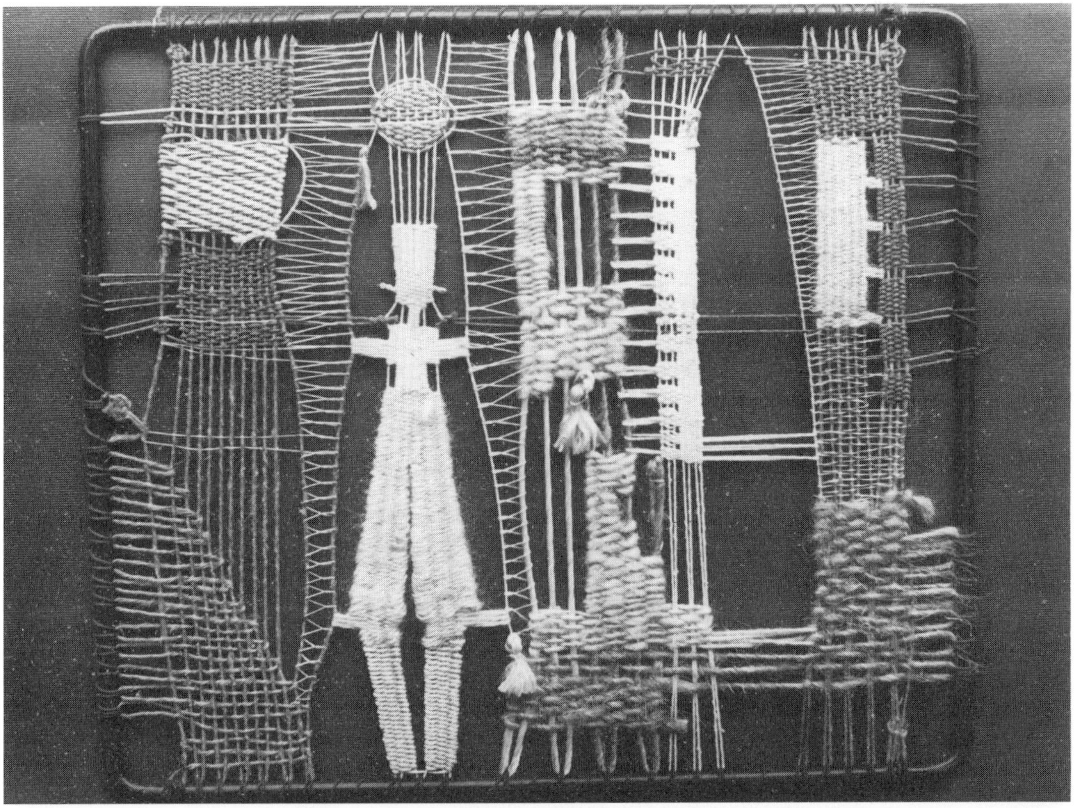

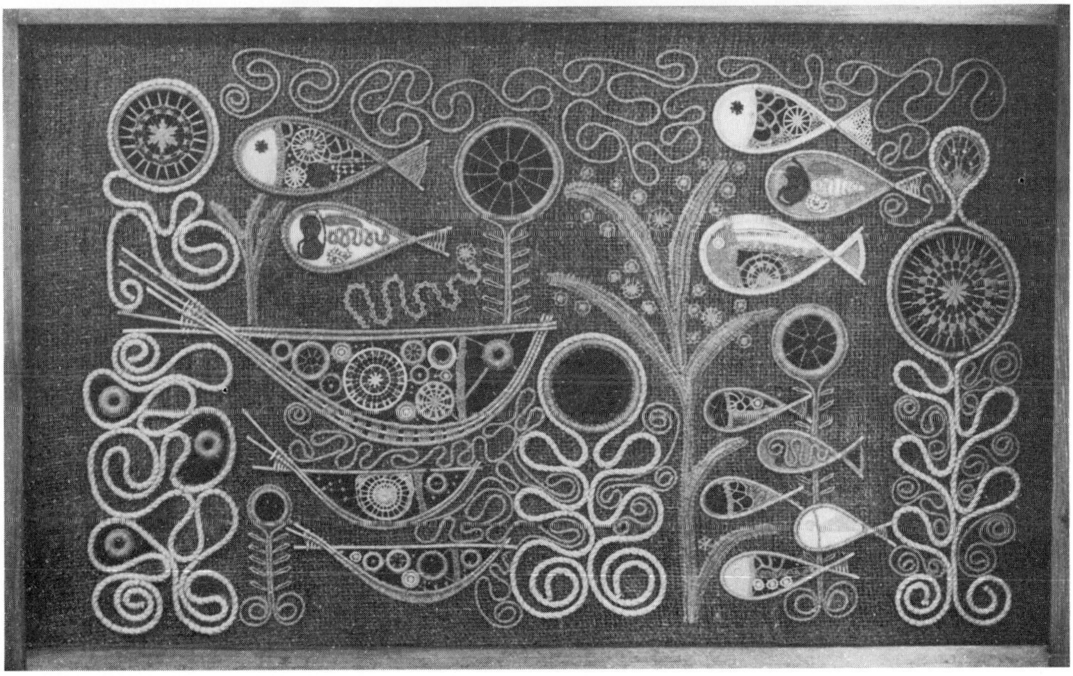

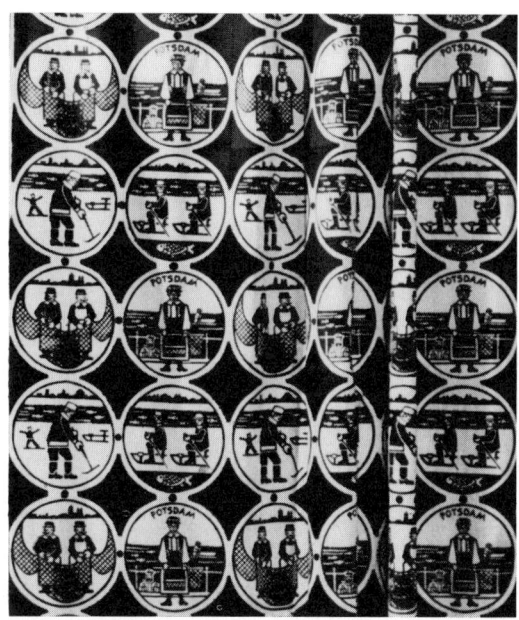

Bild 3 / 17. »Das Fischen auf den Havelgewässern im Sommer und im Winter«, Dekorationsstoff in Film-handdrucktechnik – *Gisela Thonack*, Wittstock

Bild 3/18. »Alter Wer-derscher Wein- und Obstbau«, Stoffbahn im Filmhanddruck – Ent-wurf und Druck: *Ingeborg Bohne-Fiegert*

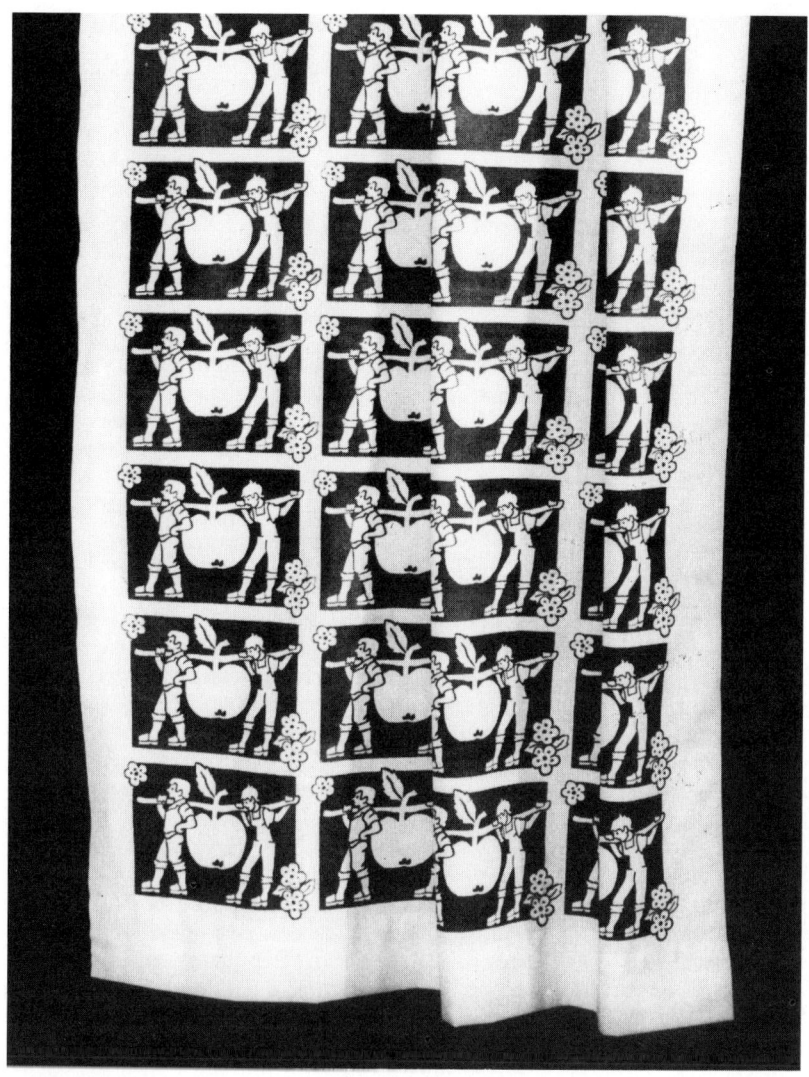

Bild 3/19. »Jugendobjekt Havelobst«, Stoffbahn in
Filmhanddruck – Entwurf und Druck: *Ingeborg
Bohne-Fiegert*

4.

Kollektivarbeiten und ihre gesellschaftliche Wirksamkeit

Zunehmende Erfahrungen im Umgang mit textilen Materialien, Kenntnisgewinn in bezug auf deren ästhetische Wirkungsmöglichkeiten, sind Voraussetzungen für die bildhafte Gestaltung in der Textilkunst.

Ein bildlicher Einfall ist hierbei aufs engste mit dem Material verknüpft, und so sollte sich eine ästhetische Idee im Arbeitsvorgang entfalten. Da Gedankliches und Werken so unmittelbar zusammengehen, muß ein passives Nachvollziehen eines Themas vermieden werden. Es kommt darauf an, Abstraktionen zu entwikkeln, die dem textilen Material gemäß zu Wesentlichem hinführen. Die darauf basierende Aussage mag in ihrer sinnlichen Ausstrahlung unmittelbar oder assoziativ auf Wirkliches, Reales verweisen. In jedem Fall werden Flächenordnung sowie Raumbeziehungen zu wichtigen Faktoren der Gestaltung, und selbst das freie Spiel mit dem Material, mit den linearen, malerischen oder plastischen Strukturen unterliegt diesen Gesetzmäßigkeiten der Fläche. In dieser Beziehung ist vieles aus der Kunst der Vergangenheit und auch Gegenwart zu lernen. Anregungen liegen sowohl in der altrussischen Ikonenmalerei, der christlichen Liturgie des Mittelalters als auch im Werk solch moderner Künstler wie *Vasarely*, *Franz Marc* oder *Piet Mondrian*, auch *Paul Klee*, die von der Natur ausgehend zu eigenen kreativen Formen gelangten.

Ergebnisse kollektiven Zusammenwirkens sind im bildnerischen Volksschaffen heute keine Seltenheit. Viele Textilzirkel sehen in einer Aufgabenstellung seitens ihres Trägerbetriebes oder einer anderen Institution die Möglichkeit, gemeinsam ein Exponat zu schaffen, das eingesetzt in einen gesellschaftlich genutzten Raum, entsprechend wirksam werden kann.

So gilt für jede gestalterische Methode, die Einordnung in den Raum oder die Zuordnung des Textilen zu anderen Gegenständen zu beachten.

Ethnographische Themen haben andererseits die Aufgabe, festzuhalten und pädagogisch wirksam zu werden, das Neue nicht wachsen zu lassen, ohne das Vorangegangene zu sehen, und einen Bezug zum Neuen zu schaffen. Es sind mitunter reine Ausstellungsexponate.

Der Weg, der zu einer guten kollektiven Leistung führt, wird immer unterschiedlich sein, denn er ist von der Zusammensetzung des Kollektivs, seinen Erfahrungswerten im einzelnen wie auch kollektiven Schaffen abhängig und nicht zuletzt von den die Aufgabenstellung beeindruckenden Gegebenheiten, wozu die gesellschaftlichen Partner, die Form der Auftragserteilung und die vermittelnde Art des künstlerischen Leiters zählen.

Wichtig ist ebenfalls die genaue Formulierung der Aufgabenstellung, das Mögliche des Auftrages wie auch die Betreuung durch den Auftraggeber. Er ist es, der beim Überreichen des fertiggestellten Exponates an die gesellschaftliche Einrichtung das Mitwirken des ganzen Kollektivs sehen und einen würdigen Rahmen schaffen muß. Diese Anerkennung der Arbeit löst Freude aus und wird zum Erfolgserlebnis für alle Teilnehmer der Gruppe.

Mit dem kollektiven Schaffen unmittelbar verbunden ist die gesellschaftliche Wirksamkeit der Exponate. Das bildnerische Volksschaffen ist bereits fester Bestandteil unserer Gesellschaft, es wird durch sie gefördert, und seine Arbeiten fließen, den Leistungsstand widerspiegelnd, in die Räume zurück, die von der Gesellschaft genutzt werden. Sie wirken ein auf die Gesellschaft und beeinflussen einen Teil der Vorstellungen, Schönheitsansprüche und Lebensweise. Wie in allen Tätigkeitsformen findet hierbei Persönliches und Gesellschaftliches eine Verwirklichung. So kommt es durch gesellschaftliches Tun zu einer der Ge-

Bild 4/1. »Niedersorbische Hochzeit«, Applikation

Bild 4/2. »kariedeln« (Fastnachtbrauch), Applikation

204

Bild 4/4. »Fauna und Flora unserer engeren Heimat«,
Applikation mit Stoffmalerei

Bild 4/3. »Die Wildschweinjagd«, Applikationsarbeit,
geschaffen nach dem Vorbild Potsdamer Backmodel
aus dem Heimatmuseum Potsdam

sellschaft dienenden Umweltgestaltung, die
wiederum mit dem großen Ziel der Humanisie-
rung aller gesellschaftlichen Lebensbereiche
ein weltanschaulich-ethisches Anliegen ist.

Die Abbildungen 4/1 bis 4/4 beweisen es.

Literaturhinweise
Bildquellenverzeichnis

[1] Arbeitsumwelt ästhetisch betrachtet/ *Neumann, E.* – In: Sibylle. – Leipzig (1973) 2.
[2] Großes Textillexikon/ *Koch, P.-A.; Sathow, Günther.* – Stuttgart, 1965.
[3] Lexikon der Kunst. – Leipzig, 1978.
[4] Muster und Techniken für Patchwork/ *Schäpper, L.*
[5] Vorlesungen zur marxistisch-leninistischen Ästhetik/ *Kagan, M.* – Berlin, 1974.

Weitere Literatur

Applikation / *Bohne-Fiegert, I.* – Leipzig, 1971.
Batik / *Nabholz-Kastaschoff.* – In: Führer durch das Museum für Völkerkunde und Schweizerisches Museum für Volkskunde. – Basel, 1970/71.
Beyers Lehrbuch der weiblichen Handarbeiten / *Schwetter, B.* – Wiesbaden, 1958.
Brauns Citocol-Haushaltfarbstoffe und Holzbeizen / VEB Farbchemie. – Quedlinburg 1973
Das Bedrucken von Textilien mit Block- und Filmschablone. – Praktisches Handbuch für Hoch- und Kunstgewerbeschulen. – Imperial chemical Industries Limited Dyestuffs Division
Der Blaudruck / *Bachmann, M., Reitz, G.* – Leipzig, 1961.
Der Blaudruck / *Plotzki, J.* – Berlin. – Institut für angewandte Kunst
Die Kunst des Batikens / *Fiegert, I.* – Dresden, 1963.
Freude am Werken / *Lindner, G.* – Gütersloh, 1964.
Geschichte und Gestaltungsvarianten textiler Druck-
und Färbetechniken / *Fiegert, I.* – Leipzig, 1967.
Glas-Ätzen / *Holecková, K.* – Prag. – Anleitung aus dem Pionierhaus »Julius Fucika«
Kelim / *Bohne-Fiegert, I.* – Leipzig, 1972.
Orientteppiche / *Kybalova.* – Prag, 1969.
Solaminfarbstoffe und Schwefelfarbstoffe / VEB Farbenfabrik. – Wolfen, 1954
Stickereitechniken / *Schöner, F.; Freier, K.* – Leipzig, 1984.
Stoffdruck / *Bohne-Fiegert, I.* – Leipzig, 1970.
Trag bunt statt weiß / *Döcke, W.* – Leipzig, 1971.
Umweltgestaltung-Schriften zur Kunsterziehung, Bd. 23 / *Schmidt-Walter, A.; Erlebach, L.; Bürgel, H.; Kaden, H.* – Berlin, 1967.

Bastubbe, Ilse, Potsdam: Bilder 1/6, 1/9, 1/16, 1/17, 1/18, 1/21, 1/26, 1/27, 1/28, 1/29, 1/30, 2/6, 2/7, 2/8, 2/9, 2/11, 2/13, 2/14, 2/15, 2/17, 2/18, 2/19, 2/20, 2/21, 2/22, 2/24, 2/25, 2/26, 2/27, 2/31, 2/32, 2/33, 2/34, 2/38, 2/39, 2/40, 2/41, 2/44, 2/48, 2/49, 2/50, 2/52, 2/53, 2/55, 2/56, 2/57, 2/58, 2/61, 2/62, 2/63, 2/65, 2/68, 2/69, 2/70, 2/72, 2/73, 2/74, 2/75, 2/76, 2/77, 2/78, 2/79, 2/80, 2/81, 2/82, 2/83, 2/84, 2/85, 2/86, 2/87, 2/90, 2/91, 2/92, 2/94, 2/95, 2/96, 2/97, 2/98, 2/99, 2/100, 2/101, 2/103, 2/104, 2/105, 2/106, 2/107, 2/108, 2/109, 2/110, 2/111, 2/112, 2/113, 2/114, 2/115, 2/116, 2/117, 2/118, 2/119, 2/120, 2/121, 2/122, 2/123, 2/124, 2/125, 2/126, 2/127, 2/128, 2/129, 2/134, 2/135, 2/136, 2/137, 2/138, 2/139, 2/140, 2/141, 2/142, 2/143, 2/144, 2/145, 2/146, 2/147, 2/148, 2/150, 2/152, 2/154, 2/155, 2/156, 2/157, 2/158, 2/159, 2/160, 2/162, 2/164, 2/165, 2/166, 2/167, 2/168, 2/169, 2/170, 3/1, 3/3, 3/4, 3/5, 3/6, 3/7, 3/8, 3/9, 3/11, 3/12, 3/13, 3/14, 3/15, 3/17, 3/18, 3/19, 4/1, 4/2, 4/4

Farbbilder 1, 2, 3, 4, 5, 6, 7, 8, 9, 10, 11, 12, 13, 14
Balzer, Konrad, Potsdam: Bild 2/23
Bohne-Fiegert, Ingeborg, Potsdam: Bild 2/59, 2/66
Bildnerisches Volksschaffen (Hefte 3/70, 11/71): Bilder 1/20, 1/21
Die Handarbeit, Leipzig, Verlag für die Frau: Bilder 1/14, 1/18, 2/149, 3/2, Farbbild 9, Farbbild 11
Funke, Gisela, Berlin: Bild 2/130
Garne und Stoffe / *Schradin*: Bilder 2/10, 2/45
Hilgenfeldt, Hartmut, Brandenburg: Bild 3/16
Musterbuch für Stickerei und Spitzen / *Elisabeth Parasole* – Wasmuth-Verlag, Berlin 1891: Bild 1/8
Praktikus / Leipzig: Bild 2/44
Remuß, Irene, Potsdam: Bilder 1/3, 2/159
Sehen und Gestalten, VEB E. A. Seemann Buch- und Kunstverlag Leipzig: Bilder 1/10, 1/11

Staatliches Museum für Volkskunst, Dresden: Bild 2/67

Stitzer, Alexander, Mahlow: Bild 2/60

Zentralhaus für Kulturarbeit der DDR, Leipzig: Bilder 1/5, 3/10

Sprang-egyptisch vlechten/*Fenny Nijman*: Bilder 2/28, 2/29, 2/30

Es werden Arbeiten der folgenden Kollektive veröffentlicht:

Zirkel für künstlerische Textilgestaltung Potsdam, am Kulturhaus »Herbert Ritter« Babelsberg, Träger des Preises für künstlerisches Volksschaffen II. Klasse, Leitung: *Ingeborg Bohne-Fiegert* Bilder 1/27, 2/22, 2/99, 2/125, 2/126, 2/151, 2/157, 2/158

Kollektiv des Zirkels für künstlerische Textilgestaltung 1 des VEB Mikroelektronik »Karl Liebknecht« Stahnsdorf, Träger des FDGB-Kunstpreises Bilder 1/30, 2/11, 2/119, 4/3, 4/4

Kollektiv der Förderklasse »Künstlerische Textilgestaltung« des Bezirkskabinetts für Kulturarbeit Potsdam Bilder 4/1, 4/2

Weiterbildungslehrgang der Bezirksvolkskunstschule Potsdam, Leitung: *Ingeborg Bohne-Fiegert* Farbbild 8

Kollektivarbeit einer Gruppe von Zirkelleitern aus dem Bezirk Potsdam, Leitung: *Ingeborg Bohne-Fiegert* Farbbild 11

Kollektiv des Textilzirkels Neufahrland, Leitung: *Ingeborg Bohne-Fiegert* Farbbild 9

Zirkel für künstlerische Textilgestaltung im Jugendklubhaus »Geschwister Scholl« Luckenwalde, Leitung: *Erika Blossey* Bild 2/16

Sachwortverzeichnis